—— 译林名著精选 ——

Family Correspondence of Fulei

傅雷家书

傅雷　朱梅馥　傅聪 著　傅敏 编

译林出版社

图书在版编目（CIP）数据

傅雷家书：学生读本 / 傅雷,朱梅馥,傅聪著；傅敏编. —南京：译林出版社, 2018.5

（译林名著精选）

ISBN 978-7-5447-7177-1

Ⅰ. ①傅… Ⅱ. ①傅… ②朱… ③傅… ④傅… Ⅲ. ①傅雷（1908-1966）—书信集 Ⅳ. ①K825.6

中国版本图书馆CIP数据核字(2017)第294408号

傅雷家书（学生读本） **傅敏** / **编**

责任编辑 王 珏
特约编辑 胡晓平
装帧设计 韦 枫
责任印制 梁智华

出版发行 译林出版社
地 址 南京市湖南路1号A楼
邮 箱 yilin@yilin.com
网 址 www.yilin.com
市场热线 025-86633278
排 版 合肥锐达印务有限责任公司
印 刷 安徽新华印刷股份有限公司
开 本 880毫米×1230毫米 1/32
印 张 10
插 页 5
版 次 2018年5月第1版 2018年5月第1次印刷
书 号 ISBN 978-7-5447-7177-1
定 价 39.80元

出版说明

《傅雷家书》系傅雷夫妇与长子傅聪的精神接触和思想交流实录，是家人之间性情中的文字，不经意的笔墨，因事而写，有感而发，并不是为发表而创作，由傅雷次子、傅聪胞弟傅敏选编，一九八一年初版面世，至今已三十六年。

家书贯穿了一九五四年至一九六六年傅雷夫妇最后的生命历程，见证了傅聪由钢琴学童成为世界级钢琴家的的成长过程，再现傅氏兄弟成长的家教背景。傅雷曾自信地告知傅聪："你别忘了：你从小到现在的家庭背景，不但在中国独一无二，便是在世界上也很少很少。"傅敏先生了解自己的父母兄长，熟悉自己的家庭氛围，他选编的《傅雷家书》更能展示傅家门风，再现自己的家教背景，还原其真实，非他人能代替。傅敏选编《傅雷家书》，实际是以父母与兄长的来往家信为素材，删繁就简，精心选编的书信体自传作品，真实生动，好看感人。

作为一名资深中学教师，傅敏认为，历年刊行的《傅雷家书》均沿袭一九八一年初版风格，偏重有关文化艺术的长篇对谈和独白，内容的厚重超出中学生的阅历和理解范围，有必要专门为之选编读本。

纵观整部家书，内容实分为二：第一部分（一九五四至一九五八）书写傅聪波兰留学期间的离别之情，谈练琴之道、音乐之道、学习之道、恋爱之道，乃至师友情谊等等；第二部分（一九五九至一九六六）书写傅聪在英国演艺期间的思念之情，谈演奏之道、艺术之道、文化之道、婚姻之道，乃至人生艺术等等。显然，第一部分内容更适合中学生。

再对照一九五四至一九五八年间傅聪家信，则《傅雷家书》语境更完整，背景更清晰，内容更连贯，针对性更强。这份两代人双向交流的文字实录，厚重不失轻松，深刻不离日常，以小见大，乐在其中。它不仅反映了亲子交流的重要，也利于青年学子在阅读中理解父辈、增进沟通。中学生阅读后或将明白，即使傅聪这样的天纵之才，也是在傅雷夫妇的“唠叨”“说教”中成长的，中国父母对子女的关爱和责任正是以这种方式传达的。

本书作为傅聪留学波兰期间比较完整的父子两地书，由译林出版社以《傅雷家书》（学生读本）名义独家出版。读完本书有兴趣了解《傅雷家书》全貌的中学生朋友，可购买译林版《傅雷家书》（艺术生涯），以完成全书的阅读。

家书代序“读家书，想傅雷”由楼适夷先生撰写，家书中外文译注和英法文信件由金圣华先生中译，连同家书中“傅聪家信”的中文简体字版著作财产权，均已由权利人转让我公司，二〇一七不随傅雷著作财产权进入公版。根据著作权法有关规定，傅雷夫妇家信的署名权、修改权、保护作品完整权，由傅敏保护；《傅雷家书》的汇编作品著作权为傅敏享有。二〇一七年，《傅雷家书》的完整著作权没有进入公版领域，仍受著作权法保护，任何人不得侵犯。

合肥三原图书出版服务有限公司

二〇一七年金秋

目录

父亲（一九六一年秋）

母亲（一九六一年秋）

父母为庆祝傅聪出生合影（一九三四年）

父母为庆祝傅敏出生合影（一九三七年）

母亲与傅聪傅敏（一九三九年）

父母与傅聪在书房（一九五六年夏）

母亲与傅聪（一九五三年）

母亲与傅敏（一九五三年）

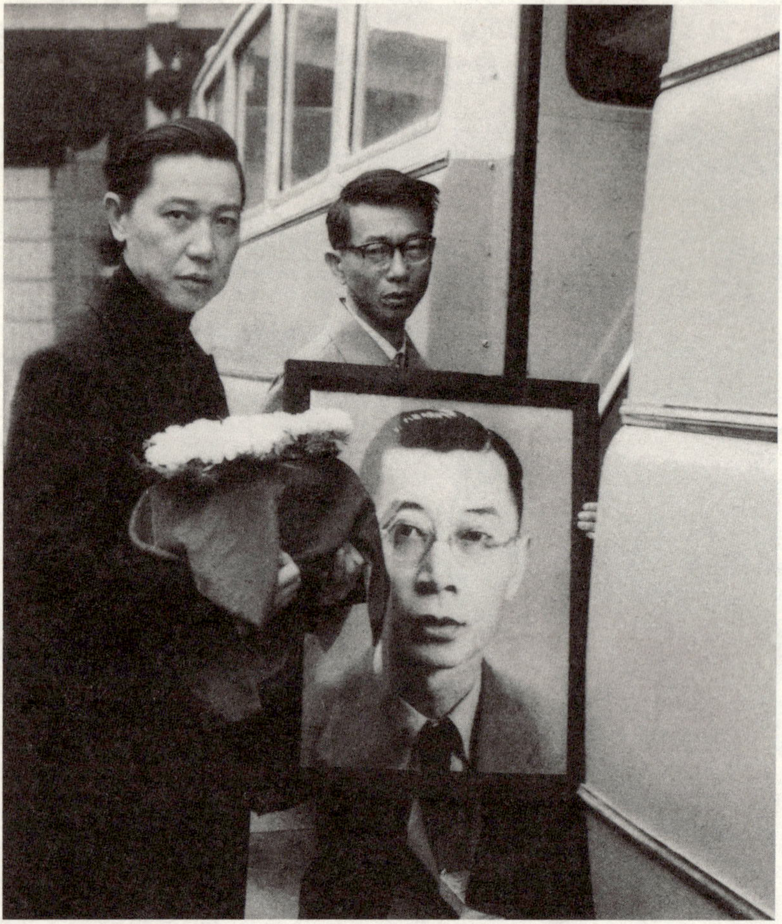

一九七九年四月二十六日傅雷夫妇平反昭雪追悼会后，
傅聪手抱骨灰盒，傅敏手捧遗像，前往龙华革命公墓

二〇一三年十月二十七日，傅雷夫妇骨灰安葬家乡上海浦东，墓碑正面镌刻傅雷家书名言“赤子孤独了，会创造一个世界”。

墓碑背面镌刻墓主人的生平简介，全文如下：

傅雷，字怒安，号怒庵，上海浦东人氏。早年留学法国，归国后投身文学翻译，卓然成家。赤子之心，刚正不阿。“文革”中与夫人朱梅馥双双悲怆离世。

朱梅馥，上海浦东人氏。早年毕业于晏摩氏教会女校。一九三二年与傅雷结为伉俪，相濡以沫三十四载。宽厚仁义，贤良淑德，与傅雷生则相伴，死亦相随。

代序 傅聪的成长

傅雷

本刊编者要我谈谈傅聪的成长，认为他的学习经过可能对一般青年有所启发。当然，我的教育方法是有缺点的；今日的傅聪，从整个发展来看也跟完美二字差得很远。但优点也好，缺点也好，都可供人借镜。现在先谈谈我对教育的几个基本观念：

第一，把人格教育看做主要，把知识与技术的传授看做次要。童年时代与少年时代的教育重点，应当在伦理与道德方面，不能允许任何一桩生活琐事违反理性和最广义的做人之道；一切都以明辨是非，坚持真理，拥护正义，爱憎分明，守公德，守纪律，诚实不欺，质朴无华，勤劳耐苦为原则。

第二，把艺术教育只当作全面教育的一部分。让孩子学艺术，并不一定要他成为艺术家。尽管傅聪很早学钢琴，我却始终准备他更弦易辙，按照发展情况而随时改行的。

第三，即以音乐教育而论，也决不能仅仅培养音乐一门，正如学画的不能单注意绘画，学雕塑学戏剧的，不能只注意雕塑与戏剧一样，需要以全面的文学艺术修养为基础。

以上几项原则可用具体事例来说明。

傅聪三岁至四岁之间，站在小凳上，头刚好伸到和我的书桌一样高的时候，就爱听古典音乐。只要收音机或唱机上放送西洋乐曲，不论是声乐是器乐，也不论是哪一乐派的作品，他都安安静静的听着，时间久了也不会吵闹或是打瞌睡。我看了心里想："不管他将来学哪一科，能有一个艺术园地耕种，他一辈子受用不尽。"我是存了这种心，才在他八岁半，进小学四年级的秋天，让他开始学钢琴的。

过了一年多，由于孩子学习进度快速，不能不减轻他的负担，我便把他从小学撤回。这并非说我那时已决定他专学音乐，只是认为小学的课程和钢琴学习可能在家里结合得更好。傅聪到十四岁为止，花在文史和别的学科上的时间，比花在琴上的为多。英文，数学的代数、几何等等，另外请了教师。本国语文的教学主要由我自己掌握：从孔、孟、先秦诸子、国策、左传、晏子春秋、史记、汉书、世说新语等等上选材料，以富有伦理观念与哲学气息兼有趣味性的故事、寓言、史实为主，以古典诗歌与纯文艺的散文为辅。用意是要把语文知识、道德观念和文艺熏陶结合在一起。我还记得着重向他指出“民可使由之，不可使知之”的专制政论的荒谬，也强调“左右皆曰不可，勿听；诸大夫皆曰不可，勿听；国人皆曰不可，然后察之”一类的民主思想，“富贵不能淫，贫贱不能移，威武不能屈”那种有关操守的教训，以及“吾日三省吾身”“人而无信，不知其可也”“三人行，必有吾师”等等的生活作风。教学方法是从来不直接讲解，而是叫孩子事前准备，自己先讲；不了解的文义，只用旁敲侧击的言语指引他，让他自己找出正确的答案来；误解的地方也不直接改正，而是向他发许多问题，使他自动发觉他的矛盾。目的是培养孩子的思考能力与基本逻辑。不过这方法也是有条件的，在悟性较差，智力发达较迟的孩子身上就行不通。

九岁半，傅聪跟了前上海交响乐队的创办人兼指挥，意大利钢琴家梅·百器先生，他是十九世纪大钢琴家李斯特的再传弟子。傅聪在国内所受的唯一严格的钢琴训练，就是在梅·百器先生门下的三年。

一九四六年八月，梅·百器故世。傅聪换了几个教师，没有遇到合适的；教师们也觉得他是个问题儿童。同时也很不用功，而喜爱音乐的热情并未稍减。从他开始学琴起，每次因为他练琴不努力而我锁上琴，叫他不必再学的时候，他都对着琴哭得很伤心。一九四八年，他正课不交卷，私下却乱弹高深的作品，以致杨嘉仁先生也觉得无法教下去了；我便要他改受正规教育，让他以同等学力考入高中（大同附中）。我一向有个成见，认为一个不上不下的空头艺术家最要不得，还不如安分守己学一门实科，对社会多少还能有贡献。不久我们全家去昆明，孩子进了昆明的粤秀中学。一九五〇年秋，他又自作主张，以同等学力考入云南大学外文系一年级。这期间，他的钢琴学习完全停顿，只偶尔为当地的合唱队担任伴奏。

可是他学音乐的念头并没放弃，昆明的青年朋友们也觉得他长此蹉跎太可惜，劝他回家。一九五一年初夏他便离开云大，只身回上海（我们是一九四九年先回的），跟苏联籍的女钢琴家勃隆斯丹夫人学了一年。那时（傅聪十七岁）我才肯定傅聪可以专攻音乐；因为他能刻苦用功，在琴上每天工作七八小时，就是酷暑天气，衣裤尽湿，也不稍休；而他对音乐的理解也显出有独到之处。除了琴，那个时期他还另跟老师念英国文学，自己阅读了不少政治理论的书籍。一九五二年夏，勃隆斯丹夫人去加拿大。从此到五四年八月，傅聪又没有钢琴老师了。

一九五三年夏天，政府给了他一个难得的机会：经过选拔，派他到罗马尼亚去参加“第四届国际青年与学生和平友好联欢节”的钢琴比赛；接着又随我们的艺术代表团去民主德国与波兰作访问演出。他表演的萧邦，受到波兰专家们的重视；波兰政府并向我们政府正式提出，邀请傅聪参加一九五五年二月至三月举行的“第五届萧邦国际钢琴比赛”。一九五四年八月，傅聪由政府正式派往波兰，由波兰的老教授杰维茨基亲自指导，准备比赛节目。比赛终了，政府为了进一步培养他，让他继续留在波兰学习。

在艺术成长的重要关头，遇到全国解放，政府重视文艺，大力培养人材的伟大时代，不能不说是傅聪莫大的幸运；波兰政府与音乐界热情的帮助，更是促成傅聪走上艺术大道的重要因素。但像他过去那样不规则的、时断时续的学习经过，在国外音乐青年中是少有的。萧邦比赛大会的总节目上，印有来自世界各国的七十四名选手的音乐资历，其中就以傅聪的资历最贫弱，竟是独一无二的贫弱。这也不足为奇；西洋音乐传入中国为时不过半世纪，师资的缺乏是我们的音乐学生普遍的苦闷。

在这种客观条件之下，傅聪经过不少挫折而还能有些少成绩，在初次去波兰时得到国外音乐界的赞许，据我分析，是由于下列几点：（一）他对音乐的热爱和对艺术的严肃态度，不但始终如一，还随着年龄而俱长，从而加强了他的学习意志，不断的对自己提出严格的要求。无论到哪儿，他一看到琴就坐下来，一听到音乐就把什么都忘了。（二）一九五一、五二两年正是他的艺术心灵开始成熟的时期，而正好他又下了很大的苦功：睡在床上往往还在推敲乐曲的章节句读，斟酌表达的方式，或是背乐谱，有时竟会废寝忘食。手指弹痛了，指尖上包着橡皮膏再弹。一九五四年冬，波兰女钢琴家斯曼齐安卡到上海，告诉我傅聪常常十个手指都包了橡皮膏登台。（三）自幼培养的独立思考与注重逻辑的习惯，终于起了作用，使他后来虽无良师指导，也能够很有自信的单独摸索，而居然不曾误入歧途——这一点直到他在罗马尼亚比赛有了成绩，我才得到证实，放了心。（四）他在十二三岁以前所接触和欣赏的音乐，已不限于钢琴乐曲，而是包括多种不同的体裁不同的风格，所以他的音乐视野比较宽广。（五）他不用大人怎样鼓励，从小就喜欢诗歌、小说、戏剧、绘画，对一切美的事物美的风景都有强烈的感受，使他对音乐能从整个艺术的意境，而不限于音乐的意境去体会，补偿了我们音乐传统的不足。不用说，他感情的成熟比一般青年早得多；我素来主张艺术家的理智必须与感情平衡，对傅聪尤其注意这一点，所以在他十四岁以前只给他念田园诗、叙事诗与不太伤感的抒情诗；但他私下偷看了我的藏书，不到十五岁已经醉心于浪漫蒂克文艺，把南唐后主的词偷偷的背给他弟弟听了。（六）我来往的朋友包括多种职业，医生、律师、工程师、科学家、音乐家、画家、作家、记者都有，谈的题目非常广泛；偏偏孩子从七八岁起专爱躲在客厅门后窃听大人谈话，挥之不去，去而复来，无形中表现出他多方面的好奇心，而平日的所见所闻也加强了和扩大了他的好奇心。家庭中的艺术气氛，关切社会上大小问题的习惯，孩子在长年累月的浸淫之下，在成长的过程中不能说没有影响。我们建国前对蒋介石政权的愤恨，朋友们热烈的政治讨论，孩子也不知不觉的感染了。十四岁那年，他因为顽劣生事而与我大起冲突的时候，居然想私自到苏北去参加革命。

远在一九五二年，傅聪演奏俄国斯克里亚宾的作品，深受他的老师勃隆斯丹夫人的称赏，她觉得要了解这样一位纯粹斯拉夫灵魂的作家，不是老师所能教授，而要靠学者自己心领神会的。一九五三年他在罗马尼亚演奏斯克里亚宾作品，苏联的青年钢琴选手们都为之感动得下泪。未参加萧邦比赛以前，他弹的萧邦已被波兰的教授们认为"赋有萧邦的灵魂"，甚至说他是"一个中国籍贯的波兰人"。比赛期间，评判员中巴西的女钢琴家，七十高龄的塔里番洛夫人对傅聪说："你有很大的才具，真正的音乐才具。除了非常敏感以外，你还有热烈的、慷慨激昂的气质，悲壮的感情，异乎寻常的精致，微妙的色觉，还有最难得的一点，就是少有的细腻与高雅的意境，特别像在你的《玛祖卡》中表现的。我历任第二、三、四届的评判员，从未听见这样天才式的《玛祖卡》。这是有历史意义的：一个中国人创造了真正的《玛祖卡》的表达风格。"英国的评判员路易士·坎特讷对他自己的学生们说："傅聪的《玛祖卡》真是奇妙；在我简直是一个梦，不能相信真有其事。我无法想象那么多的层次，那么典雅，又有那么好的节奏，典型的波兰玛祖卡节奏。”意大利评判员，钢琴家阿高斯蒂教授对傅聪说：“只有古老的文明才能给你那么多难得的天赋，萧邦的意境很像中国艺术的意境。”

这位意大利教授的评语，无意中解答了大家心中的一个谜。因为傅聪在萧邦比赛前后，在国外引起了一个普遍的问题：一个中国青年怎么能理解西洋音乐如此深切，尤其是在音乐家中风格极难掌握的萧邦？我和意大利教授一样，认为傅聪这方面的成就大半得力于他对中国古典文化的认识与体会。只有真正了解自己民族的优秀传统精神，具备自己的民族灵魂，才能彻底了解别个民族的优秀传统，渗透他们的灵魂。一九五六年三月间南斯拉夫的报刊 *Politika*（《政治》）以《钢琴诗人》为题，评论傅聪在南国京城演奏莫扎特和萧邦两支钢琴协奏曲时，也说：“很久以来，我们没有听到变化这样多的触键，使钢琴能显出最微妙的层次的音质。在傅聪的思想与实践中间，在他对于音乐的深刻的理解中间，有一股灵感，达到了纯粹的诗的境界。傅聪的演奏艺术，是从中国艺术传统的高度明确性脱胎出来的。他在琴上表达的诗意，不就是中国古诗的特殊面目之一吗？他镂刻细节的手腕，不是使我们想起中国册页上的画吗？”的确，中国艺术最大的特色，从诗歌到绘画到戏剧，都讲究乐而不淫，哀而不怨，雍容有度，讲究典雅、自然，反对装腔作势和过火的恶趣，反对无目的地炫耀技巧。而这些也是世界一切高级艺术共同的准则。

但是正如我在傅聪十七岁以前不敢肯定他能专攻音乐一样，现在我也不敢说他将来究竟有多大发展。一个艺术家的路程能走得多远，除了苦修苦练以外，还得看他的天赋；这潜在力的多、少、大、小，谁也无法预言，只有在他不断努力不断发掘的过程中慢慢的看出来。

傅聪的艺术生涯才不过开端，他知道自己在无穷无尽的艺术天地中只跨了第一步，很小的第一步；不但目前他对他的演奏难得有满意的时候，将来也远远不会对自己完全满意，这是他亲口说的。

我在本文开始时已经说过，我的教育不是没有缺点的，尤其所用的方式过于严厉，过于偏急；因为我强调工作纪律与生活纪律，傅聪的童年时代与少年时代，远不如一般青少年的轻松快乐，无忧无虑。虽然如此，傅聪目前的生活方式仍不免散漫。他的这点缺陷，当然还有不少别的，都证明我的教育并没完全成功。可是有一个基本原则，我始终觉得并不错误，就是：做人第一，其次才是做艺术家，再其次才是做音乐家，最后才是做钢琴家。我说的“做人”是广义的：私德、公德，都包括在内；主要是对集体负责，对国家、对人民负责。或许这个原则对旁的学科的青年也能适用。

一九五六年十一月十九日（据手稿）

代序　读家书，想傅雷

楼适夷

《傅雷家书》的出版，是一桩值得欣慰的好事。它告诉我们：一颗纯洁、正直、真诚、高尚的灵魂，尽管有时会遭受到意想不到的磨难、污辱、迫害，陷入到似乎不齿于人群的绝境，而最后真实的光不能永远湮灭，还是要为大家所认识，使它的光焰照彻人间，得到它应该得到的尊敬和爱。

读着这部新书，我想起傅雷父子的一些往事。

一九七九年四月下旬，我从北京专程去沪，参加由上海市文联主办为傅雷和他夫人朱梅馥同志平反昭雪的骨灰安葬仪式。我到达几小时后，他们的儿子，去国二十余年的傅聪，也从遥远的海外，只身归来，到达生身的父母之乡。五十年代中他去国的时候，还带着满脸天真的稚气，是一个刚过二十岁锦绣年华的小青年，现在却已经到老成持重，身心成熟的壮岁了。握手相见，心头无限激动，一下子想起音容宛在，而此生永远不能再见的亡友傅雷和他的夫人，想起傅聪傅敏兄弟童年调皮淘气玩乐的景象。在我眼前的这位长身玉立、气度昂藏的壮汉，使我好像见到了傅雷；而他的雍容静肃、端庄厚憨的姿影，又像见到了他的母亲梅馥。特别使我高兴的，我没有从他的身上看到常常能看到的，从海外来的那种世纪末的长发蓄须、艳装怪服的颓唐的所谓艺术家的俗不可耐的形象；他的态度非常沉着，服装整齐、朴素，好像二十多年海外岁月，和往来周游大半个地球的行旅生涯，并没有使他在身上受到多少感染。从形象的朴实，见到他精神世界的健壮。时移世迁，过去的岁月是一去而不可复返了，人生的正道，是在于不断地前进，而现实的一切，也确实在大踏步地向前迈进。我们回想过去，也正是要为今天和未来的前进，增添一分力量。

想念他万里归来，已再也见不到生命中最亲爱的父母，迎接他的不是双亲惊喜欢乐的笑容，而是萧然的两撮寒灰。在亲友们热烈的包围中，他心头的热浪奔腾，是可以想象的。直到在龙华革命公墓，举行了隆重的仪式之后，匆匆数日，恰巧同乘一班航机转道去京，途中，我才和他有相对叙旧的机会。他简单地谈了二十多年来在海外个人哀乐的经历，和今天重回祖国心头无限的激荡。他问我："那样的灾祸，以后是不是还会再来呢?"我不敢对他作任何保证，但我认为我们应该有勇气和信心，相信经过了这一场惨烈的教训，人们一定会有力量阻止它的重来。谈到他的父母，大家都不胜伤感，但逝者已矣，只有他们的精神、遗爱和一生劳作所留下来的业绩，则将是永远不朽的。傅雷不仅仅是一位优秀的文学翻译家，他的成就不只是留下了大量世界文学名著的译本，我知道他还写过不少文艺和社会的评论著作，以及优美的散文作品，数量可能不多，但在思想、理论、艺术上都是卓有特色，生前从未收集成册，今后不应任其散失，要设法收集、整理、编订起来，印行出版，也是一份献给人民的宝贵的财富。谈话中便谈到了他多少年来，给傅聪所写的万里而且往往是万言的家书。傅聪告诉我，那些信现在都好好地保存在海外的寓居里。

我想起那书信，因为在一九五七年的春末，我得到假期去南方旅行，路经上海，依然同解放前一样，留宿在傅雷家里，联床夜话，他给我谈到正在海外学习的儿子傅聪，并找出他寄来的家信给我看，同时也把自己已经写好，还未发出的一封长篇复书，叫我一读。在此不久之前，傅雷刚被邀去过北京，参加了中共中央宣传工作会议。他是第一次听到毛主席亲口所作的讲话，领会到党在当前形势下宣传工作上的全面的政策精神。显然这使他受到很大的激动，他全心倾注在会议的日程中，做了详尽的长篇记录，写下了自己的心得。他这次给傅聪的那封长信，就是传达了这一次会议的精神。傅雷一向不大习惯参加集体活动和政治生活，但近年来目睹党的社会主义建设成就的实际，切身体会到党全心全力为人民服务的基本精神，显然已在他思想上引起了重大的变化。

他指着傅聪报告自己艺术活动的来信对我说："你看，这孩子在艺术修养上确实已经成熟起来了，对这一点我是比较放心的。我担心的是他身居异国，对祖国实况有所隔阂，埋头艺术生活，最容易脱离实际，脱离政治，不要在政治上产生任何失误，受到任何挫折才好。"

我所见的只是这两封信，但他给我的印象是非常深刻的，这不仅我当时为傅雷爱子教子的精神所感动，特别是在此后不久，全国掀起了狂风大浪的"反右派运动"，竟把这位在政治上正在力求上进，在他平素热爱祖国的基础上，对党对社会主义的感情正在日益浓厚的傅雷，大笔一挥，错误地划成了"反党反社会主义的右派分子"。接着不久，消息传来，在波兰留学的傅聪，又突然自由出走，去了英国。由于对他父子的为人略有所知，这两件事可把我闹得昏头转向，不知人间何世了。

但应该感谢当时的某位领导同志，在傅雷错划为"右派"之后，仍能得到一些关顾，允许他和身在海外并同样身蒙恶名的儿子，保持经常的通讯关系。悠悠岁月，茫茫大海，这些长时期，在遥遥数万里的两地之间，把父子的心紧紧地联系在一起的，就是现在这部经过整理、编选、辑集起来的《傅雷家书》。

感谢三联书店的范用同志，当他知道傅雷有这样一批宝贵的遗书之后，便一口承诺，负起出版的任务，并一再加以催促，使它经过傅氏兄弟二人慎重编选之后，终于公开问世了。（我相信他们由于多方面慎重的考虑，这选编是非常严格的，它没有收入琐碎的家人生活琐事和当时的一些政治谈论，我上面提到的那封信，就没有收入在内。）

这是一部最好的艺术学徒修养读物，这也是一部充满着父爱的苦心孤诣、呕心沥血的教子篇。傅雷艺术造诣极为深厚，对无论古今中外的文学、绘画、音乐的各个领域，都有极渊博的知识。他青年时代在法国学习的专科是艺术理论，回国以来曾从事过美术考古和美术教学的工作，但时间都非常短促，总是与流俗的气氛格格不能相入，无法与人共事，每次都在半途中绝裾而去，不能展其所长，于是最后给自己选择了闭门译述的事业。在他的文学翻译工作中，大家虽都能处处见到他的才智与学养的光彩，但他曾经有志于美学及艺术史论的著述，却终于遗憾地不能实现。在他给傅聪的家书中，我们可以看出他在音乐方面的学养与深入的探索。他自己没有从事过音乐实践，但他对于一位音乐家在艺术生活中所遭到的心灵的历程，体会得多么细致，多么深刻。儿子在数万里之外，正准备一场重要的演奏，爸爸却好似对即将赴考的身边的孩子一般，殷切地注视着他的每一次心脏的律动，设身处地预想他在要走去的道路上会遇到的各种可能的情景，并替他设计应该如何对待。因此，在这儿所透露的，不仅仅是傅雷的对艺术的高深的造诣，而是一颗更崇高的父亲的心，和一位有所成就的艺术家，在走向成材的道路中，所受过的陶冶与教养，在他才智技艺中所积累的成因。

对于傅雷给孩子的施教，我是有许多记忆可以搜索的。四十年代初我在上海初识傅雷并很快成为他家常客的时候，他的两个孩子都还幼小，大孩子傅聪刚及学龄。在四周被日本侵略军包围的上海孤岛，连大气中都弥漫着一种罪恶的毒氛。他不让儿子去上外间的小学，甚至也反对孩子去街头游玩。他把孩子关在家里，而且很早发现在幼小的身心中，有培养成为音乐工作者的素质。便首先在家中由父母亲自担当起教育的责任，并在最基础的文化教育中，环绕着音乐教育这个中心。正如他在对己对人、对工作、对生活的各方面都要求认真、严肃、一丝不苟的精神一样，他对待幼小的孩子也是十分严格的。我很少看到他同孩子嬉戏逗乐，也不见他对孩子的调皮淘气行为表示过欣赏。他亲自编制教材，给孩子制定日课，一一以身作则，亲自督促，严格执行。孩子在父亲的面前，总是小心翼翼，不敢有所任性，只有当父亲出门的时候，才敢大声笑闹，恣情玩乐。他规定孩子应该怎样说话，怎样行动，做什么，吃什么，不能有所逾越。比方每天同桌进餐，他就注意孩子坐得是否端正，手肘靠在桌边的姿势，是否妨碍了同席的人，饭菜咀嚼，是否发出丧失礼貌的咀嚼声。甚至因傅聪不爱吃青菜，专拣肉食，又不听父亲的警告，就罚他只吃白饭，不许吃菜。孩子学习语文，父亲却只准他使用铅笔、蘸水钢笔和毛笔，不许用当时在小学生中已经流行的自来水金笔。我不知道傅雷有这样的禁例，有一次带了傅聪到豫园去玩，给他买了一支较好的儿童金笔，不料一回家被父亲发现没收，说小孩子怎么能用那样的好笔，害得孩子伤心地哭了一场。我事后才知道这场风波，心里觉得非常抱歉，对傅雷那样管束孩子的方法，却是很不以为然的。

同时傅聪也正是一个有特异气质的孩子，他对爱好的事物常常会把全神都贯注进去，忘却周围的一切。有一次他独自偷偷出门，在马路边蹓跶，观望熙熙攘攘的市景，快乐得忘了神，走着走着，竟和路边的电线杆子撞了一头，额角上鼓起了一个包，闹了一场小小的笑话。他按照父亲的规定，每天上午下午，几小时几小时的练习弹琴，有时弹得十分困倦，手指酸痛，也不敢松弛一下，只好勉勉强强地弹下去。但有时却弹出了神，心头不知到来了什么灵感，忽然离开琴谱，奏出自己的调子来。在楼上工作的父亲，从琴声中觉察异样，从楼梯上轻轻下来。傅聪见父亲来了，吓得什么似的，连忙又回到琴谱上去。但这一次傅雷并不是来制止的，他叫孩子重复弹奏原来的自度曲，听了一遍，又听一遍，并亲自用空白五线谱，把曲调记录下来。说这是一曲很好的创作，还特地给起了一个题目，叫做《春天》。这件事我记得很清楚，一直到那回傅聪首次回国时，还问过他多少年来除了演奏之外，是不是还自己作曲。

傅聪少年时代在国内就闹过一次流浪历险记。一九四九年上海解放后，傅雷全家从昆明迁回上海，把傅聪单独留在昆明继续学习。但傅聪非常想家，一心回沪继续学习音乐，竟然对父亲所委托的朋友不告而别，没有旅费，临行前由一些同学友人主动帮他开了一个演奏会，募了一些钱。这件事使上海家中和昆明两地闹了一场虚惊。傅雷后来告诉我说："你看，在家靠父母，出外靠朋友，把帽子脱下翻过来，大家帮帮忙，这孩子就是这样回上海来了。"

有的人对幼童的教育，主张任其自然而因势利导，像傅雷那样的严格施教，我总觉得是有些"残酷"。但是大器之成，有待雕琢，在傅聪的长大成材的道路上，我看到作为父亲的傅雷所灌注的心血。在身边的幼稚时代是这样，在身处两地，形同隔世的情势下，也还是这样。在这些书信中，我们不是看到傅雷为儿子呕心沥血所留下的斑斑血痕吗？

人的自爱其子，也是一种自然的规律。人的生命总是有局限的，而人的事业却永远无尽，通过亲生的儿女，延续自己的生命，也延续与发展一个人为社会、为祖国、为人类所能尽的力量。因此培育儿女也正是对社会、对祖国、对人类世界所应该尽的一项神圣的义务与责任。我们看傅雷怎样培育他的孩子，也正和傅雷的对待其他一切一般，可看出傅雷是怎样以高度负责的精神与心力，在对社会、祖国与人类世界尽自己的责任的。傅聪在异国飘流的生活中，从父亲的这些书信中吸取了多么丰富的精神养料，使他在海外孤儿似的处境里，好像父母仍在他的身边，时时给他指导、鼓励与鞭策，使他有勇气与力量，去战胜各式各样的魔障与阻力，踏上自己正当成长的道路。通过这些书信，不仅仅使傅聪与亲人之间，建立了牢固的纽带，也通过这一条纽带，使傅聪与远离的祖国牢牢地建立了心的结合。不管国内家庭所受到的残酷遭遇，不管他自己所蒙受的恶名，他始终没有背弃他的祖国，他不受祖国敌对者多方的威胁利诱，没有说过或做过有损祖国尊严的言行。甚至在他的艺术巡礼中，也始终一贯，对与祖国采取敌对态度的国家的邀请，一律拒绝接受。直到一九七九年初次回国，到了香港，还有人替他担心可能产生麻烦，劝他暂时不要回来，但他相信祖国，也相信祖国会原谅他青年时代的行动，而给他以信任。这种信赖祖国、热爱祖国的精神，与傅雷在数万里外给他殷切的爱国主义的教育，是不能分开的。

再看看这些书信的背景，傅雷是在怎样的政治处境中写出来的，更不能不使人不去想那一次令人痛心的政治运动，二十多年来给数以万计的祖国优秀儿女所造成的惨运，是多么的惊人，而今天终于普遍得到改正、昭雪，又是一个多么得人心的政治措施。有许多人在那场灾祸中伤残了，但有许多人却由此受到特殊的、像钢铁受到烈火一样的锻炼，而更加显露出他刚毅锐利的英精。在我最熟悉的战友与好友中，有许多人是这样的，在党外的傅雷也是这样，虽然我今天已再也见不到他们了，但在他们的后代中，以及更广大的在十年浩劫中受过锻炼的坚强奋发的青年中，我看见了他们。

我叙述这些回忆和感想，谨郑重地向广大读者推荐这部好书。

一九八一年七月五日北京东郊

傅雷家人之间来往家信

一百五十六通

1954
~
1958

母亲俯视父亲给孩子写信

父亲在寓所小花园（一九五三年）

母亲在寓所小花园（一九五三年）

傅聪在寓所小花园（一九五三年）

傅敏在寓所小花园（一九五三年）

一九五四年

六十二通

1954

一月十八日晚—十九日晚

聪：车一开动，大家都变了泪人儿，呆呆的直立在月台上，等到冗长的列车全部出了站方始回身。[①] 出站时沈伯伯[②]再三劝慰我。但回家的三轮车上，个个人都止不住流泪。敏一直抽抽噎噎。昨天一夜我们都没睡好，时时刻刻惊醒。今天睡午觉，刚刚朦胧阖眼，又是心惊肉跳的醒了。昨夜月台上的滋味，多少年来没尝到了，胸口抽痛，胃里难过，只有从前失恋的时候有过这经验。今儿一天好像大病之后，一点劲都没得。妈妈随时随地都想哭——眼睛已经肿得不像样了，干得发痛了，还是忍不住要哭。只说了句“一天到晚堆着笑脸”，她又呜咽不成声了。真的，孩子，你这一次真是“一天到晚堆着笑脸”，教人怎么舍得！老想到五三年正月的事，[③] 我良心上的责备简直消释不了。孩子，我虐待了你，我永远对不起你，我永远补赎不了这种罪过！这些念头整整一天没离开过我的头脑，只是不敢向妈

---

① 傅聪应波兰政府邀请，参加《第五届萧邦国际钢琴比赛》并留学波兰。一九五四年一月十七日全家到上海火车站送傅聪去北京准备出国。

② 沈知白，时任上海音乐学院作曲系主任。傅雷挚友，傅聪青少年时期的乐理老师，“文革”中迫害致死。

③ 一九五三年正月，就贝多芬小提琴奏鸣曲哪一首最重要的问题，傅聪与父亲争论激烈。傅聪根据自己的音乐感受，不同意父亲认为第九首《“克勒策”奏鸣曲》最为重要的观点，认为《第十小提琴奏鸣曲》最重要。双方争执不下。父亲认为傅聪太狂妄，“才看过多少书！”而当时国外音乐界一般都认同第九首最为重要。所以父亲坚持己见，导致双方严重冲突。在父亲勃然大怒的情况下，倔强的傅聪毅然离家出走，住在父亲好友毛楚恩家一月余。后因傅雷姑夫去世，父亲觉得人生在世何其短促，父子何必如此认真，感慨万千，遂让傅敏陪同母亲接傅聪回家，双方才和解。

妈说。人生做错了一件事，良心就永久不得安宁！真的，巴尔扎克说得好：有些罪过只能补赎，不能洗刷！

十八日晚

昨夜一上床，又把你的童年温了一遍。可怜的孩子，怎么你的童年会跟我的那么相似呢？我也知道你从小受的挫折对于你今日的成就并非没有帮助；但我做爸爸的总是犯了很多很重大的错误。自问一生对朋友对社会没有做什么对不起的事，就是在家里，对你和你妈妈做了不少有亏良心的事①，这些都是近一年中常常想到的，不过这几天特别在脑海中盘旋不去，像噩梦一般。可怜过了四十五岁，父性才真正觉醒！

今儿一天精神仍未恢复。人生的关是过不完的，等到过得差不多的时候，又要离开世界了。分析这两天来精神的波动，大半是因为：我从来没爱你像现在这样爱得深切，而正在这爱的最深切的关头，偏偏来了离别！这一关对我，对你妈妈都是从未有过的考验。别忘了妈妈之于你不仅仅是一般的母爱，而尤其因为她为了你花的心血最多，为你受的委屈——当然是我的过失——最多而且最深最痛苦。园丁以血泪灌溉出来的花果迟早得送到人间去让别人享受，可是在离别的关头怎么免得了割舍不得的情绪呢？

跟着你痛苦的童年一起过去的，是我不懂做爸爸的艺术的壮年。幸亏你得天独厚，任凭如何打击都摧毁不了你，因而减少了我一部分罪过。可是结果是一回事，当年的事实又是一回事：尽管我埋葬了自己的过去，却始终埋葬不了自己的错误。孩子，孩子，孩子，我要怎样的拥抱你才能表示我的悔恨与热爱呢！

十九日晚

---

① 父亲教子极严，有时几乎不近人情，母亲也因此往往在精神上受折磨。

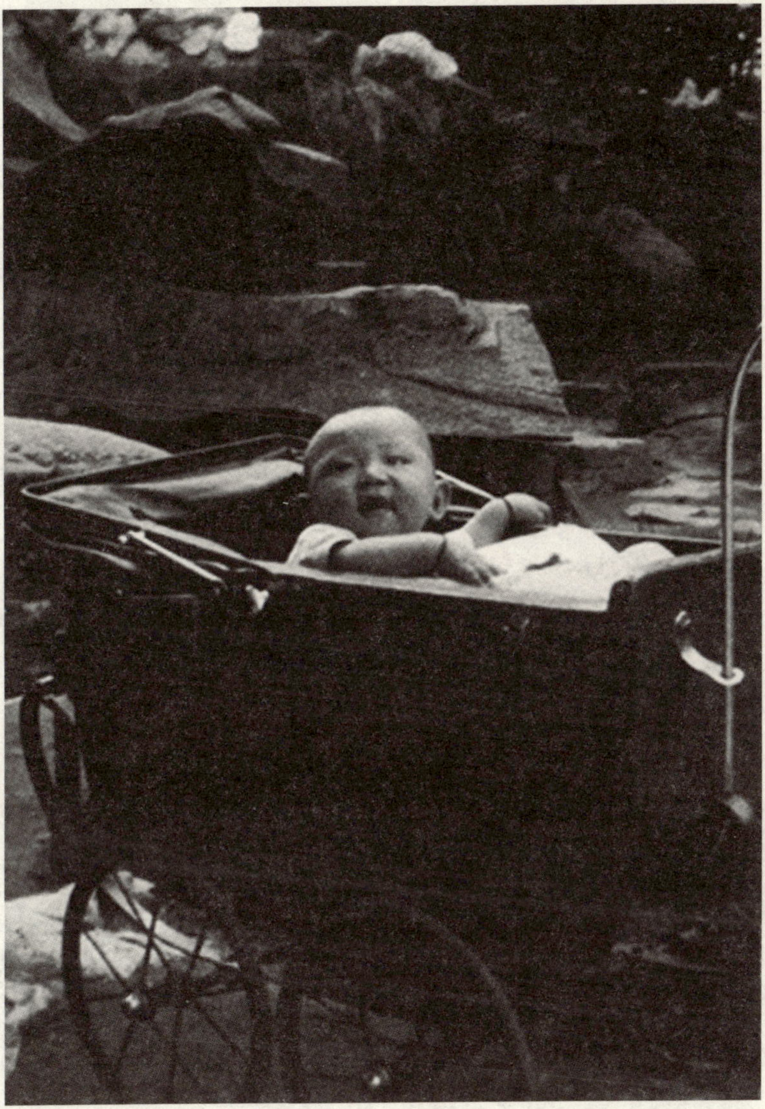

傅聪半岁

一月三十日晚

亲爱的孩子：你走后第二天，就想写信，怕你嫌烦，也就罢了。可是没一天不想着你，每天清早六七点就醒，翻来覆去睡不着，也说不出为什么。好像克利斯朵夫①的母亲独自守在家里，想起孩子童年一幕幕的形象一样；我和你妈妈老是想着你二三岁到六七岁间的小故事——这一类的话我们不知有多少可以和你说，可是不敢说，你这个年纪是一切向前的，不愿意回顾的；我们啰里啰嗦的抖出你尿布时代与一把鼻涕一把眼泪时代的往事，会引起你的憎厌。孩子，这些我都很懂得，妈妈也懂得。只是你的一切终身会印在我们脑海中，随时随地会浮起来，像一幅幅的小品图画，使我们又快乐又惆怅。

真的，你这次在家一个半月②，是我们一生最愉快的时期；这幸福不知应当向谁感谢，即使我没宗教信仰，至此也不由得要谢谢上帝了！我高兴的是我又多了一个朋友；儿子变了朋友，世界上有什么事可以和这种幸福相比的！尽管将来你我之间离多别少，但我精神上至少是温暖的，不孤独的。我相信我一定会做到不太落伍，不太冬烘，不至于惹你厌烦。也希望你不要以为我在高峰的顶尖上所想的，所见到的，比你们的不真实。年纪大的人终是往更远的前途看，许多事你们一时觉得我看得不对，日子久了，现实却给你证明我并没大错。

孩子，我从你身上得到的教训，恐怕不比你从我得到的少。尤其是近三年来，你不知使我对人生多增了几许深刻的体验，我从与你相

---

① 傅雷译罗曼·罗兰长篇小说《约翰·克利斯朵夫》中的主人翁。

② 傅聪于一九五三年八月初赴罗马尼亚参加“第四届世界青年联欢节”钢琴比赛后，随中国艺术代表团赴波兰和东德访问演出，十月底返京，十二月初回上海，在家待了一个半月，又离家赴京学习，准备赴波留学。

处的过程中学到了忍耐，学到了说话的技巧，学到了把感情升华！

你走后第二天，妈妈哭了，眼睛肿了两天：这叫做悲喜交集的眼泪。我们可以不用怕羞的这样告诉你，也可以不担心你憎厌而这样告诉你。人毕竟是感情的动物，偶然流露也不是可耻的事。何况母亲的眼泪永远是圣洁的，慈爱的！

一月三十日晚＊

此信系母亲所写。以下标有“＊”号的，均母亲信，不一一注明。

亲爱的聪儿：自昨天起我们开始等你的信了，算起日子来，也该有信来了。你真不知道为娘的牵肠挂肚，放怀不开。你走后，忙着为你搬运钢琴的事，今天中午已由旅行社车去，等车皮有空就可装运。接着阴历年底快要到了，我又忙着家务，整天都是些琐碎事儿，可是等到空下来，或是深夜，就老是想着你，同爸爸两人谈你，过去的，现在的，抱着快乐而带点惆怅的心情，忍不住要流下泪来，不能自已。你这次回来的一个半月，真是值得纪念的，因为是我一生中最愉快、最兴奋、最幸福的一个时期。看到你们父子之间的融洽，互相倾诉，毫无顾忌，以前我常常要为之担心的恐惧扫除一空，我只有抱着欢乐静听你们的谈论，我觉得多幸福、多安慰，由痛苦换来的欢乐才是永恒的。虽是我们将来在一起的时候不会多，但是凭了回忆，宝贵的回忆，我也会破涕而笑了。我们之间，除了“爱”之外，没有可说的了。我对你的希望和前途是乐观的，就是有这么一点母子之情割舍不得。只要常常写信来，只要看见你写着“亲爱的爸爸妈妈”，我已满足了。

二月二日大除夕

亲爱的孩子：等了多久，终于等着了你的信。你忙，我们自然想象得到，也自然原谅你写信写得迟。只担心一件事，怕你吃东西不正常不努力，营养不够。希望你为了我们，“努力加餐饭！”我指的特别是肉类，不一定要多吃米饭。

（……）①

勃隆斯丹夫人②有信来，附给你。看过了，仍望寄回。昨晚七时一刻至八时五十分电台广播你在“市三”弹的四曲 Chopin［萧邦］，外加 encore［加奏］的一支 *Polonaise*［《波洛奈兹》］，效果甚好，就是低音部分模糊得很；琴声太扬，像我第一天晚上到小礼堂空屋子里去听的情形。以演奏而论，我觉得大体很好，一气呵成，精神饱满，细腻的地方非常细腻，tone colour［音色］变化的确很多。我们听了都很高兴，很感动。好孩子，我真该夸奖你几句才好。回想五一年四月刚从昆明回沪的时期，你真是从低洼中到了半山腰了。希望你从此注意整个的修养，将来一定能攀登峰顶。从你的录音中清清楚楚感觉到你一切都成熟多了，尤其是我盼望了多少年的——你的意志，终于抬头了。我真高兴，这一点我看得比什么都重。你能掌握整个的乐曲，就是对艺术加增深度，也就是你的艺术灵魂更坚强更广阔，也就是你整个的人格和心胸扩大了。孩子，我要重复 Bronstein［勃隆斯丹］信中的一句话，就是我为了你而感到骄傲！

---

① 此省略号为编者删节时所加，故加括号以与原信省略号区别，每封信开头和结尾的删节则不加“（……）”，以免冗赘，下同。

② 上海音乐学院钢琴系苏联籍教师，一九五一年傅聪自昆明返沪后，曾正式教过傅聪一年，一九五二年移居加拿大，从事演奏与教学。

今天是除夕了，想到你在远方用功，努力，我心里说不尽的欢喜。别了，孩子，我在心里拥抱你！

二月四日

好孩子，你忙，你提笔远不如弹琴那末容易。好吧，我们不再要求你多写信。我也忙，可是我十分钟一刻钟就能给你写上一张纸。只要你不嫌繁烦，我可以常常跟你谈天，譬如听我独白。只要你的静默不是为了病，我决不多操心。

二月五日

孩子：二月二日的信收到。第一次的明信片始终没有着落，所以我们自以为耐着性子等了一星期，才得到你的消息。倘若要买乐谱或是唱片，尽管来信，我可以寄钱。在我有能力的时候，你要是喜欢我帮你一些忙，这是对我莫大的安慰。倘若精神上思想上我已经无能为力，至少别拒绝我物质方面的助力！前信已说过，你忙，少写信不打紧，决不怨怪。只是饮食务须有度，营养必须充分。

二月九日 *

亲爱的聪儿：不知不觉新年差不多过去了。年初一约胡家祖姑母一家来吃中饭，晚上约林医生、毛楚恩他们来吃晚饭，聊聊天，可没有打 bridge［桥牌］。[1] 初一那天恩德[2]去李翠贞先生[3]那里拜年，二人谈得非常投机，大家都把心里的话，坦坦白白讲了出来，甚至时间都忘了，吃饭也忘了，从早上到中午一时一直没有停。(……) 那天恩德真是笑逐颜开，对李先生佩服得五体投地，李先生非常喜欢她，将来要讨教她，大概没有问题的了。李先生说："我与傅先生没有谈过几次，怎么他这样能了解我呢?"她也佩服你爸爸的有学问、有修养，怪复生[4]怎么不介绍给她这样的朋友。年底送了一部《约翰·克利斯朵夫》给她，年初一起她已在阅读了。最近她身体不大好，所以没有去看她。初二初三没有什么客人来，初四请牛伯母一家来吃中饭，恩德就一直连下去，爸爸教她同阿敏一起念诗，津津有味，这孩子聪明，而且天真的可爱，现在她在我们家里一些也不客气了，很自然，很体贴。她知道我们因为你不在家多少感到寂寞，所以有机会就来，我们也当她女儿一般爱护她。

---

① 按惯例，每到过年傅雷夫妇总要约请这几位老朋友打桥牌。这年例外，因为傅聪在北京准备出国，傅雷夫妇心情不佳，故没有打桥牌。林医生即林俊卿医生，著名内科大夫，声乐教育家，曾任原上海声乐研究所所长；毛楚恩，傅雷挚友之一，退休前一直是上海交响乐队提琴手。

② 牛恩德，傅聪青年时期的琴友，傅聪出国后，常去探望傅雷夫妇，后被傅雷夫妇认作干女儿。一九五六年后赴英国和美国学琴，最后定居于美国。退休前一直是一位钢琴教授，二〇一二年病逝。

③ 时任上海音乐学院钢琴系主任，"文革"中受迫害致死。

④ 裘复生，留英的电机工程师，傅雷挚友。解放前曾在上海音专主修钢琴，与李翠贞教授既是同学又是好友。

二月十日

上海这两天忽然奇暖，东南风加沙土，很像昆明的春天。阿敏和恩德一起跟我念诗，敏说你常常背“朝回日日典春衣，每日江头尽醉归”二句，现在他也背得了。我正在预备一样小小的礼物，将来给你带出国的，预料你一定很喜欢。再过一星期是你妈妈的生日，再过一个月是你生日，想到此不由得悲喜交集。

二月十日

这几日开始看服尔德①的作品，他的故事性不强，全靠文章内若有若无的讽喻。我看了真是栗栗危惧，觉得没能力表达出来。那种风格最好要必姨、钱伯母②那一套。我的文字太死板，太“实”，不够俏皮，不够轻灵。

二月二十二日＊

二十日下午六时至八时，二十一日上午十时至十二时，这里人民电台广播你弹的 Bach［巴赫］，Beethoven［贝多芬］，Brahms［勃拉姆斯］，Scriabine［斯克里亚宾］，Chopin［萧邦］，就少了一个 Schumann［舒曼］，我们听了好像你在家里一样。只要有广播你弹的东西，我们决不错过，孩子，我们抱着愉快的心情，陶醉在音乐里了，感到多少温暖，似乎仍跟你在一起。

我生日那天，雷伯伯夫妇，天舅及天舅母，张阿姨，恩德也来

---

① Voltaire 又译伏尔泰。

② 必姨即杨必，英国萨克雷名著《名利场》的译者。钱伯母即钱锺书夫人杨绛，杨必之姐。

了，总算还热闹，就少了你，有些美中不足。[1] 婆婆[2]也来过，吃了午饭，给了她一些钱，几张照片，她很快活。

今年你十足二十岁，我们二人商量了好久，不知你喜欢什么，该送些什么东西给你留念；暂且买了一支 Eversharp 的钢笔，是金套的，怕你不喜欢；不知你现在需要么？我们可以托朋友带给你。否则等你出国时拿去，随便你好了，希望来信告诉我们。

来信说窗帘小了一些，你要清楚告诉我们，是不够宽，还是不够长，如果不够宽，那很简单，只要再配一条上去，就好了。如果长不够，宽正好，那么再做，换下来你可作另外的用场。棕色的那条布，我是预备你做床罩的，把旧的一块罩琴好了。你在京快一个月了，床上的被单褥单枕套都该换干净的了，只要查账，好像放在中型手提箱的底上，拿出来换一下吧。孩子，需要什么，尽管写信来，只要办得到，我是乐意为你忙的，上次你来信要窗帘等等，爸爸看见我那么起劲，他说："现在梅馥又精神十足了，为了儿子，什么都不怕烦了。"你看多有意思！其实爸爸对你，也跟我一样，为你忙这样，忙那样，比我仔细周到得多，大家彼此彼此。

二月二十四日 *

亲爱的聪：你的信今天终于收到了，很快慰。你走后，我们心里的矛盾真是无法形容，当然为你的前途，我们应该庆幸，你有那么好的机会，再幸运也没有了；可是一想到那么长的别离，总有些不舒

---

① 母亲的生日恰巧是阴历正月十五。在我们家，这天是个大节日，许多亲朋好友都会来为母亲祝寿。

② 爸爸的乳母。

服，但愿你努力学习，保重身体，我相信你决不会辜负国家对你的期望，我们的一番苦心。你在国外，千万多些家信，把什么都告诉我们，不论琐碎的重大的，我们都乐意知道，有机会拍了照片，也不时寄来。你的信我们看得多宝贵，我们虽然分离了，可是心永久在一起，这是你给我们的唯一的安慰。

在京洗的衣服成绩怎么样？希望你慢慢的仔仔细细整理东西，妈妈不能代你理东西，真是件遗憾的事。今天冒雨为你添印了一打派司[①]照片，现在附上，希望你收到后就放在黑包内，以备将来派用场。维他命 B 一定要吃，以后生活一定要有规律，你现在懂事了，我也不再操心了。不过空下来老念着你，很高兴会常常梦见你，孩子，妈妈多疼你，只愿你多多来信，我们才感谢不尽呢！不多谈了，要说的话，爸爸已写了许多，望你多多保重！祝快乐！

三月五日夜

音乐会成绩未能完全满意，还是因为根基问题。将来多多修养，把技术克服，再把精神训练得容易集中，一定可大为改善。钱伯伯[②]前几天来信，因我向他提过，故说“届时当作牛听贤郎妙奏”，其实那时你已弹过了，可见他根本没知道。且钱伯母最近病了一星期，恐校内消息更隔膜。

---

① 上海话：身份证件，来自英文的 Pass［通行证件］。

② 即钱锺书，傅雷夫妇挚友。

三月十三日深夜＊

亲爱的聪儿：给你的窗帘已于前日寄出，不久就会收到了。昨天起爸爸病了，是流行性感冒，发高烧，嘴里念念有词的讲热话，不时念着："阿聪！阿聪！"这样那样的念个不停。林伯伯开了方子，今天略好些，这次的感冒，来势很厉害，吃了高度杀菌性的药，还是压不倒它，不过其势已减，大概睡几天就会好的。

川剧在沪公演，招待文艺界时送来一张票子，我就去看了，看后很满意。爸爸很想去观摩一下。到上星期公开售票，要排队购票，我赶着去买票，一看一条长蛇阵，只有望洋兴叹，就回家，总算文联帮忙，由唐弢替我们设法弄了二张，又有必姨送来二张，碰巧都是三月十日的，我们就请牛伯母及恩德一起去，他们大为高兴，那天正是你生日，牛伯母特为请我们到新雅吃饭吃面，他们真是周到，饭后就去观剧。一共有五出，《秋江》《赠绨袍》《五台会兄》《归舟投江》《翠香记》。我们看得很有味，做功非常细腻，就是音乐单调，那是不论京剧昆剧，都是一样的毛病；还有编剧方面，有些地方不够紧凑，大体上讲，这种地方戏是值得保存的。《秋江》里的老头儿奇妙无比，《五台会兄》里的杨五郎，唱做都很感动人。本来爸爸这几天要写信给你，同你谈谈戏剧问题，尤其看了川剧后，有许多意见。可惜病了，等他好了会跟你谈的。

恩德常常来练琴，陪陪我们，她说问你好，她说你怎么不写信给她呢？我说你太忙了，家里的信也不多。这一晌我们又在忙校对，工作要紧张起来了。你俄文读得怎样了？琴上的钢丝换了结果如何？音乐理论有没有开始读？希望告知近况。爸爸病了，你又是我们谈话的数据，我们常常拿回忆来体味。

三月十九日

亲爱的孩子：上回刚想写信给你，不料病倒了。病好了不及两天，又发烧，前后八九天，至今还没恢复。今天初到阳台上一望，柳枝上一星星的已经有了绿意，想起“蕉草如碧丝，秦桑低绿枝”两句，不知北地春光是否已有消息。

我病的时候，恩德差不多每天来陪我。初期是热度高，昏沉的厉害；后来是眼睛昏花（到现在还没好），看校样每二三行就像一片云雾在眼前飘过，书也不能看，只能躺躺坐坐，整日呆着；幸亏恩德来给我说说笑笑，还拿我打趣，逗我上当，解了不少寂寞。

你近来忙得如何？乐理开始没有？希望你把练琴时间抽一部分出来研究理论。琴的问题一时急不来，而且技巧根本要改。乐理却是可以趁早赶一赶，无论如何要有个初步概念。否则到国外去，加上文字的困难，念乐理比较更慢了。此点务要注意。

三月十九日

川戏中的《秋江》，艄公是做得好，可惜戏本身没有把陈妙常急于追赶的心理同时并重。其余则以《五台会兄》中的杨五郎为最妙，有声有色，有感情，唱做俱好。因为川戏中的“生”这次角色都差，唱正派的尤其不行，既无嗓子，又乏训练；倒是反派角色的“生”好些。大抵川戏与中国一切的戏都相同，长处是做功特别细腻，短处是音乐太幼稚，且编剧也不够好；全靠艺人自己凭天才去咂摸出来，没有经作家仔细安排。而且 tempo［节奏］松弛，不必要的闲戏总嫌太多。

三月二十二日 *

亲爱的聪：自从接到你三月三日发的信以来，一直没有你的消息，不知你身体好吗。我们多挂念你！爸爸的病还没有好，这回三番四复了几次，寒热停了，隔一天又来了，今天是第三次的高潮，气管发炎了，咳嗽得厉害，发高烧，有些神志不清，病中老在念你，希望你来信安慰安慰他，他是多么企望着疼爱的儿子的信，可是嘴里不讲，知道你忙。就是忙，少写些没关系，只要有你来信，我们是安慰的，高兴的。早晚看信箱，总是没有你的信，孩子！赶快来信吧！

三月二十四日上午

在公共团体中，赶任务而妨碍正常学习是免不了的，这一点我早料到。一切只有你自己用坚定的意志和立场，向领导婉转而有力的去争取。否则出国的准备又能做到多少呢？特别是乐理方面，我一直放心不下。从今以后，处处都要靠你个人的毅力、信念与意志——实践的意志。我不再和你说教条式的话，去年那三封长信把我所想的话都说尽了；你也已经长大成人，用不着我一再叮嘱。但若你缺少勇气的时候，尽管来信告诉我，我可以替你打气。倘若你心绪不好，也老老实实和我谈谈，我可以安慰安慰你，代你解决一些或大或小的烦恼。关于××的事，你早已跟我表明态度，相信你一定会实际做到。你年事尚少，出国在即；眼光、嗜好、趣味，都还要经过许多变化；即使一切条件都极美满，也不能担保你最近三四年中，双方的观点不会改变，从而也没法保证双方的感情不变。最好能让时间来考验。我二十岁出国，出国前后和你妈妈已经订婚，但出国四年中间，对她的看法三番四次的改变，动摇得很厉害。这个实在的例子很可以作你的参考，使你做事可以比我谨慎，少些痛苦——尤其为了你的学习，你的艺术前途！

另外一点我可以告诉你：就是我一生任何时期，闹恋爱最热烈的时候，也没有忘却对学问的忠诚。学问第一，艺术第一，真理第一，爱情第二，这是我至此为止没有变过的原则。你的情形与我不同：少年得志，更要想到“盛名之下，其实难副”，更要战战兢兢，不负国人对你的期望。你对政府的感激，只有用行动来表现才算是真正的感激！我想你心目中的上帝一定也是 Bach［巴赫］、Beethoven［贝多芬］、Chopin［萧邦］等等第一，爱人第二。既然如此，你目前所能支配的精力与时间，只能贡献给你第一个偶像，还轮不到第二个神明。你说是不是？可惜你没有早学好写作的技术，否则过剩的感情就可用写作（乐曲）来发泄，一个艺术家必须能把自己的感情“升华”，才能于人有益。我绝不是看了来信，夸张你的苦闷，因而着急；但我知道你多少是有苦闷的，我随便和你谈谈，也许能帮助你廓清一些心情。

三月二十九日

感情问题能自己想通，我们听了都很安慰。你还该想到，目前你一切都已“如愿以偿”，全中国学音乐的青年，没有一个人有你那么好的条件。你冬天回沪前所担心的事都迎刃而解，顺利出乎你的意料之外。你也该满足了。满足以后更当在别方面多多克制。人生没有一桩幸福是不要付代价的。东边占了便宜，西边就得吃亏些。何况如我前信所云，这也不是吃亏的事，而是“明哲”的举动。

三月三十一日 *

聪！我心里有一件事，已经放在肚里嘀咕了好久，一直想跟你谈谈。牛恩德这次开刀，吃了很多苦，开刀时的痛苦，比去年加了十倍，去年开刀你是知道的，而且你常常陪着她，念书给她听，解了她不少病中的苦闷。这次医生说她眼睛的肌肉非常弱，恢复的时期会更长，要她耐心静养，真要极大的克制功夫及努力，要三四个月不能弹琴，想她这样的性格，真是相当苦闷的，而且后果如何，谁也不知道。我们只有安慰她，鼓励她，叫她耐心等待。你与她一度感情非常深，为了友谊，你也应该给她写封信，至少站在朋友的立场上，也应该给她一些精神上的帮助。（……）这孩子，心地厚道，天真，坦白，我很同情她。她对你非常关心，从无怨言。这次在医院里住了九天，出院的前一天，牛伯母突然眼睛发炎，很厉害，不能去接她出院，于是由我们去接她出的院。（……）聪！你们既然是很好的朋友，你在百忙中终得写封信给她，安慰安慰她，鼓励鼓励她！给她一些勇气。现在她们母女两人，都是瞎眼睛，此情此景，也够可怜的了！她常常跟我们谈起你，你这次回来，给她不少启发，她很需要你在音乐方面的帮助。可怜她眼睛将来就是复原，我想受了伤，终要打折扣，这是她天生的缺陷，谁也没有办法。她记忆力很好，爸爸教了她六十几首诗歌，她都能背诵，闭着眼睛想想诗歌，想想音乐，就这样过日子。这几天可以听听唱片了，否则日子的确很不容易过。好了，谈得很多了，抽空给她一封信，不一定要长信，给她一些精神上的安慰够了！

四月七日

聪儿：记得我从十三岁到十五岁，念过三年法文；老师教的方法既有问题，我也念得很不用功，成绩很糟（十分之九已忘了）。从十六岁到二十岁在大同改念英文，也没念好，只是比法文成绩好一些。二十岁出国时，对法文的知识只会比你现在的俄文程度差。到了法国，半年之间，请私人教师与房东太太双管齐下补习法文，教师管读本与文法，房东太太管会话与发音，整天的改正，不用上课方式，而是随时在谈话中纠正。半年以后，我在法国的知识分子家庭中过生活，已经一切无问题。十个月以后开始能听几门不太难的功课。可见国外学语文，以随时随地应用的关系，比国内的进度不啻一与五六倍之比。这一点你在莫斯科遇到李德伦时也听他谈过。我特意跟你提，为的是要你别把俄文学习弄成"突击式"。一个半月之间念完文法，这是强记，决不能消化，而且过了一晌大半会忘了的。我认为目前主要是抓住俄文的要点，学得慢一些，但所学的必须牢记，这样才能基础扎实。贪多务得是没用的，反而影响钢琴业务，甚至使你身心困顿，一空下来即昏昏欲睡。这问题希望你自己细细想一想，想通了，就得下决心更改方法，与俄文老师细细商量。一切学问没有速成的，尤其是语言。倘若你目前停止上新课，把已学的从头温一遍，我敢断言，你会发觉有许多已经完全忘了。

你出国去所遭遇的最大困难，大概和我二十六年前的情形差不多，就是对所在国的语言程度太浅。过去我再三再四强调你在京赶学理论，便是为了这个缘故。倘若你对理论有了一个基本概念，那么日后在国外念的时候，不至于语言的困难加上乐理的困难，使你对乐理格外觉得难学。换句话说：理论上先略有门径之后，在国外念起来可以比较方便些。可是你自始至终没有和我提过在京学习理论的情形，连是否已开始亦未提过。我只知道你初到时因罗君患病而搁置，以后如何，虽经我屡次在信中问你，你也没复过一个字。——现在我再和你说一遍：我的意思最好把俄文学习的时间分出一部分，移作学习乐理之用。

提早出国，我很赞成。你以前觉得俄文程度太差，应多多准备后再走。其实像你这样学俄文，即使用最大的努力，再学一年也未必能说准备充分——除非你在北京不与中国人来往，而整天生活在俄国人堆里。——但领导方面究竟如何决定，最好请周广仁或别的比较能参与机密的朋友时时探听，让我们早些知道，早些准备。

恩德那里无论如何忙也得写封信去。自己责备自己而没有行动表现，我是最不赞成的。这是做人的基本作风，不仅对某人某事而已，我以前常和你说的，只有事实才能证明你的心意，只有行动才能表明你的心迹。待朋友不能如此马虎。生性并非"薄情"的人，在行动上做得跟"薄情"一样，是最冤枉的，犯不着的。正如一个并不调皮的人要调皮而结果反吃亏，一个道理。

德伏夏克谱二册收到没有？尽管忙，写信时也得提一提"来信及谱二册均已收到"，不能光提"来信都收到"。

一切做人的道理，你心里无不明白，吃亏的是没有事实表现；希望你从今以后，一辈子记住这一点。大小事都要对人家有交代！

其次，你对时间的安排，学业的安排，轻重的看法，缓急的分别，还不能有清楚明确的认识与实践。这是我为你最操心的。因为你的生活将来要和我一样的忙，也许更忙。不能充分掌握时间与区别事情的缓急先后，你的一切都会打折扣。所以有关这些方面的问题，不但希望你多听听我的意见，更要自己多想想，想过以后立刻想办法实行，应改的应调整的都应当立刻改，立刻调整，不以任何理由耽搁。

四月二十一日

孩子：接十七日信，很高兴你又过了一关。人生的苦难，theme［主题］不过是这几个，其余只是 variations［变奏曲］而已。爱情的苦汁早尝，壮年中年时代可以比较冷静。古语说得好，塞翁失马，未始非福。你比一般青年经历人事都更早，所以成熟也早。这一回痛苦的经验，大概又使你灵智的长成进了一步。你对艺术的领会又可深入一步。我祝贺你有跟自己斗争的勇气。一个又一个的筋斗栽过去，只要爬得起来，一定会逐渐攀上高峰，超脱在小我之上。辛酸的眼泪是培养你心灵的酒浆。不经历尖锐的痛苦的人，不会有深厚博大的同情心。所以孩子，我很高兴你这种蜕变的过程，但愿你将来比我对人生有更深切的了解，对人类有更热烈的爱，对艺术有更诚挚的信心！孩子，我相信你一定不会辜负我的期望。

五月五日

聪：又好久不给你写信了。你的自传交上去后，反应如何？乐理学得怎么样？精神如何？心绪又怎样？无一不在念中。有什么感触、不安，希望来信和我谈谈，也许我能替你解脱，至少也可以打打气。

看了《夏倍上校》没有？你喜欢哪一篇？对我的译文有意见吗？我自己愈来愈觉得肠子枯索已极，文句都有些公式化，色彩不够变化，用字也不够广。人民文学社要我译服尔德，看来看去，觉得风格难以传达，畏缩得很。

最近去杭州玩了五天，未去前自觉体力远不如前，去后登山脚力倒仍健旺。回家后园中鹃花盛放，蔷薇也已含苞欲吐。春天来了，想必你也更兴奋了。

六月二十一日

此信应有三页，现仅留存最后一页。

今天早上接到李凌先生的信，似乎还没得到联络局回音。不知现在情形怎样了？另有一件事要嘱咐你：搔头的习惯务必革除，到国外去实在太不雅，为了帮你解决这一点，我要你妈妈去买了一瓶头发水给你。头皮痒时可躲到房里去痛痛快快把头发水搽一遍。饭桌子上切忌伸懒腰。出门勿忘戴太阳镜。又揩拭眼镜最好用清水洗过，在脸布上吸干水迹，再用旧的干净手帕揩干。但必须留心，眼镜架的脚极易折断！

六月二十三日夜半

聪：等到今天还没有接到你一个字，挂念之至。

找了几日，终把今年正月写给 Eva［埃娃］① 的信稿找到，连夜打了一份寄给你，望立即放在公事包内，跟你写给她的信稿一起(有一个信封，外面批明的)，到波兰后务必要当面交给她。以后你处处要她照料，我们过去的情意也应当让她知道。这是非常要紧的事，千万勿忘！

---

① 埃娃系傅聪一九五三年随中国艺术团访问波兰时认识的波兰文化部官员。

你走了快一星期，[1] 我们俩的疲劳还未消退。每天早上不到九时总起不来。你这次回来以前，一向都是八点就醒的。你一走，不知怎样，晚上总睡不好，早上骨头酸痛，浑身瘫痪。不知你身体怎样？

六月二十四日下午

亲爱的孩子：终于你的信到了！联络局没早告诉你出国的时间，固然可惜，但你迟早要离开我们，大家感情上也迟早要受一番考验；送君千里终须一别，人生不是都要靠隐忍来撑过去吗？你初到的那天，我心里很想要你二十以后再走，但始终守法和未雨绸缪的脾气把我的念头压下去了，在此等待期间，你应当把所有留京的琴谱整理一个彻底，用英文写两份目录，一份寄家里来存查。这种工作也可以帮助你消磨时间，省却烦恼。孩子，你此去前程远大，这几天更应当仔仔细细把过去种种作一个总结，未来种种作一个安排；在心理上精神上多作准备，多多锻炼意志，预备忍受四五年中的寂寞和感情的波动。这才是你目前应做的事。孩子，别烦恼。我前信把心里的话和你说了，精神上如释重负。一个人发泄是要求心理健康，不是使自己越来越苦闷。多听听贝多芬的第五[2]，多念念克利斯朵夫里几段艰苦的事迹（第一册末了，第四册第九卷末了），可以增加你的勇气，使你更镇静。好孩子，安安静静的准备出国罢。一切零星小事都要想周到，别怕天热，贪懒，一切事情都要做得妥帖。行前必须把带去的衣服什物记在“小手册”上，把留京及寄沪的东西写一清账。想念我

---

① 傅聪在京的学习结束，动身赴波留学前于六月十一日回家一周，六月十八日返京，直到七月八日才动身赴波。

② 系指《第五“命运”交响曲》。

们的时候，看看照相簿。为什么写信如此简单呢？要是我，一定把到京时罗君来接及到团以后的情形描写一番，即使借此练练文字也是好的。

近来你很多地方像你妈妈，使我很高兴。但是办事认真一点，却望你像我。最要紧，不能怕烦！

六月二十九日＊

亲爱的聪：收到你的信多么快慰，我们的笑和哭都是从心底里发出来的，孩子，只有你的一切真能使我们的心开放，想到你，我就觉得幸福了，没什么抱怨的了。回想你在家的一星期，我的精神好得可以日夜不睡，等你一走，连着两天好似瘫痪了。隔了几天，要修理爸爸的书房，又忙着搬屋子，整整忙了三天，现在又一切就绪，安排得有些像样了。爸爸的书橱都搬在阳台上，阳台变了书库，爸爸的书房暂时在三楼，布置得还算落位。敏仍睡底下，因为要等书房的石墙壁干燥，起码要一个半月，然后可以迁入。爸爸工作到深夜，与敏时间上有抵触，可是他的房间，目前东西塞得满炕满谷，他只好在我房内预备功课，反正那间房暗无天日，只好派睡觉用场。这几天我想：你忙着整理行装，衣服究竟做了几套？做工满意否？放内衣的箱子有没有给你？前次塞在你皮鞋盒子内的牙刷牙膏等零星什物，你可以将目前需要用的，拿一些出来，其余都可以装箱，只要账上记好，因为小东西容易疏忽。整理东西是件琐碎而麻烦的事，这次倒是给你训练训练，希望你有条有理，千万不可不耐烦而马虎。你临走前的一切情形，不嫌其详的告诉我们，我们才乐呢！你收到我这封信的时候，离开祖国的日子没有几天了，出国后，多多写信来，在遥远祖国的爸爸妈妈，没有一天不在惦念你，祝祷你的成功、努力！最要紧的要保重身体，衣着寒暖，都要小心。我们抱着希望、快乐的心情，等你各方面满载而归！别了，一切珍重！

七月四日晨

孩子，希望你对实际事务多注意些，应办的即办，切勿懒洋洋的拖宕。夜里摆龙门阵的时间，可以打发不少事情呢。宁可先准备好了再玩。

也许这是你出国以前接到的最后一信了，也许连这封信也来不及收到，思之怆然。要嘱咐你的话是说不完的，只怕你听得起腻了。可是关于感情问题，我还是要郑重告诫：无论如何要克制，以前途为重，以健康为重。在外好好利用时间，不但要利用时间来工作，还要利用时间来休息、写信。别忘了杜甫那句诗："家书抵万金！"

孩子，别了，我们没一天不想念你，没一天不祝福你，在精神上拥抱你！

七月十五日*

亲爱的聪儿：你临走前七日发的信，到十日下午才收到，那几天我们左等右等老不见你来信，焦急万分，究竟怎么回事？走了没有？终于信来了，一块石头落了地。原来你是一个人走的，旅途的寂寞，这种滋味我也想象得出来。到了苏联、波兰，是否都有人来接你，我们只有等你的消息了。

关于你感情的事，我看了后感到无限惶惑不安。对这个问题我总觉得你太冲动，不够沉着。这次发生的，有些出乎人情之常，虽然这也是对你多一次教训，但是你应该深深的自己检讨一番，对自己应该加以严厉的责备。我也不愿对你多所埋怨，不过我觉得你有些滥用感情，太不自爱了，这是不必要的痛苦。（……）得到这次教训后，千万要提高警惕，不能重蹈覆辙。你的感情太多了，对你终身是个累。所以你要大彻大悟，交朋友的时候，一定要事先考虑周详，而且也不能五分钟热度，凭一时冲动，冒冒失失的做了。我有句话，久已在心里嘀咕：我觉得你的爱情不专，一个接着一个，在你现在的年龄上，不算少了。我是一个女子，对这方面很了解女人的心理，要是碰到你这样善变，见了真有些寒心。你这次出国数年，除了努力学习以外，再也不要出乱子，这事出入重大，除了你，对爸爸的前途也有影响的。望你把全部精力放在研究学问上，多用理智，少用感情，当然，那是要靠你坚强的信心，克制一切的烦恼，不是件容易的事，但是非克服不可。对于你的感情问题，我向来不参加任何意见，觉得你各方面都在进步，你是聪明人，自会觉悟的。我既是你妈妈，我们是休戚相关的骨肉，不得不要唠叨几句，加以规劝。

回想我跟你爸爸结婚以来，二十余年感情始终如一，我十四岁上，你爸爸就爱上了我（他跟你一样早熟），十五岁就订婚，当年冬天爸爸就出国了。在他出国的四年中，虽然不免也有波动，可是他主意老，觉悟得快，所以回国后就结婚。婚后因为他脾气急躁，大大小小的折磨总是难免的，不过我们感情还是那么融洽，那么牢固，到现在年龄大了，火气也退了，爸爸对我更体贴了，更爱护我了。我虽不智，天性懦弱，可是靠了我的耐性，对他无形中或大或小多少有些帮助，这是我觉得可以骄傲的，可以安慰的。我们现在真是终身伴侣，缺一不可的。现在你也长大成人，父母对儿女的终身问题，也常在心中牵挂，不过你年纪还轻，不要操之过急。以你这些才具，将来不难找到一个满意的对象。好了，唠唠叨叨写得太多，你要头痛了。

今天接到你发自满洲里的信，真是意想不到的快，高兴极了！等到你接到我们的信时，你早已一切安顿妥当。望你将经过情形详细告诉我们，你的消息对我们永远是新鲜的。

七月二十七日深夜—二十八日午夜

你车上的信写得很有趣，可见只要有实情、实事，不会写不好信。你说到李、杜的分别，的确如此。写实正如其他的宗派一样，有长处也有短处。短处就是雕琢太甚，缺少天然和灵动的韵致。但杜也有极浑成的诗，例如“风急天高猿啸哀，渚清沙白鸟飞回。无边落木萧萧下，不尽长江滚滚来……”那首胸襟意境都与李白相仿佛。还有《梦李白》《天末怀李白》几首，也是缠绵悱恻，至情至性，非常动人的。但比起苏、李的离别诗来，似乎还缺少一些浑厚古朴。这是时代使然，无法可想的。汉魏人的胸怀比较更近原始，味道浓，苍茫一片，千古之下，犹令人缅想不已。杜甫有许多田园诗，虽然受渊明影响，但比较之下，似乎也“隔”（王国维语）了一层。回过来说：写实可学，浪漫底克不可学；故杜可学，李不可学；国人谈诗的尊杜的多于尊李的，也是这个缘故。而且究竟像太白那样的天纵之才不多，共鸣的人也少。所谓曲高和寡也。同时，积雪的高峰也令人有“琼楼玉宇，高处不胜寒”之感，平常人也不敢随便瞻仰。

词人中苏、辛确是宋代两大家，也是我最喜欢的。苏的词颇有些咏田园的，那就比杜的田园诗洒脱自然了。此外，欧阳永叔的温厚蕴藉也极可喜，五代的冯延巳也极多佳句，但因人品关系，我不免对他有些成见。

你现在住哪里？食宿是否受招待？零用钱是怎样的？将来倘住定一处，讲定多少钱一个月包定伙食，那么有一点需要注意（也是我从前的经验），就是事先可以协商，倘隔天通知下一天少吃一顿或两顿（早餐当然不算），房东可以不准备饭菜，因此可少算一顿或两顿饭钱。预料你将来不时有人请吃饭，请吃饭也得送些小礼，便是半打花也行，那就得花钱；把平时包饭地方少算的饭钱移作此用，恰好cover［弥补］。否则很容易闹亏空。尤其你现在的情形，无处在经济上讨救兵，故我特别要嘱咐你。

我第一信中所提的事，希望和我详细谈谈。在外倘有任何精神苦闷，也切勿隐瞒，别怕受埋怨。一个人有个大二十几岁的人代出主意，决不会坏事。你务必信任我，也不要怕我说话太严，我平时对老朋友讲话也无顾忌，那是你素知的。并且有些心理波动或是郁闷，写了出来等于有了发泄，自己可痛快些，或许还可免做许多傻事。孩子，我真恨不得天天在你旁边，做个监护的好天使，随时勉励你，安慰你，劝告你，帮你铺平将来的路，准备将来的学业和人格。

七月二十七日深夜

上星期我替恩德讲《长恨歌》与《琵琶行》，觉得大有妙处。白居易对音节与情绪的关系悟得很深。凡是转到伤感的地方，必定改用仄声韵。《琵琶行》中“大弦嘈嘈”“小弦切切”一段，好比staccato［断音］，像琵琶的声音极切；而“此时无声胜有声”的几句，等于一个长的pause［休止］；“银瓶……水浆迸”两句，又是突然的attack［明确起音］，声势雄壮。至于《长恨歌》，那气息的超脱，写情的不落凡俗，处处不脱帝皇的nobleness［雍容气派］，更是千古奇笔。

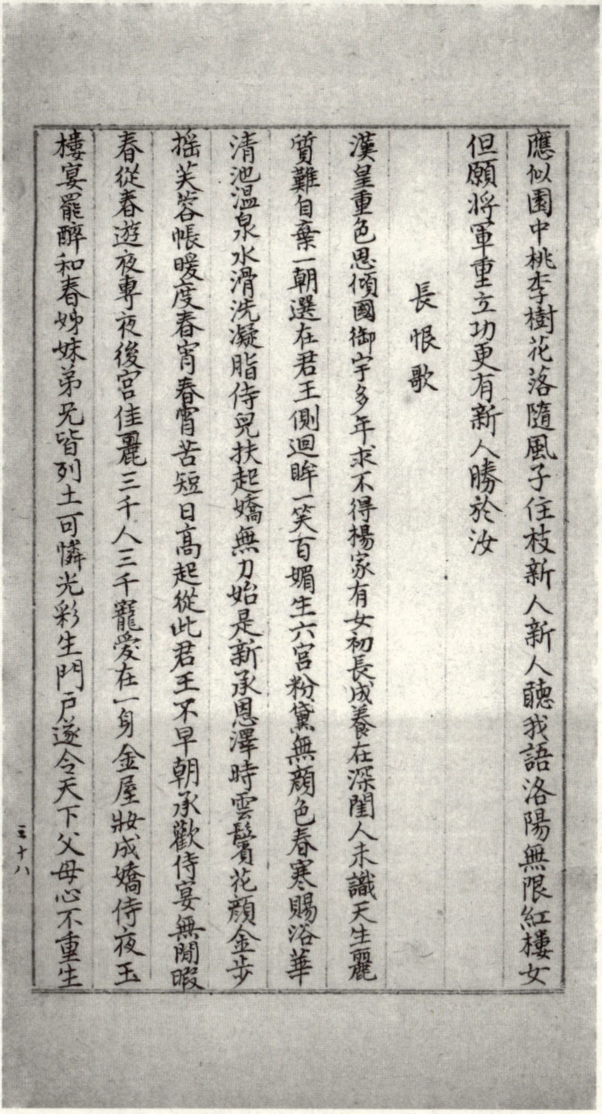
應似園中桃李樹花落隨風子住枝新人新人聽我語洛陽無限紅樓女
但願将軍重立功更有新人勝於汝

長恨歌

漢皇重色思傾國御宇多年求不得楊家有女初長成養在深閨人未識天生麗質難自棄一朝選在君王側迴眸一笑百媚生六宮粉黛無顏色春寒賜浴華清池溫泉水滑洗凝脂侍兒扶起嬌無力始是新承恩澤時雲鬢花顏金步搖芙蓉帳暖度春宵春宵苦短日高起從此君王不早朝承歡侍宴無閑暇春從春遊夜專夜後宮佳麗三千人三千寵愛在一身金屋妝成嬌侍夜玉樓宴罷醉和春姊妹弟兄皆列土可憐光彩生門戶遂令天下父母心不重生

三十八

父亲为傅聪编辑并手抄的古诗词读本书影之一

看的时候可以有几种不同的方法：一是分出段落看叙事的起伏转折；二是看情绪的忽悲忽喜，忽而沉潜，忽而飘逸；三是体会全诗音节与韵的变化。再从总的方面看，把悲剧送到仙界上去，更显得那段罗曼史的奇丽清新，而仍富于人间味（如太真对道士说的一番话）。还有白居易写动作的手腕也是了不起："侍儿扶起娇无力"，"君王掩面救不得"，"九华帐里梦魂惊"几段，都是何等生动！"九重城阙烟尘生，千乘万骑西南行"，写帝王逃难自有帝王气概。"翠华摇摇行复止"，又是多鲜明的图画！最后还有一点妙处：全诗写得如此婉转细腻，却仍不失其雍容华贵，没有半点纤巧之病（细腻与纤巧大不同）！明明是悲剧，而写得不过分的哭哭啼啼，多么中庸有度，这是浪漫底克兼有古典美的绝妙典型。

二十八日午夜

七月二十九日 *

亲爱的聪：上星期六（七月二十四日）爸爸说三天之内应该有聪的信，果然，他的预感一点儿也不错，二十六日收到你在车中写的，莫斯科发的，由张宁和转寄的信，我们多高兴！你的信，字迹虽是草率，可是写得太好了，我们大为欣赏，一个人孤独了，思想集中，所发的感想都是真情实意。你所赏识的李太白、白居易、苏东坡、辛稼轩等各大诗人也是我们所喜欢，一切都有同感，亦是一乐也。等到你有什么苦闷、寂寞的时候，多多接触我们祖国的伟大诗人，可以为你遣兴解忧，给你温暖。不知你何日到的波兰？一路上招待如何？住在何处？波兰国庆观礼一定赶到了是吗？参加的经过情形告诉我们好吗？波兰 Eva［埃娃］妈妈碰到了一定很高兴吧？送给她的礼物，她喜欢吗？她到底有没有收到你跟爸爸的信？饮食起居习惯吗？是否已开始练琴？是否已有教授指导？总之，你的一切生活状况要详细告诉我们，我们无日不在思念你！你留在北京的东西，至今没有寄来，不知究竟怎么回事？临走时钱是否用得差不多了？你来信没提。今年苦雨，简直没有一天不下雨，什么东西都是一股潮湿味儿，你的琴因此有好些琴键发不出声音，教恩德练琴，她也没有劲。阿敏的琴也脱胶了，正在修理。这一星期来，他又恢复正常，他也有自知之明，并不固执了，因为我们同他讲欣赏与学习是两件事。他是平均发展的，把中学放弃了，未免可惜，我们赞成他提琴不要放弃，中学也不要放弃，陈又新的看法亦然如此。现在他似乎想通了，不闹情绪了，每天拉琴四小时，余下时间看克利斯朵夫，还有听音乐，偶尔出去看看电影。这次波兰电影周，《萧邦的青年时代》他陪我去看了，有些不过瘾，编剧有问题，光线太阴暗，还不是理想的。

修理的房子还没有干透，爸爸还在三楼工作，他对工作的有规律，你是深知的。服尔德的作品译了三分之二，每天总得十小时以上，预计九月可出版。近来工作紧张了，晚上不容易睡好，我叫他少做些，他总是非把每天规定的做完不可，性格如此，也没办法。一空下来，他还要为你千思百虑的操心，替你想这样想那样，因为他是出过国的，要把过去的经验尽量告诉你，可以减少许多不必要的周折。他又是样样想得周到，有许多宝贵的意见，他得告诉你，指导你，提醒你。孩子，千万别把爸爸的话当耳边风，一定要牢牢记住，而且要经过一番思索，我们的信可以收起来，一个人孤寂的时候，可以不时翻翻。我们做父母的人，为了儿女，不怕艰难，不辞劳苦，只要为你们好，能够有助于你们的，我们总尽量的给。希望你也能多告诉我们。你的忧，你的乐，就是我们的，让我们永远连结在一起。我们虽然年纪会老，可是不甘落后，永远也想追随在你们后面。(……)

上星期日（二十五日）柯子岐、汪酉三、汪容生，[①] 还有你的学生李明云，来看我们，我请他们吃冰淇淋，容生考进了音乐学院，酉三仍旧休学一年，柯子岐高中毕业了也不考大学，现在跟夏国琼[②]学琴，可怜他眼高手低，相当苦闷。想来想去还是你最幸运的了，机会太好了，所以要抓紧时间，不能随随便便，人家对你的估价愈高，你的努力愈要加强。我们对你讲了许多，望你多看重些，多给我们写信，那是我们最急切而热望的。再有一件要紧事，要你现在起注意的，你现在要开始学习理财了，每个月的用途，一定要有个预算，这是给你实际的训练，钱不能用过头，要积蓄一些，以防不时之需，而且在国外，不像在国内，闹亏空还不要紧，而是丢脸的。希望你能把你的收入、开支也告诉我们，也许我们可以有些补充的意见。不多谈了，过几天再写。

八月七日夜

亲爱的孩子：二十日的信，邮戳是二十三日的，到上海是三十一日，真是快得很。大概代寄的人耽误了二天。现在想必在海滨了。我查地图，翻字典，大概 Gdansk ［格但斯克］就是从前的但泽［Danzig］，但你又加了一个 Sopot ［索波德］不知何意。是否在大城近边的一个小地名？[③]

第一件我要郑重嘱咐你的事，就是你千万不要下海游泳。除非有

---

① 均傅聪青年时代的琴友。

② 夏国琼，时任上海音乐学院钢琴教授。

③ 索波德是格但斯克西北十余公里的一个海滨疗养地。

正式的职业的游泳教师教，自己不能跟着青年朋友去。这一点是我们最放心不下的。海边不比内河，潮水涨落，非可逆料，而且来势的迅速出人意外。我会游泳的也有戒心，何况你！为了免得我们提心吊胆，此事切切牢记！

见到 Eva［埃娃］，她也收到我的信，真是高兴。其实你去告诉她，写俄文来，我们可以找人翻译的。希望你把她的地名及姓氏详细正楷写给我。

你到了海滨以后，定有许多新鲜消息，大概这封信已经在路上了。我预计三四日内必有你的信到。在华沙与蒋天佐等谈些什么？大使馆对你每月用度事又如何说法？前二信说的理财之道，务望注意！

海滨是否先来一个测验式的手续？派给你的教授 Hoffman［霍夫曼］见了没有？是怎样的人？多少年纪了？不妨描写一番。大家对你有何意见？好的坏的，我都希望听到，就像你出去了一天，晚上在书房里和我一灯相对那样的畅谈。

近来我工作紧张之至，所以又腰酸背痛起来。我整个生活几乎与机器相似。星期日给恩德与敏二人上课，下午不免有客。除了理发，简直不上街。你的信早已想写，也直压到今天。给恩德上“文化史”，我也要花时间预备，所以更忙了。

你写信直式横式本无所谓，倘夹的西文多，似乎横式较便。我觉得写行书，是上下相连的，故直式较快。

你在外面快活，当然我们也快活；但愿分一些快活给我们，多多报告消息。你的材料，叫我写来一定每星期都可写上好几千字。写信要训练把字写得小，信纸用薄的航空纸：字小纸薄，才可以多写而不多花邮费。

八月一日聪信摘录（波2）[1]

我来这里以后，很奇怪我的技巧进步很大，我自己简直认不得了。昨天弹了二个《练习曲》，一个《玛祖卡》，一个《即兴曲》，一个《叙事曲》，和那个人人必弹的《前奏曲》（作品四十五号），成绩相当不错，比我从前的成绩好多了。这儿从教授到学生，全都很赏识我，教授说我弹的《前奏曲》是全体中最好的：除了一些技巧上不够放松，以及音质太硬，和一些小小的风格上的问题需要纠正外，没有什么大毛病。他们都非常惊异于我对萧邦的理解。我很奇怪，来到这里以后，跟我在国内弹的萧邦完全不同，改变得快极了。这儿一切气氛都是萧邦味的，我很快就感染了这气氛。我的《玛祖卡》也受到很多称赞。我真有点厌烦于给你们报告这些，老是自吹自擂的，真麻烦。的确我来此以后，很用功了一番。

来到波兰以前，他们原定把我派给霍夫曼教授；到波兰后，七月三十一日，第一次在海滨弹给萧邦委员会的教授们听，审定我参加萧邦比赛的资格，并决定由萧邦委员会主席杰维茨基[2]教授教我。

星期二我将上第一课了。我现在还不知道究竟以后将如何学习，

---

① 傅聪自一九五四年七月下旬赴波兰学习到一九五八年底离开波兰期间，曾给父母写了家信约四十余封，但经过“文革”的野蛮抄家，这批信函几乎荡然无存。值得庆幸的是，一九五四年八月至一九五七年五月期间，由父母就傅聪家信摘编的《聪儿家信摘录》得以保留，内分“学习经过”和“音乐讨论”两部分。现征得傅聪的同意，发表部分家信摘录，与父母同时期家信排列在一起。为方便读者对照阅读，傅聪家信一般排到父母回信前；回答具体问题的傅聪家信则排在有关父母家信后。

② 杰维茨基，波兰著名钢琴教授，傅聪留学时钢琴业师。

看样子，我的技巧并不需要完全改过；原因是我的手现在比从前放松多了。

这里（奥尔托沃－格丁尼亚）集中了九个经过几次选拔出来的波兰最好的年轻钢琴家。技巧没问题，都非常好，对萧邦的理解也没问题，是道地的萧邦。有几个特别好，比我上次听到过的 Chopinist①高明多了。他们并不冷冰冰，也不很热情，却没有一个有特殊的个性气质。

八月十一日午前

好孩子：八月一日的信收到了，今天是十一日，就是说一共只有十天功夫。（……）

你的生活我想象得出，好比一九二九年我在瑞士。但你更幸运，有良师益友为伴，有你的音乐做你崇拜的对象。我二十一岁在瑞士正患着青春期的、浪漫底克的忧郁病：悲观、厌世、徬徨、烦闷、无聊：我在《贝多芬传》译序中说的就是指那个时期。孩子，你比我成熟多了，所有青春期的苦闷，都提前几年，早在国内度过；所以你现在更能够定下心神，发愤为学；不至于像我当年蹉跎岁月，到如今后悔无及。

你的弹琴成绩，叫我们非常高兴。对自己父母，不用怕“自吹自捧”的嫌疑，只要同时分析一下弱点，把别人没说出而自己感觉到的短处也一起告诉我们。把人家的赞美报告我们，是你对我们最大的

---

① 此词极难译成中文，意思是不仅是演奏萧邦作品的能手，而且演奏家具有萧邦的个性及诗人的气质。

安慰；但同时必须深深的检讨自己的缺陷。这样，你写的信就不会显得过火；而且这种自我批判的功夫也好比一面镜子，对你有很大帮助。把自己的思想写下来（不管在信中或是用别的方式），比着光在脑中空想是大不同的。写下来需要正确精密的思想，所以写在纸上的自我检讨，格外深刻，对自己也印象深刻。你觉得我这段话对不对？

我对你这次来信还有一个很深的感想，便是你的感觉性极强、极快。这是你的特长，也是你的缺点。你去年一到波兰，弹 Chopin［萧邦］的 style［风格］立刻变了；回国后却保持不住；这一回一到波兰又变了。这证明你的感受力极快。但是天下事有利必有弊，有长必有短，往往感受快的，不能沉浸得深，不能保持得久。去年时期短促，固然不足为定论。但你至少得承认，你的不容易“牢固执著”是事实。我现在特别提醒你，希望你时时警惕，对于你新感受的东西不要让它浮在感受的表面；而要仔细分析，究竟新感受的东西和你原来的观念、情绪、表达方式有何不同。这是需要冷静而强有力的智力，才能分析清楚的。希望你常常用这个步骤来“巩固”你很快得来的新东西（不管是技术是表达）。长此做去，不但你的演奏风格可以趋于稳定、成熟（当然所谓稳定不是刻板化、公式化）；而且你一般的智力也可大大提高，受到锻炼。孩子，记住这些！深深的记住！还要实地做去！这些话我相信只有我能告诉你。

还要补充几句：弹琴不能徒恃 sensation［感觉］，sensibility［情感］。那些心理作用太容易变。从这两方面得来的，必要经过理性的整理、归纳，才能深深的化入自己的心灵，成为你个性的一部分，人格的一部分。当然，你在波兰几年住下来，熏陶的结果，多少也（自然而然的）会把握住精华。但倘若你事前有了思想准备，特别在智力方面多下功夫，那么你将来的收获一定更大更丰富，基础也更稳固。再说得明白些：艺术家天生敏感，换一个地方，换一批群众，换一种精神气氛，不知不觉会改变自己的气质与表达方式。但主要的是你心灵中最优秀最特出的部分，从人家那儿学来的精华，都要紧紧抓住，深深的种在自己性格里，无论何时何地这一部分始终不变。这样你才能把独有的特点培养得厚实。

关于这个问题，我想你听了必有所感。不妨跟我多谈谈。

其次，我不得不再提醒你一句：尽量控制你的感情，把它移到艺术中去。你周围美好的天使太多了，我怕你又要把持不住。你别忘了，你自誓要做几年清教徒的，在男女之爱方面要过几年僧侣生活，禁欲生活的！这一点千万要提醒自己！时时刻刻提防自己！一切都要醒悟得早，收篷收得早；不要让自己的热情升高之后再去压制，那时痛苦更多，而且收效也少。亲爱的孩子，无论如何你要在这方面听从我的忠告！爸爸妈妈最不放心的不过是这些。

你上课以后，老师如何批评？那时他一定有更切实更具体的指摘，不会光是夸奖了。我们都急于要知道。你对 Chopin［萧邦］的了解，他们认为的长处短处，都望详细报告。technic［技巧］问题也是我最关心的。老师的意见怎样？是否需要从头来起？还是目前只改些小地方，待比赛以后再彻底修改？这些你也不妨请问老师。

罗忠镕和李凌都有回信来，你的行李因大水为灾，货车停开，故耽误了。你不必再去信向他们提。我认为你也应该写信给李凌，报告一些情形，当然口气要缓和。人家说你好的时候，你不妨先写上“承蒙他们谬许”“承他们夸奖”一类的套语。李是团体的负责人①，你每隔一个月或一个半月都应该写信；信末还应该附一笔，“请代向周

① 李凌，时任中央乐团团长。

团长致敬”。这是你的责任，切不能马虎。信不妨写得简略，但要多报告一些事实。切不可二三月不写信给李凌——你不能忘了团体对你的好意与帮助，要表示你不忘记，除了不时写信没有第二个办法。

你记住一句话：青年人最容易给人一个“忘恩负义”的印象。其实他是眼睛望着前面，饥渴一般的忙着吸收新东西，并不一定是“忘恩负义”；但懂得这心理的人很少；你千万不要让人误会。

八月十六日 *

亲爱的聪：天天想写信，老是忙不过来。房子还没收拾好，天气又热，汗流浃背。爸爸照样在三楼工作，大概到月底能搬下来

这几天，这里为了防台防汛，各单位各组织都紧张非凡，日夜赶着防御工程，抵抗大潮汛的侵袭。据预测，今年的潮水特别大，有高出黄浦江数尺的可能，为预防起见，故特别忙碌辛苦。长江淮河水患已有数月之久，非常艰苦，为了抢修抢救，不知牺牲了多少生命，同时又保全了多少生命财产。都是些英雄与水搏斗。听说水涨最高的地方，老百姓无处安身，躲在树上，大小便、死尸、脏物都漂浮河内，多少的党员团员领先抢救。筑堤筑坝，先得打桩，但是水势太猛，非有一个人把桩把住，让另外一个人打下去不可；听说打桩的人，有时会不慎打在抱桩的身上、头上、手上，或是水流湍急就这么把抱着桩的人淹没了；光是打桩一件事，已不知牺牲了多少人，他们都是不出怨言的那么无声无息的死去，为了与自然斗争而死去。许多悲惨的传闻，都令人心惊胆战。牛家的大妹，不久就要出发到淮河做卫生工作，同时去有上千的医务人员，这是困苦万状的工作，都是冒着生命危险去的。你想先是饮水一项，已是危险万分，何况疟疾伤寒那些病

菌的传染，简直不堪设想。我看了《保卫延安》以后，更可以想象得出大小干部为了水患而艰苦的斗争是怎么一回事。那是一样的可怕，一样的伟大。（好像楼伯伯送你一部，你看过没有?）我常常联想起你，你不用参加这件与自然的残酷斗争。幸运的孩子，你在中国可说是史无前例的天之骄子。一个人的机会、享受，是以千千万万人的代价换来的，那是多么宝贵。你得抓住时间，提高警惕，非苦修苦练，不足以报效国家，对得住同胞。看重自己就是看重国家。不要忘记了祖国千万同胞都在自己的岗位上努力，为人类的幸福而努力。尤其要想到目前国内生灵所受的威胁，所作的牺牲。把你个人的烦闷，小小的感情上的苦恼，一齐割舍干净。这也是你爸爸常常和我提到的。我想到爸爸前信要求你在这几年中要过等于僧侣的生活，现在我觉得这句话更重要了。你在万里之外，这样舒服，跟着别人跟不到的老师；学到别人学不到的东西；感受到别人感受不到的气氛；享受到别人享受不到的山水之美，艺术之美，所以在大大小小的地方不能有对不起国家、对不起同胞的事发生。否则，艺术家的慈悲与博爱就等于一句空话了。爸爸一再说你懂得多而表现少，尤其是在人事方面，我也有同感。但我相信你慢慢会有进步的，不会辜负我们的。我又想到国内学艺术的人中间，没有一个人像你这样，从小受了那么多的道德教训。你爸爸花的心血，希望你去完成它；你的成功，应该是你们父子两人合起来的成功。我的感想很多，可怜我不能完全表达出来。

八月十六日晚

孩子：我忙得很，只能和你谈几桩重要的事。

你素来有两个习惯：一是到别人家里，进了屋子，脱了大衣，却留着丝围巾；二是常常把手插在上衣口袋里，或是裤袋里。这两件都不合西洋的礼貌。围巾必须和大衣一同脱在衣帽间，不穿大衣时，也要除去围巾。手插在上衣袋里比插在裤袋里更无礼貌，切忌切忌！何况还要使衣服走样，你所来往的圈子特别是有教养的圈子，一举一动务须特别留意。对客气的人，或是师长，或是老年人，说话时手要垂直，人要立直。你这种规矩成了习惯，一辈子都有好处。

在饭桌上，两手不拿刀叉时，也要平放在桌面上，不能放在桌下，搁在自己腿上或膝盖上。你只要留心别的有教养的青年就可知道。刀叉尤其不要掉在盘下，叮叮当当的！

出台行礼或谢幕，面部表情要温和，切勿像过去那样太严肃。这与群众情绪大有关系，应及时注意。只要不急，心里放平静些，表情自然会和缓。

你的老师有多少年纪了？是哪个音乐学院的教授？过去经历如何？面貌怎样的？不妨告诉我们听听。别忘了爸爸有时也像你们一样，喜欢听故事呢。

总而言之，你要学习的不仅仅在音乐，还要在举动、态度、礼貌各方面吸收别人的长处。这些，我在留学的时代是极注意的；否则，我对你们也不会从小就管这管那，在各种 manners［礼节，仪态］方面跟你们烦了。但望你不要嫌我繁琐，而要想到一切都是要使你更完满、更受人欢喜！

八月十三日聪信摘录（波3）

杰维茨基教授是波兰最好的教授，年轻的最好的波兰钢琴家差不多全出于他的门下。他的音乐修养真令人折服。经他一说，好像每一个作品都有无穷尽的内容似的。他今年七十四岁，精神还很好，上课时喜欢站着，有时走来走去，有时靠在琴上，激动得不得了，遇到音乐慷慨激昂的时候，会大声的吼叫起来、唱着。他有那么强的感染力，上课的时候，我会不自觉的整个投入音乐中去。

《革命练习曲》要弹得热情澎湃，弹得庄严雄伟，不能火爆；节奏要非常稳，像海浪一般汹涌，但是有股威武的意志的力量控制着。

《玛祖卡》若不到波兰，真是学不好。那种微妙的节奏，只可以心领神会，无法用任何规律来把它肯定的。既要完全弹得像一首诗一般，又要处处显出节奏来，真是难！而这个难在它不是靠苦练练出来的，只有心中有了那境界才行。这不但是音乐的问题，而是跟波兰的气候、风土、人情，整个波兰的气息有关。

我也知道了什么叫音质的好坏，那完全在于技巧的方法。所谓放松，是一切力量都是自然的，不用外加的力。弹最强音的时候，用全身的力量加上去，而不是拿手腕来用力压；这样出来的音质才是丰满的；手臂要完全放松。演奏时，手臂要放松到可以随意摆动，而不妨碍手指的活动。我的老师说：在一切情况下，只有做到完全自然而舒服就对，并没有死板的方法，各人的感觉可能不同。还要处处懂得节省精力，凡是不需要浪费精力的地方，一定不要浪费。我从前的练琴真是浪费太多了，但这一切非得好教授指导才行，空口说是不成的。

教授谈到萧邦时，说他的作品跟波兰的气候一样，变幻不定，忽而阴忽而晴，忽而风风雨雨，忽而又阳光灿烂，萧邦的音乐是极其细致微妙的，譬如《我们的时代》这首《玛祖卡》，在一个小节中间，有时即有悲有喜，从明亮到阴暗，或是从阴暗到明亮，变化无穷。理解萧邦，一定要真正体会到这些。

我一直在紧张的练琴，每两天就上一次课。教授的脾气可不小，我上课真有些害怕，但学到的东西真多。这回我才知道天高地厚了，才知道好教授是怎么回事了。现在练的是《幻想曲》《诙谐曲》《夜曲》《练习曲》《玛祖卡》，自以为已经练得很仔细，但经老师一说，总有很多很多新东西发现：像《幻想曲》，他分析它的结构，前后布局，如何显出对比，还有节奏上的毛病。当然有一部分和我的理解不同，但大部分都是我所折服的。《诙谐曲》的节奏，我从前完全没有把握；他说了之后，我才发现为什么我老弹不好的原因。《革命练习曲》我现在才弹得真像样了。

我每天练一些很简单的放松练习，进步很大，练任何乐曲都随时注意放松。音质加大了，我所费的精力却反而减少。《波洛奈兹》自从知道了练的方法以后，那段原来使我觉得很困难的八度，显然有了进步，还有双全音符。当然不能马上练到和他们的钢琴家那么好，但我相信不会很慢。我每天练八小时以上，他们每人不过五小时。我来得太晚，准备得太晚，技巧根基又差，不拼命是绝对不行的。

他们对我期望非常高，我决不能辜负他们，而且也是自己和国家的体面，因此我得加倍用功。

八月三十一日

孩子：八月十三日自波发的第三信已经于二十三日收到。我们十六日发的（波5）一信，想你亦可收到。这时期全家都特别忙，故半个月不能给你写信。

我译的服尔德到昨夜终算完成，寄到北京去。从初译以后，至寄出为止，已改过六道，仍嫌不够古雅，十八世纪风格传达不出。

妈妈忙着杂务，搬书房、书橱，打扫，理衣服，零碎事儿简直做不完。阿敏今天已去缴费，明儿就上课了。整个暑假我没有休息，星期日上午要教恩德、阿敏国文等等，下午又有许多客人。

我今夏身心极感疲劳，腰酸得很，从椅上站起来，一下子伛着背，挺不直。比往年差多了。精神也不及从前那么不知疲倦。除了十小时半以外的经常工作，再要看书，不但时间不够，头脑也吃不消了。

你的学习情形令人大为兴奋。两天上一课，就是每周三课。别的学生是否也是如此？我猜你是因为技巧落后，他们对你特别加紧，不知是否？来信说又要表演给委员会听，别人也是的；结果如何？别人的进步与你比起来又如何？

八月二十四日聪信摘录（波4）

二十日下午我参加了演奏会，那天共有三人。我的节目很大，二个《前奏曲》，以及《练习曲》《夜曲》《诙谐曲》《玛祖卡》《摇篮曲》和《幻想曲》。除了《波洛奈兹》以外，差不多比赛的初复赛节目都全了。我的成绩，自己非常不满意，但我得到了轰动全场的成功。这种音乐会，本来是不鼓掌的；但我弹完以后，所有的听众，连教授在内，全都鼓掌。许多人要我签名，许多人吻我，一个老头儿的胡子刮得我怪疼的。“好啊！真棒！了不起的艺术家！……”霍夫曼教授和我说，“在你心里有萧邦的灵魂，而波兰的钢琴家们却没有。音乐第一重要，技巧是其次的。你不是波兰人，而你的《玛祖卡》却是最好的。”我自己很不满意，因为那天我很紧张，原因是一方面好久没有上台了，尤其在这种严肃得可怕的场合；另一方面，事先我没有试一下钢琴，那是一个九尺的斯丹威，音质很好，琴键的触摸却很不平稳，踏板也很难控制。我平时练的是布吕特讷[1]，音质非常轻，而且总是关着琴盖练的；那天一上台，我就吓了一跳，声音大得不得了，我以为自己的触键太硬了，踏板也糊涂；我越来越慌，脚也发抖，手也发麻，感觉到血管里的血流得特别快，弹了很多夹音，许多地方也没有把我平时了解的表现出来。我的教授事后和我谈了些。他是个非常严厉的老师，总是注意到每一小节的毛病，我那天所有的毛病都未能逃过他的耳朵。他当然是鼓励我的，说我最重要的问题是踏板，还要克服紧张，要多多上台。那天虽然紧张，我的音乐还很好，《玛祖卡》最好，我自己的结论是弹得很动人，但不完整。

还有一点我要告诉你们，就是全体都认为我有迷人的音质，最轻的时候还是很结实而富于歌唱性，最响的时候连房子都震动而一点不硬，这都是使我惊异的。

现在我觉得，萧邦在我与其说需要学，不如说需要把我心中所有的萧邦尽量发掘，尽量加以人工的琢磨。所以风格问题，我在波兰不必说四五年，就是一年，我相信可以把握得很牢固了。最主要的原因是我心中的萧邦是真的萧邦，不需要改变本质，只是加工的问题。现在我对于萧邦或一切浪漫派音乐都不担心，倒想在比赛以后，好好的学学贝多芬、巴赫、莫扎特和现代音乐。

我的教授其实是一个非常冷漠的人，并不热心，但却是最好的教授，绝无艺术家气质。他的耳朵和眼睛，有锐敏的观察力，对于学生演奏的一点一滴，都注意得清清楚楚。他对于我所以特别适合，因为他很少有热情的时候，很少欣赏到别人演奏中的气质、精神，总是注意小地方和曲子的结构、比例等等。他是完完全全的理智，而不是热

---

① 与斯丹威均钢琴品牌名称。

情。我有足够的热情，不需要一个太热情的教授来把我捧得忘乎所以，却需要一个教授时时刻刻来加强我的理智。

我现在整个的心、灵魂都在音乐里。他们（同学）有时竟把我从琴上拖下来。真是，只有音乐使我感到无上的幸福，一种创造的幸福。我一个人清静的工作时，才是最愉快的时候。我怕任何人来扰乱我。我需要清静，需要静静的想。音乐的环境培养了我的内心生活，而内心生活又培养了我的音乐。

九月四日

聪，亲爱的孩子：多高兴，收到你波兰第四信和许多照片，邮程只有九日，比以前更快了一天。看照片，你并不胖，是否太用功，睡眠不足？还是室内拍的照，光暗对比之下显得瘦？又是谁替你拍的？在什么地方拍的，怎么室内有两架琴？又有些背后有竞赛会的广告，是怎么回事呢？通常总该在照片反面写印日期、地方，以便他日查考。

你的“鬆”字始终写别字，记住：上面是“髟”，下面是“松”，“松”便是“鬆”字的读音，记了这点就不会写错了。要写行书，可以如此写：。高字的草书是。

还有一件要紧的小事情：信封上的字别太大，把整个封面都占满了；两次来信，一封是路名被邮票掩去一部分，一封是我的姓名被贴去一只角。因为信封上实在没有地方可贴邮票了。你看看我给你的信封上的字，就可知道怎样才合适。

你的批评精神越来越强，没有被人捧得“忘其所以”，我真快活！你说的脑与心的话，尤其使我安慰。你有这样的了解，才显出你真正的进步。一到波兰，遇到一个如此严格、冷静、着重小节和分析曲体的老师，真是太幸运了。经过他的锻炼，你除了热情澎湃以外，更有个钢铁般的骨骼，使人觉得又热烈又庄严，又有感情又有理智，给人家的力量更深更强！我祝贺你，孩子，我相信你早晚会走到这条路上：过了几年，你的修养一定能够使你的 brain［理智］与 heart［感情］保持平衡。你的性灵越发掘越深厚、越丰富，你的技巧越磨越细，两样凑在一处，必有更广大的听众与批评家会欣赏你。孩子，我真替你快活。

你此次上台紧张，据我分析，还不在于场面太严肃——去年在罗京比赛不是一样严肃得可怕吗？主要是没先试琴，一上去听见 tone［声音］大，已自吓了一跳；touch［触键］不平均，又吓了一跳；pedal［踏板］不好，再吓了一跳。这三个刺激是你二十日上台紧张的最大原因。你说是不是？所以今后你切须牢记，除非是上台比赛，谁也不能先去摸琴，否则无论在私人家或在同学演奏会中，都得先试试 touch［触键］与 pedal［踏板］。我相信下一回你决不会再 nervous［紧张］的。

大家对你的欣赏，妈妈一边念信一边直淌眼泪。你瞧，孩子，你的成功给我们多大的欢乐！而你的自我批评更使我们喜悦得无可形容。

要是你看我的信，总觉得有教训意味，仿佛父亲老做牧师似的；或者我的一套言论，你从小听得太熟，耳朵起了茧；那么希望你从感情出发，体会我的苦心；同时更要想到：只要是真理，是真切的教训，不管出之于父母或朋友之口，出之于熟人生人，都得接受。别因为是听腻了的，无动于衷，当作耳边风！你别忘了：你从小到现在的家庭背景，不但在中国独一无二，便是在世界上也很少很少。哪个人教育一个年轻的艺术学生，除了艺术以外，再加上这么多的道德的？我完全信任你，我多少年来播的种子，必有一日在你身上开花结果——我指的是一个德艺俱备、人格卓越的艺术家！

你的随和脾气多少得改掉一些。对外国人比较容易，有时不妨直说我有事，或者我要写家信。艺术家特别需要冥思默想。老在人堆里（你自己已经心烦了），会缺少反省的机会；思想、感觉、感情也不能好好的整理、归纳。

Krakow［克拉可夫］是一个古城，古色古香的街道，教堂，桥，都是耐人寻味的。清早，黄昏，深夜，在这种地方徘徊必另有一番感触，足以做你诗情画意的材料。我从前住在法国内地一个古城里，叫做 Peitier［博济哀］，十三世纪的古城，那种古文化的气息至今不忘，而且常常梦见在那儿踯躅。北欧哥特式（Gothique）建筑，Krakow［克拉可夫］一定不少，也是有特殊风格的。我恨不得飞到你身畔，和你一同赏玩呢！倘有什么风景片（那到处都有卖，很便宜的），不妨写上地名，作明信片寄来。

还有，你现在练新曲子，是否开始仍旧很慢的练？如 *Fantansy*［《幻想曲》］，是否仍每天慢练几遍？这是为了恩德作参考，同时也为了要知道手放松后，technic［技巧］的保持是否仍须常常慢练才行？这次的 *Scherzo*［《诙谐曲》］你写的是 Op. 36［作品三十六号］，大概是作品三十九号之误吧？应该是第二支 *Scherzo*［《诙谐曲》］吧？*Polonaise*［《波洛奈兹》］是否尚未练熟？以后的 *Concerto*［《协奏曲》］预备练那一支早先练过的，还是另外一支？

以后听到别的同学弹奏，希望能来信告诉你的意见和感想。我对音乐上的事太感兴趣了。

八月十六日到二十五日，北京举行了全国文学翻译工作会议。周扬作总结时说（必姨参加了，讲给我听的）：技术一边倒。哪有这话？几曾听说有英国化学法国化学的？只要是先进经验，苏联的要学，别的西欧资本主义国家的也要学。据说这种说法在华东是听不到的。

阿敏已开学，功课之外加上提琴，已忙得不可开交，何来时间学乐理呢？想想他真可怜。他不像你，他童年比你快乐，少年时代却不及你幸运了。现在要补的东西太多了。诗、国文，特别要补。暑中他看了《约翰·克利斯朵夫》，摘下来不懂的 phrase［词语］共有几百之多；去夏念《邦斯舅舅》，也是如此。我就在饭后半小时内替他解释，不知解释了多少回才全部解决。一般青年都感到求知欲极旺，根底太差，一下子补又补不起来的苦闷。

这几日因为译完了服尔德，休息几天，身心都很疲倦。夏天工作不比平时，格外容易累人。煦良①平日谈翻译极有见解，前天送来万余字精心苦练过的译稿要我看看，哪知一塌糊涂。可见理论与实践距离之大！北京那位苏联戏剧专家老是责备导演们："为什么你们都是理论家，为什么不提提具体问题？"我真有同感。三年前北京《翻译通报》几次要我写文章，我都拒绝了，原因即是空谈理论是没用的，主要是自己动手。

九月十二日聪信摘录（波5）

来信问的慢练问题，其实也很难说，因为钢琴家的学派太多了。我现在仍旧是慢练的，但要注意慢而放松。事实上要求得精确的技

---

① 周煦良，傅雷挚友，著名作家、翻译家。

巧，非慢练是不行的。我感触最深的，是每一个难题都要有特殊的方法去练习；许多技巧问题无法解决，是由于不知如何练习，所以好教授实在太重要了。谈到音乐，更不用说了，不碰到大教授，是不知道天高地厚的。国内的水准，真是从何谈起。

最近我主要是在练协奏曲，真不容易。萧邦的协奏曲看看容易，越练越难，最难的是难在精确，尤其是某些极快的段落，技巧的放松不过是解决了基本问题，照样得下功夫苦练。

我在咖啡馆里认识了一对年轻夫妇，非常有修养，也非常诚恳。他是一个化学工程师，她是他的助手，两人都讲得一口好英文。我们常常在一起聊天；他看过不少关于中国的书：中国的诗、庄子、老子、孔子等；当然是通过翻译看的，但还是比一般波兰人（关于中国文化）懂得多了。

这次到中国去的钢琴家叫雷吉娜·斯曼齐安卡，也是杰维茨基教授的学生，非常好的钢琴家。我听过她的巴赫、勃拉姆斯、萧邦，都非常精彩。她有很好的技巧，同时很有个性。她在上一届萧邦竞赛中，预选是第一，比赛的时候，因紧张的缘故，表演失常，只得了第九奖。

九月二十一日晨

十二日信上所写的是你在国外的第一个低潮。这些味道我都尝过。孩子，耐着性子，消沉的时间，无论谁都不时要遇到，但很快会过去的。游子思乡的味道你以后常常会有呢。

你说起讲英文的人少，不知你跟教授 Drzewiecki［杰维茨基］是讲什么话的？还有这 DRZ 三个开头的字母念成什么音？整个字应如何读，望告知。来信只说学校没开学，却没说起什么时候开学？住在音乐院，吃得如何？病了有人来问没有？看医生没有？平时饮食寒暖务必小心，我们不在你身边，你得多管管自己才好！加衣进食等等，切不能偷懒马虎！我们的心老挂在你身上，每隔十天总等着信了。这一回就是天天等来信，唯恐我们的信才寄就收到来信，错过了头；所以直耽到今日才提笔。其实从十日起就想写了。(……)

昨天还有一件事，使我去开了一次会：华东美协为黄宾虹办了一个个人展览会，昨日下午举行开幕式，兼带座谈。我去了，画是非常好。一百多件近作，虽然色调浓黑，但是浑厚深沉得很，而且好些作品远看很细致，近看则笔头仍很粗。这种技术才是上品！我被赖少其（美协主席）逼得没法，座谈会上也讲了话。大概是：（1）西画与中画，近代已发展到同一条路上；（2）中画家的技术根基应向西画家学，如写生、写石膏等等；（3）中西画家应互相观摩、学习；（4）任何部门的艺术家都应对旁的艺术感到兴趣。发言的人一大半是颂扬作者，我觉得这不是座谈的意义。颂扬话太多了，听来真讨厌。

开会之前，昨天上午八点半，黄老先生就来我家。昨天在会场中遇见许多国画界的老朋友，如贺天健、刘海粟等，他们都说：黄先生常常向他们提到我，认为我是他平生一大知己。

因为你好久没接到我们的信，所以先把此信急急收场，寄出去。

这几日我又重伤风，不舒服得很。新开始的“巴尔扎克”，一天只能译二三页，真是蜗牛爬山！你别把“比赛”太放在心上。得失成败尽量置之度外，只求竭尽所能，无愧于心；效果反而好，精神上平日也可减少负担，上台也不至紧张。千万千万！

另外一点，你的手，特别是左手常常有“塌”下去的倾向，教授纠正没有？他是否特别注意手的姿势好看不好看？你 tone［音质］

的问题是否十之八九业已解决？这是恩德打听的。因夏先生极重视手的好看问题，以为弹琴的手应如跳舞的姿势一样。我个人是不赞成此说。所以要得到一些你的学校经验作参考。

另外，夏先生一定要学生的大拇指不用时屈在掌心下，要用到时再伸出来。我觉得这也极不自然。你以为如何？

十月十二日聪信摘录

关于来信述及某先生极注意手的好看问题。我在这儿还从来没听说过。大拇指必须屈在掌心下，我也觉得甚为荒谬。据我到目前为止的经验，技巧没有什么必定的规则，只要是自然的、放松的都行。技巧不是为技巧，技巧是服从音乐内容的，内容对了，就对了，每一个人都有他不同的心理、心理状态，怎么可能千篇一律的死定出任何规律呢？每个人都该寻找对于他最自然、最放松、最舒服的方法。先生只是帮助他寻找而已。至少我现在的先生是这样的。

我上课大半是上音乐的课，只是碰到技巧难题时，才教我练习的方法，并没有专门练练习曲。但音乐的课，决非一个一个小节的教，那简直是荒谬，除非学生真是废料；若是需要一个一个小节教的学生，还是趁早停学的好。音乐永远是个整体，而非一个一个的音符。这个轻些，那个响些，这样教出来的音乐，是数学，是死的公式，真正所谓“形式主义”。当然仔细是应该非常仔细的。

我每一次上课总学到很多东西，但都不是死东西。另一方面，说句老实话，冤枉气有时难免得受一些；有时两次课他会教你两种截然不同的弹法，弄得你莫名其妙。其实这也很容易想通，因为教授也是人，不免有时过分一些（尤其是为了纠正过去的错误），到下回又发现学生跑得太过了，又要拉你回来。他常常记不起上次的事，你要辩也无从辩起。说到脾气，我不得不说，杰维茨基教授的脾气实在算是大的了，但是我们做学生的却从来没有因此而抱怨。做学生的，应该尽量了解先生。谦虚是很重要的，要学习非谦虚不可，谦虚才是聪明人。

真正的艺术家必须是有创造性的艺术家，真正的演奏家也必须是有创造性的演奏家。

九月二十一日＊

亲爱的聪：我差不多无时无刻不在念着你！这次的信隔了二十天才收到。知道你病了几天，做妈妈的更心痛了，我不能照顾你，真有些难受。望你自己格外保重，为了我们，也要特别当心。只身在外，言语隔膜，相当孤寂，那是一定的，好在你有音乐陶醉，尤其还有那个艰难的任务，需要你努力，需要你完成。不过练琴也要有个节制、计算，第一不要妨碍你的健康为上。

想到自己的儿子，我也想到年老白发的母亲，最近阿敏搬三楼，我已把你外婆接来了，她老态龙钟，知觉迟钝，很是可怜。

九月二十一日

烦闷时，可独自上街走走，看看古教堂、古建筑，或是到郊外散散步。多接近大自然，精神即会松动。

九月二十八日夜

聪：你九月十二日信中，说到克拉可夫后，没接到过家信，我疑心（波5、6、7）三信都遗失了，想想非常不高兴。那些信都是我跟妈妈花了好多心血写的，其中也报告你许多新闻，有琐碎的杂事，也有国家大事。你可曾向音乐院的门房或秘书处去问过呢？你人还未到，可能丢在学校不知哪一部分的办公室里，搁到今天。

我们常常想写信给你，只愁没有材料，因而搁笔；你材料很多，却不大告诉我们。譬如从海边回来，在华沙好像就耽了四五天，那个时期内你做了些什么？在华沙遇到什么人？你出国途中，在莫斯科遇到巴金先生；他在八月中旬回到上海，当天就打电话来告诉我；而你却从来没提及。当然，那一段时间你是忙得不得了，无暇作那些回想。

到克拉可夫的头十天，你又是病，又是教授不在，照例空一些，但你也没描写一下那城市的风光，也没描写音乐院的建筑，规模，琴房的多少。从学生那儿，至少也可以知道一些教授与学生的数目，修业期限，每周上课次数，每次的时间等等。过去你跟 Drzewiecki 教授（他的姓望拼音给我听）每次上课，大概有多少时间？他指正的，究竟以 technic［技巧］部分为多，还是 music［音乐］部分为多？以 technic［技巧］论，他有没有钉着手、手指、手腕的姿势？还是不过从大处批评 touch［触键］与放松问题？

（……）

近来又翻出老舍的《四世同堂》看看，发觉文字的毛病很多，不但修辞不好，上下文语气不接的地方也很多。还有是硬拉硬扯，啰里啰嗦，装腔作势，前几年我很佩服他的文章，现在竟发现他毛病百出。可见我不但对自己的译文不满，对别人的创作也不满了。翻老舍的小说出来，原意是想学习，结果找不到什么可学的东西。

我暑中腰酸了快两个月，坐了一会儿站起来，就挺不直，情形像五〇年夏天，只是略好一些。最近又重伤风，精神很差，工作的持久力大减，想想也急得很。人真是太容易衰老了！照此情形，不知还有几年工作可做！

我们很关心你最近的生活，学校何时开学？你的课是否要等音院开课时再上？Drzewiecki［杰维茨基］教授山上避暑回来没有？到克拉可夫以后的膳食，比海滨如何？零用钱多少？吃饭是怎么的？是否在校外，上饭店？将来开学后又怎样？所有的行李是否都在身边了？妈妈说，你的衣服应轮着穿，可以持久，尤其是西装裤！西装切忌多洗，容易走样，缩小缩短；那可是损失大了！

我又想到一点，你上台弹琴，常常有咬嘴唇的习惯，望注意改掉。

假如学校环境太闹，是否可以写信告诉Eva［埃娃］想办法？有些要紧的事，不要得过且过，听人摆布！这与你精神安定有关，也与你的学习及明年的比赛有关！我几次问你要埃娃的地名，你始终没写来。

最近全国人代大会在京开会，选出了主席副主席；国庆又近，来参加观礼的听说有几十个国家。上海秋高气爽，正是一年最好的时节，可怜我身体不行，工作又拖得很慢，不能再出去松散了。

平日没有一天不想到你，只是痴痴的等你的信，虽然知道你忙，不到十天左右休想有信，但心里总禁不住存着希望。

外婆还住在我家，可是不但精神麻木已极，连相貌也变得不像从前了。看看这种老态，想到自己也在一天天的往这条路上走，不禁黯然！

九月二十二日聪信摘录（波6）

前一星期听到一个音乐会，是苏联来的指挥拉什利纳及小提琴家瓦尔曼，演奏巴赫《帕萨利亚》、李斯特《塔索的悲伤和胜利》和柴可夫斯基的《小提琴协奏曲》。演奏的真是令人心醉。乐队是克拉可夫的交响乐队。最精彩的是指挥拉什利纳；在我听到的指挥中，他是最使我感动的：那么细致，那么沉着，气魄那么雄伟。巴赫的演奏尤其精彩，是真正高贵的巴赫。小提琴家瓦尔曼是继科冈以后的一次布鲁塞尔比赛的第一名，音质、技巧、音乐不消说都是第一流的。

教授已从山上回来，我已经上过一课了。他们的上课都是不定期的，每次在隔天用电话通知，每三天四天二天不等。我每两天上一次课，倒也不是特殊情况，他们都是这样的，其实我也不是固定的，也是随时变动的。

十月二日

聪，亲爱的孩子：收到九月二十二日晚发的第六信，很高兴。我们并没为你前信感到什么烦恼或是不安。我在第八信中还对你预告，这种精神消沉的情形，以后还是会有的。我是过来人，决不至于大惊小怪。你也不必为此担心，更不必硬压在肚里不告诉我们。心中的苦闷不在家信中发泄，又哪里去发泄呢？孩子不向父母诉苦向谁诉呢？我们不来安慰你，又该谁来安慰你呢？人一辈子都在高潮低潮中浮沉，唯有庸碌的人，生活才如死水一般；或者要有极高的修养，方能廓然无累，真正的解脱。只要高潮不过分使你紧张，低潮不过分使你颓废，就好了。太阳太强烈，会把五谷晒焦；雨水太猛，也会淹死庄稼。我们只求心理相当平衡，不至于受伤而已。你也不是栽了筋斗爬不起来的人。我预料国外这几年，对你整个的人也有很大的帮助。这次来信所说的痛苦，我都理会得；我很同情，我愿意尽量安慰你、鼓励你。克利斯朵夫不是经过多少回这种情形吗？他不是一切艺术家的缩影与结晶吗？慢慢的你会养成另外一种心情对付过去的事：就是能够想到而不再惊心动魄，能够从客观的立场分析前因后果，做将来的借鉴，以免重蹈覆辙。一个人唯有敢于正视现实，正视错误，用理智分析，彻底感悟，终不至于被回忆侵蚀。我相信你逐渐会学会这一套，越来越坚强的。我以前在信中和你提过感情的 ruin［创伤，覆灭］，就是要你把这些事当作心灵的灰烬看，看的时候当然不免感触万端，但不要刻骨铭心的伤害自己，而要像对着古战场一般的存着凭吊的心怀。倘若你认为这些话是对的，对你有些启发作用，那么将来在遇到因回忆而痛苦的时候（那一定免不了会再来的），拿出这封信来重读几遍。

说到音乐的内容，非大家指导见不到高天厚地的话，我也有另外的感触，就是学生本人先要具备条件：心中没有的人，再经名师指点也是枉然的。

你说的那波兰钢琴家，即使到上海表演，也不一定能听到。这种演奏会的票子，都由外宾招待会掌握；我还没打听到哪个机构是管那个部门的，也许是直属中央的。还有一点，现在这一类的音乐会，电台并不转播；直要等到有重大节日才播送钢丝录音。例如前一晌罗马尼亚的小提琴家来，和乐队弄了两支 violin concerto［小提琴协奏曲］，今天十月初二的国庆特别节目，上海电台才播送他的录音。

北京找林伯伯去参加特别演出，同时中央歌舞团要他讲学，并训练明年出国的一部分合唱队中唱 solo［独唱］的人。他下星期一动身，约须留京三个到四个月。北京到了不少国家的艺术团，其中就有波兰的，想必你说的那位女钢琴家即在团体内。

你要《英汉辞典》，已经叫妈妈到旧书店去找；因为不要太厚太大，你在外面用不方便，故不把昆明带回的那一册给你。日内大概即可寄出。

为了你，我前几天已经在《大英百科辞典》上找 Krakow［克拉可夫］那一节看了一遍，知道那是七世纪就有的城市，从十世纪起，城市的历史即很清楚。城中有三十余所教堂。希望你买一些明信片，并成一包，当印刷品（不必航空）寄来，让大家看看喜欢一下。

下一封信里，大概可以知道你月初在华沙演奏的成绩了。据今日的信，大概（波5）一信你没收到，那是妈妈写的长信。她说："真倒霉！"

上海已经秋凉了，你那儿的气候如何？地理书上说波兰是大陆气候，寒暑都有极端。你现在穿些什么衣服？

你练的 *Concerto*［《协奏曲》］是否仍是以前练开头的一支？成绩如何？

不要太紧张，比赛的事不要计较太厉害。"我尽我心"，别的任凭天命。精神松散，效果反而好。

十月二日 *

亲爱的聪：有好久没跟你写信了，好在爸爸比我仔细、周到，要嘱咐你的话，不用我啰嗦，我就偷懒了。最近我把敏的毛衣打好，可是琐碎事儿天天有，总是忙个不了。爸爸要我帮他整理书籍，至今尚未开始。

近来爸爸身体较弱，精神很差，每次的流行性感冒，他总逃不了，伤风一来，就得几星期受罪，虽有林伯伯看病吃药，身体上的损害不小，影响他的工作。你是深知爸爸对工作的严肃，使他多少加上些烦恼。还有腰酸这个病折磨他，最近贴了北京出名的百效膏，贴在腰部，有一个星期了，倒有些见效。背脊可以挺直些，不至于坐久了，站起来的时候要弯腰弓背的样子。我真恨不得代他受罪，但愿他早些恢复。我的身体还好，每天操作也不觉吃力。

你的信是我们唯一的安慰，每过二星期就在盼你的信了，望你不要怕麻烦，把日常生活尽量详细告诉我们，但千万不要影响你的睡眠、工作，我不愿意剥夺你睡眠的时间，因为睡眠对你太需要了。上次你发了三天烧，我们真不安，因为你自幼至大，这种情形是很少的，怕你太用功了，太紧张了，损害身体的健康。望你饮食寒暖，千万保重！要加添衣服的时候，只要看看衣服账，不要偷懒，波兰是较冷的，恐怕现在已是很冷，应该多穿些毛衣了。这次国庆五周年，相当热烈，九月三十日晚，陪恩德坐了三轮车到外滩看灯，沿路人山人海，水泄不通，高楼大厦上的各种形式的灯彩，真是壮丽非凡，把天空照耀通红，最精彩的是大世界、外滩、大马路、跑马厅一带，我从来没有轧过热闹，这次总算见识到了。坐了两个半小时的三轮车，回家很累，可是这一晚的睡觉也特别甜。

阿敏只参加了游行，没有参加狂欢。他老是那样有规律的做功课，他说实在没有时间写信给你。他一有空就听唱片，星期日上午同恩德一起由爸爸教些国文，生活很有节制。我很快活，很骄傲，两个孩子都不用我操心了。望你一切珍重！

十月十二日聪信摘录（波7）

每天的工作是那么累，零零碎碎的事又那么多，音乐会啊，朋友来找我啊，常常耽误我练习的时间，我一定得补回来。这样便常常牺牲了写信的时间。

最近工作紧张，我疲惫不堪而有不能支持的感觉。虽说我只要做到“竭尽所能”，但是想到国家交给我的责任是如何重大，而我又是好强的，还有最使我寒心的，是大家对我的期望太高了，不单是国内，就是在波兰，现在他们音乐界到处盛传我如何的了不起。只有我自己明白自己的根底，自己的才能。若是他们不那样重视我，也许就会轻松得多。

最近我主要是练协奏曲，我的音质大有进步，特别是很重的和弦。这月的二十二、二十三日间又要到华沙去，是波兰最后一次预选，我只去参加和乐队合练协奏曲。

我九月三十日在华沙的庆祝中国国庆纪念会上的演奏，成绩很好，是自己最满意的一次，节目是《牧童短笛》，罗忠镕的《前奏曲》和萧邦的《幻想曲》。会址是华沙的爱乐乐团所在地，钢琴是斯丹威，妙得令人心醉。《牧童短笛》其实是很难弹的，我这回也算弹好了。《幻想曲》尤其成功。十月二日在华沙大学，也是纪念中国国庆的，我也演奏了一次，成绩也还好。九月二十八日在克拉可夫的国际书店俱乐部，也弹了一次（也是纪念中国国庆），节目是两支中国曲子，九支斯克里亚宾的《前奏曲》及萧邦的《夜曲》（作品四十八号之二），三支《玛祖卡》和《摇篮曲》《幻想曲》；加奏弹了德彪西的《金发女郎》《吟游诗人》《小牧童》以及萧邦的《革命练习曲》，那天的成绩以斯克里亚宾、德彪西及中国曲子为最佳，萧邦却不够令人满意。

事先我上了一课，斯克里亚宾丝毫未动，德彪西则学到很多，我非常高兴。我真急于希望比赛快快过去，让我好好的在各方面尽量的学。杰维茨基教授的古典是有名的，我听到他的几个学生弹巴赫、莫扎特和贝多芬，真是使人佩服。又，这几次上台我都完全不紧张。

我近来心情平静，就是总有点急，技巧究竟赶不上音乐。目前我的技巧，在国内也许不算差了，但在这儿，周围全是第一流的技巧，怎么不使我自惭形秽呢！

二十日下午我参加了演奏会，一共三人。第一个安杰伊·恰伊科夫斯基，是一个犹太人，一个天才作曲家兼钢琴家，今年只有十八岁，是拉扎尔·莱维的学生。（听说莱维是法国最好的教授，霍洛维茨，迪努·利帕尔蒂——罗马尼亚最好的钢琴家，很年轻就死了——都是他的学生。）他是一个天生的现代音乐演奏家，弹普罗科菲耶夫和拉威尔真是绝妙。但他是属于冷漠、理智一型的钢琴家，他弹的萧邦并不好，气质太沉闷。他是波兰钢琴家中的最大天才。

第二个是利迪娅·格蕾赫托芙拉（她是去年来中国的），也算是这儿比较好的，有极好的技巧，属于大天才而无大艺术家心灵的一型。

这儿有比杰维茨基教授艺术家得多的教授，但好钢琴家却不是好教授，如什皮纳尔斯基（帕德雷夫斯基的学生。第一次萧邦竞赛的第二名；第一名是奥勃林），查索罗夫人（埃贡·彼得里的学生）等，都是很好的钢琴家，但以教授而论，却不如杰维茨基多了。就是有一点，和杰维茨基在一起，很少感到人情味；而他们却是那么可爱，另有一种鼓舞学生的力量。

十月十九日夜—二十二日晨

好孩子：十七天不接来信，有点着急，不知身体怎么样？你月初到华沙去为我们的国庆演出以后，始终没有信，结果如何？近来又忙哪几支曲子？练的成绩怎样？教授满意吗？有新的批评，有新毛病提出吗？

星期日（十七日）出去玩了一天。上午到博物馆去看古画，看商周战国的铜器等等；下午到文化俱乐部（即从前的法国总会，兰心斜对面）参观华东参加全国美展的作品预展。结果看得连阿敏都频频摇头，连喊吃不消。大半是月份牌式，其幼稚还不如好的广告画。漫画木刻之幼稚，不在话下。其余的几个老辈画家，也是轧时髦，涂抹一些光光滑滑的，大幅的着色明信片，长至丈余，远看也像舞台布景，近看毫无笔墨。伦伦的爸爸①在黄宾虹画展中见到我，大为亲热。这次在华东出品全国的展览中，他有二张油画，二张国画。国画仍是野狐禅，徒有其貌，毫无精神，一味取巧，骗人眼目；画的黄山峭壁，千千万万的线条，不过二三寸长的，也是败笔，而且是琐琐碎碎连接起来的，毫无生命可言。艺术品是用无数“有生命力”的部分，构成一个一个有生命的总体。倘若拿描头画角的匠人功夫而欲求全体有生命，岂非南辕北辙？那天看了他的作品，我就断定他这一辈子的艺术前途完全没有希望了。我几十年不见他的作品，原希望他多少有些进步，不料仍是老调。而且他的油画比以前还退步，笔触谈不到，色彩也俗不可耐，而且俗到出乎意外。可见一个人弄艺术非真实、忠诚不可。他一生就缺少这两点，可以嘴里说得天花乱坠，实

---

① 即刘海粟。

际上从无虚怀若谷的谦德，更不肯下苦功研究。今春他到黄山去住了两个多月，一切都有公家招待，也算画了几十件东西回来；可是内容如此，大大辜负了政府的好意了。

十月十九日夜

柯子岐送来奥艾斯脱拉赫与奥勃林的 Franck［弗兰克］，借给我们听。第一个印象是太火爆，不够 Franck［弗兰克］味。volume［音量］太大，而 melody［旋律］应付得太粗糙。第三章不够神秘味儿；第四章 violin［小提琴］转弯处显然出了角，不圆润，连我都听得很清楚。piano［钢琴］也有一个地方，tone［声音，音质］的变化与上面不调和。后来又拿出 Thibaud－Cortot［狄博与柯尔托］来一比，更显出这两人的修养与了解。有许多句子结尾很轻（指小提琴部分）很短，但有一种特别的气韵，我认为便是弗兰克的“隐忍”与“舍弃”精神的表现。这一点在俄国演奏家中就完全没有。我又回想起你和韦①前年弄的时候，大家听过好几遍 Thibaud－Cortot［狄博与柯尔托］的唱片，都觉得没有什么可学的；现在才知道那是我们的程度不够，体会不出那种深湛、含蓄、内在的美。而回忆之下，你的 piano part［钢琴演奏部分］也弹得大大的过于 romantic［浪漫底克］。T. C.② 的演奏还有一妙，是两样乐器很平衡。苏联的是 violin［小提琴］压倒 piano［钢琴］，不但 volume［音量］如此，连 music［音乐］也是被小提琴独占了。我从这一回听的感觉来说，似乎奥艾斯脱拉赫的 tone［声音，音质］太粗豪，不宜于拉十分细腻的曲子。下次

---

① 即傅聪青年时代音乐朋友韦贤彰。

② 即狄博与柯尔托两人的简称。

信来希望你报告我们，在这方面努力的结果如何。

十九日夜又书

昨天尚宗①打电话来，约我们到他家去看作品，给他提些意见。话说得相当那个，不好意思拒绝。下午三时便同你妈妈一起去了。他最近参加华东美展落选的油画《洛神》，和以前画佛像、观音等等是一类东西。面部既没有庄严沉静的表情（《观音》），也没有出尘绝俗的世外之态（《洛神》），而色彩又是既不强烈鲜明，也不深沉含蓄。显得作者的思想只是一些莫名其妙的烟雾，作者的情绪只是浑浑沌沌的一片无名东西。我问："你是否有宗教情绪，有佛教思想?"他说："我只喜欢富丽的色彩，至于宗教的精神，我也曾从佛教画中追寻他们的天堂等等的观念。"我说："他们是先有了佛教思想，佛教情绪，然后求那种色彩来表达他们那种思想与情绪的。你现在却是倒过来。而且你追求的只是色彩，而你的色彩又没有感情的根源。受外来美术的影响是免不了的，但必须与一个人的思想感情结合。否则徒袭形貌，只是作别人的奴隶。佛教画不是不可画，而是要先有强烈、真诚的佛教感情，有佛教人生观与宇宙观。或者是自己有一套人生观宇宙观，觉得佛教美术的构图与色彩恰好表达出自己的观念情绪，借用人家的外形，这当然可以。倘若单从形与色方面去追求，未免舍本逐末，犯了形式主义的大毛病。何况即以现代欧洲画派而论，纯粹感官派的作品是有极强烈的刺激感官的力量的。自己没有强烈的感情，如何教看的人被你的作品引起强烈的感情？自己胸中的境界倘若不美，人家看了你作品怎么会觉得美？你自以为追求富丽，结果画面上根本

① 吴尚宗，系傅雷三十年代在上海美专任教时的学生。

没有富丽，只有俗气乡气；岂不说明你的情绪就是俗气乡气？（当时我措辞没有如此露骨。）惟其如此，你虽犯了形式主义的毛病，连形式主义的效果也丝毫产生不出来。”

我又说：“神话题材并非不能画，但第一，跟现在的环境距离太远；第二，跟现在的年龄与学习阶段也距离太远。没有认清现实而先钻到神话中去，等于少年人醇酒妇人的自我麻醉，对前途是很危险的。学西洋画的人第一步要训练技巧，要多看外国作品，其次要把外国作品忘得干干净净——这是一件很艰苦的工作——同时再追求自己的民族精神与自己的个性。”

以尚宗的根基来说，至少再要在人体花五年十年功夫才能画理想的题材，而那时是否能成功，还要看他才具而定。后来又谈了许多整个中国绘画的将来问题，不再细述了。总之，我很感慨，学艺术的人完全没有准确的指导。解放以前，上海、杭州、北京三个美术学校的教学各有特殊缺点，一个都没有把艺术教育用心想过、研究过。解放以后，成天闹思想改造，而没有击中思想问题的要害。许多有关根本的技术训练与思想启发，政治以外的思想启发，不要说没人提过，恐怕脑中连影子也没有人有过。

学画的人事实上比你们学音乐的人，在此时此地的环境中更苦闷。先是你们有唱片可听，他们只有些印刷品可看；印刷品与原作的差别，和唱片与原演奏的差别，相去不可以道里计。其次你们是讲解西洋人的著作（以演奏家论），他们是创造中国民族的艺术。你们即使弄作曲，因为音乐在中国是处女地，故可以自由发展；不比绘画有一千多年的传统压在青年们精神上，缚手缚脚。你们不管怎样无好先生指导，至少从小起有科学方法的训练，每天数小时的指法练习给你们打根基；他们画素描先在时间上远不如你们的长，顶用功的学生也不过画一二年基本素描，其次也没有科学方法帮助。出了美术院就得“创作”，不创作就谈不到有表现；而创作是解放以来整个文艺界，连中欧各国在内，都没法找出路（心理状态与情绪尚未成熟，还没到瓜熟蒂落、能自然而然找到适当的形象表现）。

从胡尚宗家回来，就看到你的信（波7）与照片，今晨又收到大照片二张。(……)

你的比赛问题固然是重负，但无论如何要做一番思想准备。只要尽量以得失置之度外，就能心平气和，精神肉体完全放松，只有如此才能希望有好成绩。这种修养趁现在做起还来得及，倘若能常常想到“文章千古事，得失寸心知”的名句，你一定会精神上放松得多。惟如此才能避免过度的劳顿与疲乏的感觉。最磨折人的不是脑力劳动，也不是体力劳动（那种疲乏很容易消除，休息一下就能恢复精力），而是操心（worry）！孩子，千万听我的话。

下功夫叫自己心理上松动，包管你有好成绩。紧张对什么事都有弊无利。从现在起，到比赛，还有三个多月，只要凭“愚公移山”的意志，存着“我尽我心”的观念；一紧张就马上叫自己宽弛，对付你的精神要像对付你的手与指一样，时时刻刻注意放松，我保证你明年会成功。这个心理卫生的功夫对你比练琴更重要，因为练琴的成绩以心理的状态为基础，为主要条件！你要我们少为你操心，也只有尽量叫你放松。这些话你听了一定赞成，也一定早想到的，但要紧的是实地做去，而且也要跟自己斗争；斗争的方式当然不是紧张，而是冲淡，而是多想想人生问题，宇宙问题，把个人看得渺小一些，那么自然会减少患得患失之心，结果身心反而舒泰，工作反而顺利！下次信来，希望你报告我们，在这方面努力的结果如何。

(……)

平日你不能太忙。人家拉你出去，你事后要补足功课，这个对你精力是有妨碍的。还是以练琴的理由，多推辞几次吧。要不紧张，就不宜于太忙；宁可空下来自己静静的想想，念一两首诗玩味一下。切勿一味重情，不好意思。工作时间不跟人出去，做成了习惯，也不会得罪人的。人生精力有限，谁都只有二十四小时；不是安排得严密，像你这样要弄坏身体的，人家技巧不需苦练，比你闲，你得向他们婉转说明。这一点上，你不妨常常想起我的榜样，朋友们也并不怪怨我呀。

大照片中有一张笑的，露出牙齿，中间偏左有一个牙短了一些，不知是何道理？难道摔过跤撞折了一些吗？望来信告知，免我惦念。

我跟妈妈常梦见你回来，清清楚楚知道你只回来一两天，有一次我梦中还问你，能不能把萧邦的 *Fantasy* ［《幻想曲》］弹一遍给我听，“一定大不相同”，我说。

没功夫写长信的事，并非不可解决。你看我这封信就是分几次写成的，而我的忙也不下于你，你是知道的。

十月二十二日晨

你来信鼓励敏立即停学。我的意思是问题不简单。第一，在家不能单学小提琴，他的语文根底太差。我自己太忙，不能兼顾；要请好教员，大家又忙得要命，再无时间精力出来教课。其他如文史常识也缺乏适当的人教。第二，他自此为止在提琴方面的表现只能说中等；在家专学二三年后是否有发展可能毫无把握。第三，倘要为将来学乐理作准备，则更需要学钢琴，而照我们的学理论的标准，此方面的程度也要和顾圣婴、李名强差不多。此事更难，他年龄已大，目前又有新旧方法两派，既知道了新的，再从旧方法开场，心里有些不乐意。

学新方法只有一个夏国琼能教，而这样一个初学的人是否值得去麻烦她呢？敏的看谱能力不强，夜长梦多，对钢琴，更渺茫。第四，截至目前为止，敏根底最好的还是自然科学与数学，至少这是在学校里有系统的训练的；不比语文、文史的教学毫无方法。倘等高中毕业以后再酌量情形决定，则进退自如。倘目前即辍学，假如过了两年，提琴无甚希望，再要回头重读正规学校，困难就多了。我对现在的学校教育当然有很多地方不满，但别无更好的方案可以代替学校教育。你学了二三个月琴，就有显著的特点，所以雷伯伯①，李阿姨②也热心。而且你的时代还能请到好教员补英文国文。敏本身的资质不及你，环境也不及你的好，而且年龄也大了，我不能对他如法炮制。不知你看了我这些分析觉得怎样？

即使我们的目的并不在于训练一个演奏人才，但到乐队去当一个普通的小提琴手，也不是容易的事。

又及

十月二十七日＊—十一月一日深夜＊

亲爱的聪儿：这几天老想着要跟你写信，总有零星杂务岔开，静不下心来。刚才我一面吸烟，一面沉思默想，给爸爸猜中了，他说："你想着阿聪，要写信，是么？"于是就拿起笔来，跟你胡乱谈谈吧！

你这次寄来的照片，拍得很自然，一部分已贴上照相簿。（写到这里友声旅行团姚先生打电话来，代我们弄到了一批黄山风景片，爸

---

① 雷垣，傅雷上海大同附中的同学，傅聪钢琴启蒙老师。

② 李惠芳，著名男低音歌唱家斯义桂的夫人，傅聪的第二位钢琴老师。傅聪忆及自己儿时学琴的老师，称李惠芳自由开放的教学方式对他影响最大。

爸受周而复的委托，特请他们赶起来的。我只得放下笔到旅行社去拿。）有的放在照相架内，挂起来的也有，放在台上、书架上的也有。这次托人弄来的黄山照片，相当精彩，是专门拍照片的，技巧当然不同，我明天要去添印几张，挑些特别出色的寄给你，让你欣赏欣赏祖国美丽的河山。同时也可供你波兰朋友看看中国的风景区，也是一件美事。

你这次来信，材料很多，我们都要一遍二遍的看，看了不够，还要跟爸爸讨论回味，真是太快活了，你给了我们不知多少安慰。相隔十几天不接到你的信，就要开始牵肠挂肚，很幸运，还会时常梦见你，醒来是一场空梦，便久久不能入睡。来信从来没有提过你手指有时会痛的问题，我记得你常常会弹痛手指，就得上石蜡油，不知你到波兰后，发生过这种情形吗？你的零用，大使馆答应要求另外给你的四百元，是否照办？这次到波兰去的中国代表团团长陈毅也到克拉可夫参观，恐怕你也会见到，在国外见到自己人会特别亲热。今年入秋以来，晴多雨少，简直天天出太阳，为了爸爸的工作关系，眼看好天气不能出门。最近旅行团又举办桂林阳朔的旅行，为期十天（十一月三日起），爸爸看了报上的广告，很冲动；可是正碰上他译的《老实人》要校对，所以只好心里想想就算了。

我近来在看《西游记》，真有味儿，孙悟空、猪八戒等人物，写得活泼生动，作者想象力丰富，而且幽默意味很重。以前我不要看是错误的，中国的老小说百看不厌。近来也在看看英文的名人传记，短篇的，我的蹩脚英文尚可应付。爸爸督促我看，他说："你不读读英文书，要把它忘记了。"我觉得也不错。所以我除了忙些杂务，空下来看书，真是乐事，日子也过得有意思了。

听说波兰的钢琴家要来上海演出，不知我们可有机会听到，要他们送票子来，真像天上掉下来一般。

十月二十七日夜

今晚听了波兰钢琴家的演奏会，真是妙极，多少年来没有听得这么过瘾。听说明晚还有一个音乐会，有唱的，不知还有票子送来否。我近来身体很好，爸爸说我瘦了，其实是不虚肿了，正常了，这也要归功于每天的运动。

急于把我们的信寄出，就此停笔了。望你保重身体！

十一月一日深夜

十一月一日夜

亲爱的孩子：刚听了波兰 Regina Smangianka［雷吉娜·斯曼齐安卡］音乐会回来；上半场由上海乐队奏德伏夏克的第五（“*New World*”［“新世界”］)，下半场是 *Egmond Overture*［《哀格蒙特序曲》］和 Smangianka［斯曼齐安卡］弹的贝多芬《第一钢琴协奏曲》。(……)

Concerto［《协奏曲》］弹得很好；乐队伴奏居然也很像样，出乎意外，因为照上半场的德伏夏克听来，教人替他们捏一把汗的。Scarlatti［斯卡拉蒂］光芒灿烂，意大利风格的 brio［活力，生气］都弹出来了。Chopin［萧邦］的 *Etude*［《练习曲》］，又有火气，又是干净。这是近年来听到的最好的音乐会。

我们今晚送了一只花篮，附了一封信（法文）给她，说你早在九月中报告过，我借此机会表示欢迎和祝贺之意。不知她能否收到，因为门上的干事也许会奇怪，从来没有“个人”送礼给外宾的。

前两天听了捷克代表团的音乐会：一个男中音，一个钢琴家，一个提琴家。后两人都是头发花白的教授，大提琴的tone［声质］很贫乏，技巧也不高明，感情更谈不到；钢琴家则是极呆极木，弹Liszt［李斯特］的*Hungarian Rhapsody No.* 12［《匈牙利狂想曲》第十二号］，各段不连贯，也没有brilliancy［光彩，出色之处］；弹Smetana［斯麦特纳］的*Concerto Fantasy*［《幻想协奏曲》］，也是散散率率，毫无味道，也没有特殊的捷克民族风格。三人之中还是唱的比较好，但音质不够漂亮，有些“空”；唱莫扎特的*Marriage of Figaro*［《费加罗的婚礼》］，没有那种柔婉妩媚的气息。唱*Carman*［《卡门》］中的《斗牛士歌》，还算不差，但火气不够，野性不够。Encore［返场曲］唱穆索尔斯基的《跳蚤之歌》，倒很幽默，但钢琴伴奏（就是弹独奏的教授）呆得很，没有humorist［幽默，诙谐］味道。呆的人当然无往而不呆。唱的那位是本年度“Prague［布拉格］之春”的一等奖，由此可见，国际上唱歌真好的也少，这样的人也可得一等奖，人才也就寥落可怜得很了！

斯曼齐安卡从前是谁的学生？你知道吗？她倒是极有个性，极有前途的。上届萧邦竞赛中她得了第几奖？望来信告知。台上的manners［仪表］和谢幕的风度也够迷人，以品貌而论，也是近年来第一。①

十一月六日午

亲爱的孩子：一日夜写了（波13）信。二日清晨即接波兰文化代表团来电话，斯曼齐安卡不能说英文、法文，叫另一个会说法文的

---

① 参见本书第82页九月十二日聪信摘录（波5）。

团员打的，说她要来看我，还有一个副团长，一个作家（即打电话的人）同来，约在下午六至七时，七时后要去“大舞台”听波兰独唱演奏会。因为时间在六七点之间，我就约他们便饭。妈妈立刻出动，预备了五菜一汤，自己烧的，成绩很好。我也预备了礼物，给 S.①的是一幅黄宾虹山水小册页，一只有墨笔山水的小瓷碟，给副团长的是黄宾虹山水小册页，另加一匣荣宝斋仿古信笺。给另一团员的是黄的花卉小册页，荣宝斋山水信笺。他们也带了礼物来：一只木碗，一本画册给我的；一串项链，一只别针（都是玳瑁一类的）送妈妈。

在我家的时间很匆忙，谈不了多少话；只拿些古版书给他们看看，斯曼齐安卡看了你童年的照片，你的琴，略微摸了一下。吃饭时他们说有很多问题要问，可惜没时间；我就约他们在当晚歌唱会后上他们旅馆（锦江）去长谈。

（……）

在锦江，直谈到十二点多。先谈京剧、京剧剧本、京剧音乐。他们以为这是中国古已有之的，我不得不把唐以来的音乐与戏剧略说一个梗概，分出古典剧（昆剧）与京剧之不同。他们又问到乐器问题，分不清哪是本土的，哪是外来的。接着又谈到现代音乐的问题，斯曼齐安卡说她听你谈过，大致差不多。后来又谈到上海的生活、舞场等等，问到资产阶级为何销声匿迹，为何上海市面萧条等等。末了，斯曼齐安卡要我们次日陪去买大衣。

三日清晨我们（和妈妈一块）就去锦江陪他们上街，这一天只有斯曼齐安卡和副团长二人，另一位去参观别的地方了。他们买了大衣、衣料。下午四点半后又陪他们逛市街，车子开到黄浦江边，在三

---

① 即斯曼齐安卡。

马路至北京路之间沿江散步，看江上晚景，谈法国印象派的画。后来请他们到水上饭店吃中国点心，他们从未尝过，吃得津津有味。到六时半送回锦江，作别。他们当晚八点去北站，我们不送车了。陪了他们一天一晚，人也够累了。

他们对我们印象极佳，因为到中国来以后，从未遇到一个人可不用翻译，直接谈天，而且上下古今，无所不谈的。他们老嫌太受拘束，翻译文化水平太低，与教授、作家等等谈话，老是刻板文章、座谈会等等，也觉得枯索无味。宴会上无穷的干杯“站起来——坐下去——站起来——坐下去”（他们说的），太乏味了。能和我们随便走走、看看，无挂无碍，他们才觉得真像朋友，真正尝到了中国的人情味。斯曼齐安卡在江边丢了一枚小钱到水里去，说这是波兰习俗：你愿意再来的地方，就用这个方式发一个愿。她觉得上海是全中国她唯一愿意居住的地方。（……）

客人固然大为高兴，招待会却大为紧张。第一，私人送花篮，从来未有；第二，私人请到家去吃饭，也从来未有；第三，客人不要带向导，不要带翻译，更不要保镖，单单坐他们汽车，更是从来未有之事。招待会第一天就问到作协，问唐弢，我住的地方可有招待外宾的条件。第二天陪买东西时，请了楼上婆婆同看皮货（因我们不内行），招待会又紧张了一阵，怕安全有问题。

S. 说你平日工作太多，工作时也太兴奋。她自己练琴很冷静，你的练琴，从头至尾都跟上台弹一样。她说这太伤精神，太动感情，对健康大有损害。我觉得这话很对。艺术是你的终身事业，艺术本身已是激动感情的，练习时万万不能再紧张过度。人寿有限，精力也有限，要从长里着眼，马拉松赛跑才跑得好。你原是感情冲动的人，更要抑制一些。S. 说 Drz. 老师[1]也跟你谈过几次这一点。希望你听从他们的劝告，慢慢的学会控制。这也是人生修养的一个大项目。

另托 S. 带一包糖和话梅给你，纯是象征性质。你来信没说需要什么，故虽然 S. 再三讲，要带东西尽管交给她，我们也没什么可托。又有一轴静物画（是前北京艺专教授王雪涛画的）送你的老师，因手头没有相当的黄宾虹作品。假如他喜爱中国山水画，望来信告知，明年也许有机会好带去。

十二月十五日聪信摘录

斯曼齐安卡我已见过，带来的东西已都收到。上星期六在克拉可夫听了她的贝多芬第一，很精彩，她是属于吉泽金一类型的，冷漠，理智，严谨，完善。我却是更喜欢施纳贝尔。

十一月十七日午

聪：从十月二十一日接到你波兰第七信到现在，已有二十七天，算是隔得最长久的一次得不到你消息。所担心的是你身体怎样，无论如何忙，总不至于四星期不写信吧？你到波以后常常提到精神极度疲乏，除了工作的“时间”以外，更重要的恐怕还是工作时“消耗精力”的问题。倘使练琴时能多抑制情感，多着重于技巧，多用理智，我相信一定可以减少疲劳。比赛距今尚有三个多月，长时期的心理紧张与感情高昂，足以影响你的成绩；千万小心，自己警惕，尽量冷静

---

① 即杰维茨基（Drzewiecki）。

为要！我十几年前译书，有时也一边译一边感情冲动得很，后来慢慢改好了。

因为天气太好了，忍不住到杭州去了三天，在黄宾翁家看了一整天他收藏的画，元、明、清都有。回沪后便格外忙碌，上星期日全天“加班”。除了自己工作以外，尚有朋友们托的事。例如最近西禾①译了一篇罗曼·罗兰写的童年回忆，拿来要我校阅，从头至尾花了大半日功夫，把五千字的译文用红笔划出问题，又花了三小时和他当面说明。他原来文字修养很好，但译的经验太少，根本体会不到原作的风格、节奏。原文中的短句子，和一个一个的形容词，都译成长句，拼在一起，那就走了样，失了原文的神韵。而且用字不恰当的地方，几乎每行都有。毛病就是他功夫用得不够，没吃足苦头决不能有好成绩！

星期一（十五日）晚上到音乐院去听苏联钢琴专家（目前在上海教课）的个人演奏（……）从头至尾呆板，诗意极少，没有细腻柔婉之美，没有光芒四射的华彩，也没有大刀阔斧的豪气。他年纪不过三十岁，人看来温文尔雅，颇有学者风度。大概教书不会坏的。但他上课，不但第一次就要学生把曲子背出（比如今天他指定你弹三个曲子，三天后上课，就要把那三支全部背；否则他根本不给你上课），而且改正时不许看谱（当场把谱从琴上拿掉的），只许你一边背，一边改正。这种教授法，你认为怎样？我觉得不合理。（一）背谱的快慢，人各不同，与音乐才具的高低无关；背不出即不上第一课，太机械化；（二）改正不许看谱，也大可商榷；因为这种改法不够发挥 intellectual［理智的］的力量，学生必须在理智上认识错的原

---

① 陈西禾，傅雷挚友，著名电影编导、评论家。

因与改正的道理，才谈得上“消化”“吸收”。我很想听听你的意见。(……)

孩子，你尽管忙，家信还是要多写，即使短短几行也可以；你不知父母常常在心里惦念，沉默久了，就要怕你身体是否健康；我这一星期就是精神很不安定，虽则忙着工作，肚里老是有个疙瘩；一定要收到了你的信，才“一块石头落地”！

练琴一定要节制感情，你既然自知责任重大，就应当竭力爱惜精神。好比一个参加世运的选手，比赛以前的几个月，一定要把身心的健康保护得非常好，才能有充沛的精力出场竞赛。俗语说“养兵千日”，“养”这个字极有道理。

你收发家信也要记账，平日可以查查，有多少天不写信了。最近你是十月十二日写的信，你自己可记得吗？多少对你的爱，对你的友谊，不知如何在笔底下传达给你！孩子，我精神上永远和你在一起！

十二月十五日聪信摘录

关于苏联专家要学生第一次上课就背的问题，我问杰维茨基教授，他说吉泽金也是这样的，因为这一学派，强调训练头脑。吉泽金自己经过常年的训练，把任何复杂的怪音乐（勋伯格，斯特拉文斯基）看一遍，即能全部背出。他们认为头脑训练到极快之后，技巧的难题往往就消失了。教授告诉我说苏联极多的钢琴家都从来不练手指练习的（练习曲还是练的），都有第一流的技巧。我不敢说这究竟对不对，但我自己最近很久没有练任何练习了，而技巧却一天比一天进步。可能这种说法还是有点道理的，但重要的一定得有好先生教，随时看着，更重要的是放松！我想那位苏联专家虽然自己弹得不怎么样，教一定不会坏，苏联的学派总是很好的，弹和教本是两回事，杰维茨基教授弹起来才可怕呢！

十一月十七日＊

亲爱的聪：那么长久没有接到你信，怕你太用功，疲劳过度，不知身体好吗？我们每次写信总是上账的，你大概不会像我们那样有规律，所以写出一封信后，以为可以过一段再写；可是日子一天一天很容易过，一霎眼，几星期就过去了，等你想到写信，已是隔了很久了。希望你以后也用个小本子记信账，那么就不会让我们望穿秋水了，你看对吗？

我们是九日到杭州，恩德母女也去的。中午到了杭州，下午就去岳庙看菊展，菊花种类很多，有六七万种，每种的名字极有诗意，什么“苏堤春晓”啊，“醉玉环”啊，“黄十八”、“白十八”啊，简直美不胜收。花的形色各各不同，色彩也很文静，没有大红大绿，都是中间颜色，当然黄白色及淡紫是最多的。还有东洋种的，扎成倒挂的形态，还有一棵，上有几百朵花，扎成圆形的，非常美观。我们看了足有两个小时，也不过是走马看花，可是已经很累了。上海也有菊展，规模更大，在前跑马厅的人民公园，人山人海，每天有几万人参观，要排队买票，排队看花，我觉得太挤了，没有味儿，所以不想去。

那天跟你爸爸看完菊展，就去拜访黄宾虹先生，他们再三要我们吃晚饭，饭后就看他的藏画。

第二天上午我们游湖，下午就上玉皇山，我这次不坐轿子，居然走了上去，一点也不吃力。因为游客少，山上清静得很，我们就住在山上，看晚霞，观钱塘和西湖远景。天黑以后，远看杭州市，灯壁辉煌，真是太美了，胸襟为之一畅。次日天一亮，我们就起床，看看早上千变万化的早霞。爸爸拍了些照片，回来后印的结果是坏多好少。

那天早上我们七时半就下山，八时三刻到了宾老家里。恩德母女由她们自己去玩，我们就分手了。到了宾老家就看他的画，看了五六十部册页，管夫人的竹，沈周的细笔山水，石涛、八大、陈老莲等等的真迹，还有许多明清时代不知名作家的东西，简直搞不清，只觉得好，一个人埋在里头倒有些昏昏然了。这次到杭州真是大有收获，看不到的东西看到了，因为收藏的人，一般不肯随便拿出来给人看的，非要有了交情，互相有了了解才行。我算是靠爸爸的福。要看他老人家的画是不容易的，而且多得看不完。我们预备以后到杭州再去看。这次我们只看了他十分之三的画，据黄太太告诉我们，恐怕五天也看不完呢！

这次波兰的钢琴家讲起你那里冬天很冷，你的皮靴没有带走，怕你脚上生冻疮，不知要不要寄给你，室内想来一定有炉子，如果需要，务必写信来。平时练琴多穿几条零头裤子，而且要常常更换，这样反而经穿，短棉袄有没有穿过？望你千万保重身体，这是我最担心的。希望不久就会收到你的信，我们真是日夜都在惦念你！不多谈了，祝你快乐！

母亲在杭州黄宾虹寓所前（一九五四年十一月）

十一月十四日聪信摘录（波8）

昨天我听到了苏联最好的钢琴家李赫特的演奏，我无法形容我心中的激动。他是一个真正的巨人，他的最强音是十二分的最强音，最弱音则是十二分的最弱音；而音质是那么的美，乐句是那么的深刻，使人感到一种不可名状的力量。而技巧，了不起的技巧！简直是鬼神的技巧！每一个音符像珍珠一般，八度音的段落像海潮一般。总而言之，我终生至此为止，包括所有的唱片和实在的人在内，从没听过这样出神入化的演奏。他弹的是柴可夫斯基的《协奏曲》。我一向不喜欢柴可夫斯基，但昨天我认识了一个新的柴可夫斯基：所有的慢奏部分是那么安详，没有一点肤浅的感伤，柴可夫斯基的《协奏曲》成了一支如此光辉灿烂的协奏曲，而那种戏剧化的力量，那开头的和弦和华彩段，真像天要垮下来一般。尤其重要的是他的音质，只使人感到巨大的力量，从无粗暴的感觉。加奏弹了一个萧邦的《第二诙谐曲》和一个李斯特的《练习曲》，也是妙极。还有一个特点，就是他的演奏有那种个性。他所有的演奏都是真正的创造，一个伟大灵魂的创造，演奏的表情也真像鬼神一般：激情的时候，他浑身都给人以激情的感觉；温柔的时候，也是浑身温柔。

今天埃娃来找我和李赫特一起去散步、喝咖啡、午餐等等。我认为他不但是一个伟大的艺术家，也是一个伟大的人。

他和我谈了许多关于技巧、音乐等问题。我也开始了解为什么他能够到这种地步。他说音乐是最主要的，技巧必须从音乐里去练。他自己从开始学琴起，从没练过手指练习、音阶练习等等。他说所有的困难是在于脑子：一旦你心中有了那种你所需要的效果，技巧就来了。技巧绝对不能孤立起来的，也绝对没有一定的方法，每个人都应该寻找自己的方法；你所感觉的困难，都是因为没有找到正确的方法。一切都要用脑子想，而且要非常自然、放松，切忌练习时有任何紧张和不愉快。而且练习时随时随地要浸在音乐里面，切忌单纯的练习技巧。弹最强音时，浑身都要不光是手，坐也要坐得更重，脚也要踩得更重，心里更充满了火一般的感情：这就是他的最强音显得那么雄壮宏伟的原因。最弱音也是如此，必须从头到脚都是最弱音的感觉，切忌小心翼翼，眼睛盯着手指去求最弱音。这些都是最主要的，还有许多我一时简直理不清。我回来后和波兰同学一起研究，发现他说的一切都是真理，我真快乐得疯了。

关于对音乐的诠释，他竭力主张每个人都必须弹出他真挚的感受。关于萧邦，他的见解尤其妙，说萧邦是一个特殊的作曲家，和任何作曲家不同；弹萧邦必须每次不同；每次演奏必须让灵感告诉你如何演奏。萧邦的作品是以一颗深邃的心即兴写就的。

另一方面，我也是被他的个性、人格所感动。他那么朴实、纯洁、和蔼，笑得像孩子一般，像莫扎特的音乐，对于世界、人生，有一种热望。我感到他这种内在的热望，他对什么都有兴趣，仔细的欣赏那些古建筑，看得那么出神。他爱花，他明朗得像最澄清的天空。和他在一起，我真的把什么都忘了。他有一股热力，感化周围的人。噢，一股热情，来自一颗最真挚心的热情，来自一个宁静的灵魂的热情。我真是从来没有遇见这样感动我的人。我好久没有这样激动过了。我觉得自己今天又变了，变了一个新人，认识了一个新的世界。昨天我一夜不能睡，今天大概也要如此。人的心灵竟有如此神秘莫测的力量。

十一月二十三日夜

聪，亲爱的孩子：多少天的不安，好几夜三四点醒来睡不着觉，到今日才告一段落。你的第八信和第七信相隔整整一个月零三天。我常对你妈说："只要是孩子工作忙而没写信或者是信在路上丢了，倒也罢了。我只怕他用功过度，身体不舒服，或是病倒了。"谢天谢地！你果然是为了太忙而少写信。别笑我们，尤其别笑你爸爸这么容易着急。这不是我能够克制的。天性所在，有什么办法？以后若是太忙，只要寥寥几行也可以，让我们知道你平安就好了。等到稍空时，再写长信，谈谈一切音乐和艺术的问题。

你为了俄国钢琴家①兴奋得一晚睡不着觉；我们也常常为了些特殊的事而睡不着觉。神经锐敏的血统，都是一样的；所以我常常劝你尽量节制。那钢琴家是和你同一种气质的，有些话只能加增你的偏向。比如说每次练琴都要让整个人的感情激动。我承认在某些 romantic［浪漫底克］性格，这是无可避免的；但"无可避免"并不一定就是艺术方面的理想；相反，有时反而是一个大累！为了艺术的修养，在 heart［感情］过多的人还需要尽量自制。中国哲学的理想，佛教的理想，都是要能控制感情，而不是让感情控制。假如你能掀动听众的感情，使他们如醉如狂，哭笑无常，而你自己屹如泰山，像调度千军万马的大将军一样不动声色，那才是你最大的成功，才是到了艺术与人生的最高境界。你该记得贝多芬的故事，有一回他弹完了琴，看见听的人都流着泪，他哈哈大笑道："嘿！你们都是傻子。"艺术是火，艺术家是不哭的。这当然不能一蹴即成，尤其是你，但不

① 指苏联著名钢琴家李赫特。

能不把这境界作为你终生努力的目标。罗曼·罗兰心目中的大艺术家，也是这一派。

关于这一点，最近几信我常与你提到，你认为怎样？

我前晌对恩德说："音乐主要是用你的脑子，把你朦朦胧胧的感情（对每一个乐曲，每一章，每一段的感情）分辨清楚，弄明白你的感觉究竟是怎么一回事；等到你弄明白了，你的境界十分明确了，然后你的 technic［技巧］自会跟踪而来的。"你听听，这话不是和 Richter［李赫特］说的一模一样吗？我很高兴，我从一般艺术上了解的音乐问题，居然与专门音乐家的了解并无分别。

技巧与音乐的宾主关系，你我都是早已肯定了的；本无须逢人请教，再在你我之间讨论不完，只因为你的技巧落后，存了一个自卑感，我连带也为你操心；再加近两年来国内为什么 school［学派］，什么派别，闹得惶惶然无所适从，所以不知不觉对这个问题特别重视起来。现在我深信这是一个魔障，凡是一天到晚闹技巧的，就是艺术工匠而不是艺术家。一个人跳不出这一关，一辈子也休想梦见艺术！艺术是目的，技巧是手段：老是只注意手段的人，必然会忘了他的目的。甚至一些有名的 virtuoso［演奏家，演奏能手］也犯的这个毛病，不过程度高一些而已。

你到处的音乐会，据我推想，大概是各地的音乐团体或是交响乐队来邀请的，因为十一月至明年四五月是欧洲各地的音乐节。你是个中国人，能在 Chopin［萧邦］的故国弹好 Chopin［萧邦］，所以他们更想要你去表演。你说我猜得对不对？

昨晚陪你妈妈去看了昆剧：比从前差多了。好几出戏都被"戏改会"改得俗滥，带着绍兴戏的浅薄的感伤味儿和骗人眼目的花花绿绿的行头。还有是太卖弄技巧（武生）。陈西禾也大为感慨，说这个才是

"纯技术观点"。其实这种古董只是音乐博物馆与戏剧博物馆里的东西，非但不能改，而且不需要改。它只能给后人作参考，本身已没有前途，改它干吗？改得好也没意思，何况是改得"点金成铁"！

爸爸 十一月二十三日夜

孩子，接到你的信，兴奋非凡，那种激动，是无法形容的，我甚至滚下泪来，你的进步，就是我们的光荣！我在这里默祷你的身心康健，但愿你多写信来，让我们同乐！

妈妈 附笔

十二月四日夜

刚才去看了李先生[1]，问她专家开过演奏会以后，校内评论如何。她说上上下下毫无评论。我说这就是一种评论了。大概师生对他都不佩服。李先生听他上课，说他教果然教得不错，但也没有什么大了不起的地方，没有什么出人意外的音乐的发掘。她对于他第一次上课就要学生背谱也不赞成。专家说莫斯科音乐院有四个教研组，每组派别不同。其中一派是不主张练 studies［练习曲］，只在乐曲中练技巧的。李先生对此也不赞成。我便告诉她 Richter［李赫特］的说法，也告诉她，我也不赞成。凡是天才的学习都不能作为常规的。从小不练 scale［音阶］与 studies［练习曲］这一套，假如用来对付一般学生，一定要出大毛病。除非教的先生都是第一流的教授。

---

① 即李翠贞。

十二月十五日聪信摘录（波9）

最近我真是用功，但着实有成绩，你们现在要能听到我的话，一定会高兴。我的《玛祖卡》，波兰人简直认为不可置信，说我的萧邦比所有波兰钢琴家（准备比赛的）更波兰。真的，我有了极大的进步，技巧方面也是如此，最强音和最弱音的极端大大加强了。

我现在能弹许多从前不敢碰的东西，这几天正在练贝多芬的《第四钢琴协奏曲》，只练了一天就上课，而且是三个乐章，连同华彩段，技巧从头到尾已经很像样了。杰维茨基教授大为惊异，他说我一定可以把这个协奏曲弹得极好。以目前我的技巧，这一支协奏曲已经比从前弹的《第五“皇帝”钢琴协奏曲》好得多了。

萧邦大部分都已没有问题了，现在我正大量的练《玛祖卡》，准备比赛时弹最难的。已经弹了几支最难的，如作品五十九号之一、之二、之三，作品五十六号之二、之三，作品五十号之三等。

我的踩踏板技巧好多了，甚至有几次音乐会后，某些钢琴家特别称赞我的踩踏板技巧以及我的音色变化。

我练习的东西都是很难的，《波洛奈兹-幻想曲》《练习曲》《夜曲》（作品四十八号，这是《夜曲》中音乐上最难的一支）。《练习曲》正练作品十号之二、之三、之十、之十一。其中许多技巧，都是我从前不敢想的，现在却能驾驭自如，譬如作品十号之二、之十和之十一，技巧都是非常别扭的，而我现在却能弹急板的速度。

近来我非常快乐，虽然工作是那么忙累，因为自己眼看到一天比一天进步。开音乐会的日子，我总是从九点到下午三点练琴，然后中饭，睡两小时，七点或七点半音乐会，大概十点结束，再练琴两小时，到十二点回旅馆吃晚饭，然后睡觉。我上台绝对不紧张了，越是盛大的音乐会，情绪越好，没有听众我是不能演奏的（正和大部分的钢琴家相反），他们说我是天生的音乐会演奏家。

这几天正在练许多贝多芬、斯卡拉蒂等，这对于萧邦有很好的影响，在风格、技巧各方面都有帮助。我身体甚佳，精神也好，原因很简单，我越弹越好。

我每次音乐会平均收入九百兹罗提[①]（等于波兰一个中学教师的一月收入），旅馆饮食花去三百元左右（最好的房间，最好的饭），我现在是富翁了，他们说将来比赛以后，我将成为一个大资本家。我把大使馆给我的钱都还了。我现在能讲一点波兰话了。开音乐会时常飞来飞去的，又便宜，又舒适。

每天我吃饭时总带一本书看，王国维的《人间词话》太好了，文艺欣赏能写得如此动人，许多话真使人豁然开朗，好像认识了一个新的世界，而每次重读，仍然是新鲜而动人心魄的，它给了我多少启发和灵感。

诗词常在手边，我越读越爱它们，也越爱自己的祖国，自己的民族，中国的文明。那种境界，我没法在其他欧洲的艺术里面找到。中国人的浪漫，如李白、苏东坡、辛弃疾那种洒脱、飘逸，后主、纳兰那种真诚沉痛，秦观、欧阳的柔媚、含蓄、婉转等等。

我说应该让学艺术的人都熟读《人间词话》，那里面深刻的教训，高超的见解太多了。读这样一本文艺批评，就像是受了一次深刻的艺术家的修养和人格的教育。

我看到很多欧洲的大建筑，总觉得它们是神秘而可怕的，或者是美丽的，但从来没有像我回想到北京的伟大、美丽的时候那种感情，

---

① 当时的波兰货币名称。

那种“大”的感觉，使我以作为一个中国人而骄傲。

很多波兰人说我非常爱国，当然有些实际的事情无形中使他们有了深刻的印象。他们说：假如中国人每人都像你一样爱国的话，那中国这民族太伟大了，真是不可战胜的了。

波兰文化部长听了我的音乐会，对我们的大使说：“你们中国人将来在任何一方面都要占先的。”

十二月九日在华沙与德沃拉科夫斯卡联合演奏。德沃拉科夫斯卡才华出众，热情洋溢，但太神经紧张，在音乐会上永远无法弹得既干净又完美；而且她的演奏远不够成熟。分析能力尚欠缺，因此不完整。但她是波兰选手中最萧邦的一个，至少她的情感，一般说来丰富而不过火。

你们要能听到我现在的音质就好了，真是太不相同了，现在的最强音和最弱音的极端也大大加强了。说萧邦不可以太强，完全是错的，说萧邦决不可以硬是对的，但强音必须圆润、洪亮。

十二月二十七日

亲爱的孩子：十八日收到节目单、招贴、照片及杰老师的信，昨天（二十六日）又收到你的长信（这是你第九封），好消息太多了，简直来不及，不知欢喜了哪一样好！妈妈老说：“想起了小囡，心里就快活！”好孩子，你太使人兴奋了。

一天练出一个 concerto［协奏曲］的三个乐章带 cadenza［华彩段］，你的 technic［技巧］和了解，真可以说是惊人。你上台的日子还要练足八小时以上的琴，也叫人佩服你的毅力。孩子，你真有这个劲儿，大家说还是像我，我听了好不 flattered［受宠若惊］！不过身体还得保重，别为了多争半小时一小时，而弄得筋疲力尽。从现在起，你尤其要保养得好，不能太累，休息要充分，常常保持 fresh［饱满］的精神。好比参加世运的选手，离上场的日期愈近，身心愈要调养得健康，精神饱满比什么都重要。所谓 The first prize is always "luck"［第一名总是"碰运气的"］这句话，一部分也是这个道理。目前你的比赛节目既然差不多了，technic［技巧］，pedal［踏板］也解决了，那更不必过分拖累身子！再加一个半月的琢磨，自然还会百尺竿头，更进一步；你不用急，不但你有信心，老师也有信心，我们大家都有信心：主要仍在于心理修养，精神修养，存了"得失置之度外"、"胜败兵家之常"那样无挂无碍的心，包你没有问题的。第一，饮食寒暖要极小心，一点儿差池不得。比赛以前，连小伤风都不让它有，那就行了。

到波兰五个月，有这样的进步，恐怕你自己也有些出乎意外吧。李先生今年一月初说你：gains come with maturity［因日渐成熟而有所进步］，真对。勃隆斯丹过去那样赏识你，也大有先见之明。还是我做父亲的比谁都保留，其实我也是 expect the worst，hope for the best［作最坏的打算，抱最高的希望］。我是你的舵工，责任最重大；从你小时候起，我都怕好话把你宠坏了。现在你到了这地步，样样自己都把握得住，我当然不再顾忌，要跟你说：我真高兴，真骄傲！中国人气质，中国人灵魂，在你身上和我一样强，我也大为高兴。

还要打听你一件事：上次匈牙利小提琴家（音乐院院长）演奏，从头至尾都是拿出谱来拉的；我从前在欧洲从未见过，便是学生登台也没有这样的事；不知你在波兰见过这等例子吗？不妨问问人家。我个人总觉得"差些劲"。周伯伯前晌谈到朗读诗歌，说有人看了原文念，那是念不好的；一定要背，感情才浑成。我觉得这话很有见地。诗歌朗诵尚且如此，何况弹琴、拉琴！我自己教恩德念诗，也有这经验。凡是空口背而念的，比看着原作念的，精神更一贯，情绪更丰富。

（……）

你现在手头没有散文的书（指古文），《世说新语》大可一读。日本人几百年来都把它当作枕中秘宝。我常常缅怀两晋六朝的文采风流，认为是中国文化的一个高峰。

《人间词话》，青年们读得懂的太少了；肚里要不是先有上百首诗，几十首词，读此书也就无用。再说，目前的看法，王国维是“唯心”的；在此俞平伯“大吃生活”① 之际，王国维也是受批判的对象。其实，唯心唯物不过是一物之两面，何必这样死拘！我个人认为中国有史以来，《人间词话》是最好的文学批评。开发性灵，此书等于一把金钥匙。一个人没有性灵，光谈理论，其不成为现代学究、当世腐儒、八股专家也鲜矣！为学最重要的是“通”，通才能不拘泥，不迂腐，不酸，不八股；“通”才能培养气节、胸襟、目光；“通”才能成为“大”，不大不博，便有坐井观天的危险。我始终认为弄学问也好，弄艺术也好，顶要紧是 humain②，要把一个“人”尽量发展，没成为某某家某某家以前，先要学做人；否则那种某某家无论如何高明也不会对人类有多大贡献。这套话你从小听腻了，再听一遍恐怕更觉得烦了。

（……）

Richter［李赫特］弹的 Rimsky-Korsakow［里姆斯基－科萨可夫］的 *Piano Concerto*［《钢琴协奏曲》］，名强有第一乐章的唱片，拿来给

---

① 上海话“大吃生活”即受大批判之意。

② 法文字，即英文的 human，意为“人”。

我们听了；恩德、敏、妈妈，都一致认为跟你的风格很像，怪不得你对他如此相投，如此钦佩。你自己以为如何？

二十五日我刚把巴尔扎克的《于絮尔·弥罗埃》初译译完，加上修改、誊正等等，大概全部完成也要在二三月中。等你比赛结束时我的工作也告一段落。下一部仍是服尔德的两个中篇。再下一部又是巴尔扎克，那要到明年年底完工的了。

恩德近来跟着我大看古画；她极聪明，领会极快，而且 esthetic sense［审美感］很强、很正确。敏究竟年纪小一点，感染慢一些。

妈妈说你的信好像满纸都是 sparkling［光芒四射，耀眼生辉］。当然你浑身都是青春的火花，青春的鲜艳，青春的生命、才华，自然写出来的有那么大的吸引力了。我和妈妈常说，这是你一生之中的黄金时代，希望你好好的享受、体验，给你一辈子做个最精彩的回忆的底子！眼看自己一天天的长大成熟，进步，了解的东西一天天的加多，精神领域一天天的加阔，胸襟一天天的宽大，感情一天天的丰满深刻：这不是人生最美满的幸福是什么！这不是最隽永最迷人的诗歌是什么！孩子，你好福气！

一九五五年一月十六日聪信摘录

演奏室内乐，据我所见所知，是看谱的，因为钢琴和小提琴并重。但若是钢琴伴奏，小提琴独奏，那么，拉提琴的是不看谱的。我还听说室内乐不看谱是不对的呢。我想，要就是钢琴和小提琴都背谱，否则还是双方都看谱；不应该让人感到一个是独奏，一个是伴奏，而应该让人感到是两人合奏。

十二月三十一日晚

寄你的书里，《古诗源选》《唐五代宋词选》《元明散曲选》前面都有序文，写得不坏；你可仔细看，而且要多看几遍；隔些日子温温，无形中可以增加文学史及文学体裁的学识，和外国朋友谈天，也多些材料。谈词、谈曲的序文中都提到中国固有音乐在隋唐时已衰敝，宫廷盛行外来音乐；故真正古乐府（指魏晋两汉的）如何唱法在唐时已不可知。这一点不但是历史知识，而且与我们将来创作音乐也有关系。换句话说，非但现时不知唐宋人如何唱诗、唱词，即使知道了也不能说那便是中国本土的唱法。至于龙沐勋氏在序中说“唐宋人唱诗唱词，中间常加‘泛音’，这是不应该的”（大意如此）；我认为正是相反；加泛音的唱才有音乐可言。后人把泛音填上实字，反而是音乐的大阻碍。昆曲之所以如此费力、做作，中国音乐被文字束缚到如此地步，都是因为古人太重文字，不大懂音乐；懂音乐的人又不是士大夫，士大夫视音乐为工匠之事，所以弄来弄去，发展不出。汉魏之时有《相和歌》，明明是 duet［二重唱］的雏形，倘能照此路演进，必然早有 polyphonic［复调］的音乐。不料《相和歌》辞不久即失传，故非但无 polyphony［复调音乐］，连 harmony［和声］也产生不出。真是太可惜了。

傅聪在波兰华沙为比赛做准备（一九五四年）

1955

四十一通

一九五五年

一月九日深夜

我忘了和你提，杰老师的信里有一句："倘若他（指你）的演奏能更加朴素更加单纯的话……"，言外之意，似乎他觉得你还过于romantic［浪漫］，抒情太多而不够含蓄。事实上，他是否平日和你也说起这一点？别的教授，如Hoffmann［霍夫曼］，还有你早些说过的什么太太，他们对你的意见如何？是否和杰老师的有出入？还是大致相同？还是倒反赞成你的表达？一般音乐界对你的批评又怎样？与老师的对照，比较起来，你自己的结论怎样？

刚才敏开了一遍《第四钢琴协奏曲》的唱片。想你此刻一定练好了吧？你上月十五日信中说，只练了一天，就弹好三个乐章，连cadenza［华彩段］在内。这协奏曲一共就是三个乐章，那么你就是一天之内把全个乐曲都练出了，是不是？你话说得蹊跷，我给你愣住了，仿佛那曲子有四个乐章似的。斯曼齐安卡弹的Scarlatti［斯卡拉蒂］，把我们迷住了。将来你也许比她弹得更好；至此为止，一共练了几支了？贝多芬第四，你弹谁的candenza［华彩段］？是Clara Schumann［克拉拉·舒曼］的，还是Saint-Saens［圣桑］的？（……）

开音乐会的日子，你仍维持八小时工作；你的毅力、精神、意志，固然是惊人，值得佩服，但我们毕竟为你操心。孩子，听我们的话，不要在已经觉得疲倦的时候再force［勉强］自己。多留一分元气，在长里看还是占便宜的。尤其在比赛以前半个月，工作时间要减少一些，最要紧的是保养身心的新鲜，元气充沛，那么你的演奏也一定会更丰满，更fresh［清新］！

一月二十二日夜*

亲爱的聪：差不多快一个月了。没接到你的信，天天希望有你的信，真是望眼欲穿了。最近为了爸爸跌伤了右腿，又正逢过年，里里外外把我忙得不可开交，因此也不能静下来给你写信。上星期日（十七日）中午有位老先生，是黄宾虹的老朋友，请爸爸和周伯伯（煦良）在锦江饭店吃午饭。不幸得很，他一进门（是侧门），不知里面有四五级石阶，就往下走的，眼睛忙着看什么厅什么厅的一间间餐室，脚下却不留意，以为是平地，就这么踩空了，一跤摔下去，地下是水门汀，所以一跌下去就不能动，许多人把他扶起来，痛得厉害，勉强吃了一点东西。一方面周伯伯打电话回来告诉我，把我急死了，就通知林医生，等周伯伯送爸爸回来，经林医生诊断结果，真是不幸中之万幸，骨头没有跌断，伤了神经，可是也够痛苦的，自己一些也不能动弹，什么事都要人家帮忙，后来又找了一个伤科医生，诊断也是如此，贴了伤膏药，同时吃林医生给的止痛药，总算一天好似一天，到今天为止，在床上躺了一星期，痛是好多了，可是还不能行动，只能偶尔坐坐。今年天气特别冷，我就陪着他睡在书房内，开头几天，痛得不能安睡，自己又不能翻身，我一夜要起来几次，幸而有炉子，就是睡眠不足而已。现在好得多了，我也安心些了。你知道爸爸还有腰酸背痛的病，这次的到底跌得太重了，所以又引起了腰酸的病，这几天倒是腰酸重于腿痛。希望能早日恢复，否则更要心焦。

一月二十二日夜

爸爸说，评判员的名单希望你抄一份来。爸爸说比赛期越近，越要多休息，千万千万！多阅读中国的东西，可以转移你的精神紧张，同时也是精神养料，对比赛前期也是一种摄身之道。因为这样心情更可放松。

一月十六日聪信摘录（波10）

从十二月十九日克拉可夫的第一次音乐会以后，我已经又开了三次音乐会——一月八日、九日、十三日。明天到另一个城市琴斯托霍瓦去，有两个交响音乐会，我弹萧邦的协奏曲；十九日再往比斯措举行独奏会。二十日去华沙，逗留两星期，那是波兰方面最后一次集体学习，所有的波兰选手与教授都在那里，我也参加。

克拉可夫的第一次音乐会非常成功，听众热烈得如醉若狂。雷吉娜·斯曼齐安卡说："萧邦这个协奏曲在波兰是听得烂熟的了，已经引不起人们的兴趣；但是在你的演奏中，差不多每一个小节都显露出新的面貌，那么有个性而又那么萧邦。总而言之，我重新认识了一个新的萧邦《协奏曲》。"

克拉可夫音乐院院长鲁特科夫斯基说我的演奏和李赫特极相似，音乐像水，像江河之水，只觉得滔滔不绝的流出来，完全是自然的，而且像是没有终结的。

一位八十岁的老太太，曾经是萧邦的学生的学生，帕德雷夫斯基的好朋友，激动的跑来和我说，她多少年来以为真正的萧邦已经不为人所了解了，已经没有像她的老师和帕德雷夫斯基所表现的那种萧邦了，现在却从一个中国人身上重新感到了真正的萧邦。她说我的音质就像帕德雷夫斯基，那是不可解释的，因为每一个音符的音质里面都包含着一颗伟大的心。

真的，那么多而那么过分的称赞，使我脸红；但你们听了会高兴，所以我才写。还有很多呢，等我慢慢的想，慢慢的写。

从十二月十九日那次音乐会以后，就是圣诞节，在波兰是大节日，到处放假，我却反而郁闷。因为今天这儿，明天那儿，到处请我作客，对我真是一种磨难，又是推辞不了的。差不多两星期没有练琴，心里却着急，你们的来信使我更着急。因为其实我并没有真正进步到那个地步。我还是常有矛盾，今天发现技巧好多了，明天又是失望；当然音乐大致不会有很大的下落，但技巧，我现在真弄不明白，前些时候弹好了的，最近又不行了。

一月八日、九日两场音乐会，在克拉可夫的“文化宫”举行，节目单没有印，都是独奏会。八日成绩不甚佳，钢琴是贝希斯泰因，又小又旧。第二天换了一架斯丹威，虽不甚好，比第一次的强多了。两次音乐会，听众都非常热烈。从音乐来讲，九日成绩颇佳。

十三日的音乐会在音乐学院的音乐厅举行。那是一系列的音乐会。十日、十一日、十二日、十三日，由杰维茨基的四个学生演出。钢琴是彼德罗夫，又紧又重，音质也不好，加柔音踏板与不加柔音踏板距离极远，音乐控制极难。我对这次演出并不完全满意，但那天真是巨大的成功，因为当时的听众几乎都是“音乐家”，而且他们一连听了四天的演奏。我每一曲完了，大家都喊“再来一个”；而那种寂静也是我从来没有经历过的。音乐会完了以后，听众真是疯狂了，像潮水一般涌进来，拥抱我，吻我，让他们的泪水沾满了我的脸；许多人声音都哑了、变了，说他们一生从来没有如此感动过，甚至说：“为什么你不是一个波兰人呢?”

什托姆卡教授说：“所有的波兰钢琴家都不懂萧邦，唯有你这个中国人感受到了萧邦。”

上届萧邦竞赛的第一奖斯坦番斯卡说，若是上回比赛有我参加，她就根本不参加了。她说：《诙谐曲》《摇篮曲》《玛祖卡》从来没听到这样动人的演奏，“……对我来讲，你是一个远比李赫特更为了不起的钢琴家”；又说：“……你比所有参赛的波兰钢琴家在音乐上要年长三十岁……你的技巧并非了不起，但是你坚强的意志使得所有超越你技巧的部分照样顺利而过。”她说我的音色变化是一种不可学的天赋，萧邦所特有的，那种忽明忽暗，那种细腻到极点的心理变化。她觉得我的《夜曲》的结尾真像一个最纯洁最温柔的笑容；而 a 小调《玛祖卡》（作品五十九号）却又是多么凄凉的笑容。这些话使我非常感动，表示她多么真切的了解我；至少没有一个人曾经像她这样，对我用言语来说出我心中最微妙的感受。她说：“这种天赋很难说来自何方，多半是来自心灵的纯洁；唯有这样纯洁到像明镜一般的心灵才会给艺术家这种情感，这种激情。”

这儿，她的话不正是王国维的话吗：“词人者，不失其赤子之心者也。”

关于成功，我不愿再写了，真是太多了，若是一个自己不了解自己的人，那是够危险的；但我很明白自己，总感到悲哀，因为没有做到十全十美的地步；也许我永远不可能十全十美。李赫特曾经和我说，真正的艺术家永远不会完美，完美永远不是艺术；这话有些道理。

对于比赛，我只抱着竭尽所能的心。我的确有非常特殊的长处，但可能并不适宜于比赛。比赛要求的是完美，比赛往往造就的是钢琴家，而不是艺术家。

不管这些罢，我是又矛盾又快乐的。最近的音乐会格外使我感动，看到自己竟有那么大的力量使人们如醉如痴，而且都是“音乐家”，都是波兰人！我感到的是一种真正的欢乐，也许一个作曲家创作的时候，感到的也是这种欢乐吧！

我现在还看到听众的泪水，发亮的眼睛，涨红的脸，听到他们的喘息，急促的心跳，嘶嗄的声音，感觉到他们滚烫的手和脸颊；在他们拥抱我的一刹那，我的心顿时和他们的心交融了！

从波兹南寄来一个女孩子写的信，说："以前我从来不大想起中国的，中国是太远太远了，跟我有什么关系呢？但听到了你的独奏会以后，你和中国成了我整天思念的题目了。从你的对萧邦深刻而非凡的理解，我感到有一个伟大的，有着古老文明的民族在你的心灵里。"能够使人家对我最爱的祖国产生这种景仰之情，我真觉得幸福。

一月二十六日

亲爱的孩子：元旦一手扶杖，一手搭在妈妈肩上，试了半步，勉强可走，这两日也就半坐半卧。但和残废一样，事事要人服侍，单独还是一步行不得。大概再要养息一星期方能照常。

早预算新年中必可接到你的信，我们都当作等待什么礼物一般的等着。果然昨天早上收到你（波10）来信，而且是多少可喜的消息。孩子！要是我们在会场上，一定会禁不住涕泗横流的。世界上最高的最纯洁的欢乐，莫过于欣赏艺术，更莫过于欣赏自己的孩子的手和心传达出来的艺术！其次，我们也因为你替祖国增光而快乐！更因为你能借音乐而使多少人欢笑而快乐！想到你将来一定有更大的成就，没有止境的进步，为更多的人更广大的群众服务，鼓舞他们的心情，抚慰他们的创痛，我们真是心都要跳出来了！能够把不朽的大师的不朽的作品发扬光大，传布到地球上每一个角落去，真是多神圣、多光荣的使命！孩子，你太幸福了，天待你太厚了。我更高兴的更安慰的是：多少过分的谀词与夸奖，都没有使你丧失自知之明，众人的掌声、拥抱，名流的赞美，都没有减少你对艺术的谦卑！总算我的教育没有白费，你二十年的折磨没有白受！你能坚强（不为胜利冲昏了头脑是坚强的最好的证据），只要你能坚强，我就一辈子放了心！成就的大小、高低，是不在我们掌握之内的，一半靠人力，一半靠天赋，但只要坚强，就不怕失败，不怕挫折，不怕打击——不管是人事上的，生活上的，技术上的，学习上的——打击；从此以后你可以孤军奋斗了。何况事实上有多少良师益友在周围帮助你，扶掖你。还加上古今的名著，时时刻刻给你精神上的养料！孩子，从今以后，你永远不会孤独的了，即使孤独也不怕的了！

赤子之心这句话，我也一直记住的。赤子便是不知道孤独的。赤子孤独了，会创造一个世界，创造许多心灵的朋友！永远保持赤子之心，到老也不会落伍，永远能够与普天下的赤子之心相接相契相抱！你那位朋友说得不错，艺术表现的动人，一定是从心灵的纯洁来的！不是纯洁到像明镜一般，怎能体会到前人的心灵？怎能打动听众的心灵？

斯曼齐安卡说的萧邦协奏曲的话，使我想起前二信你说 Richter［李赫特］弹柴可夫斯基的协奏曲的话。一切真实的成就，必有人真正的赏识。

音乐院院长说你的演奏像流水、像河；更令我想到克利斯朵夫的象征。天舅舅说你小时候常以克利斯朵夫自命；而你的个性居然和罗曼·罗兰的理想有些相像了。河，莱茵，江声浩荡……钟声复起，天已黎明……中国正到了“复旦”的黎明时期，但愿你做中国的——新中国的——钟声，响遍世界，响遍每个人的心！滔滔不竭的流水，流到每个人的心坎里去，把大家都带着，跟你一块到无边无岸的音响的海洋中去吧！名闻世界的扬子江与黄河，比莱茵的气势还要大呢！

……黄河之水天上来，奔流到海不复回！……无边落木萧萧下，不尽长江滚滚来！……有这种诗人灵魂的传统的民族，应该有气吞牛斗的表现才对。

你说常在矛盾与快乐之中，但我相信艺术家没有矛盾不会进步，不会演变，不会深入。有矛盾正是生机蓬勃的明证。眼前你感到的还不过是技巧与理想的矛盾，将来你还有反复不已更大的矛盾呢：形式与内容的枘凿，自己内心的许许多多不可预料的矛盾，都在前途等着你。别担心，解决一个矛盾，便是前进一步！矛盾是解决不完的，所以艺术没有止境，没有 perfect［完美，十全十美］的一天，人生也没有 perfect［完美，十全十美］的一天！惟其如此，才需要我们日以继夜，终生的追求、苦练；要不然大家做了羲皇上人，垂手而天下治，做人也太腻了！

一月三十日

此信原件无抬头，父亲在勃隆斯丹夫人英文信的打字副本下接着写的信。

亲爱的傅先生：今晨收到您十二月二十八日来信，跟好久以前九月份的来信一样，那么令人振奋。要是你能知道我在看那些信和聪的三份独奏会节目单时的感觉就好了。语言难以表达我对聪的成功和成就所感到的无比喜悦与钦佩。来信看了一遍又一遍，对聪的令人惊讶的成功，从心底里感到万分的高兴和自豪，你所写的似乎是发生在我儿子身上。我总认为天才加勤奋会产生难以置信的成绩，然而，就聪而论，机遇和特别好的运气也起了很重要的作用。我由衷的希望即将来临的五五年二月的比赛，将是聪音乐生涯的光辉开端，不断的成功将伴随着他生活的每一步。要在极有限时间内，尤其用的不是自己本国的语言，来说出我想说的话，那是很难很难的。但愿我能给你写一封长信，告诉你我内心深处的感受，但是时间对我来讲总是那么有限，而我又有那么多的事要去做。

……

来信说聪一天要练八小时琴，对我来说，这简直不可思议。我练琴从来没有一天超过六小时的，就是在我足有成效的最佳时期，也是如此。聪将经受着神经的高度紧张，我衷心希望这对他的健康不会产生丝毫影响。请转告他，每天也应有数小时放松。此外，一个非常敏感的演奏家，由于神经的高度紧张而导致悲惨的结局，屡见不鲜，霍洛维兹和其他演奏家就是例证。

在结束此信时，我真诚祝愿聪在下个月重大的考验中取得巨大成功。鉴于二月二十二日是萧邦的生日（我也是），我确信聪会怀着这颗伟大的心灵，演奏得比以往任何时候都精彩。祝他好运！那天我会全身心的与聪在一起。

一九五五年一月十三日

这是最近 Bronstein［勃隆斯丹］的来信，摘要抄给你。她这番热烈的情意和殷勤的关切，应当让你知道。等比赛完毕以后，无论如何寄一张签名的照片来，让我转给她，使她欢喜欢喜。

三月六日 *

亲爱的聪：一天不接到你的信，我们一天不得安心。在比赛期间，我们也跟着紧张；比赛以后，太兴奋了，也是不定心。于是天天伸长头颈等你的信。我们预算月底月初一定会有你的信，可是到了今天已经是六日了，还是杳无音讯。我们满怀着愉快的心情写的前后八九封信，好像石沉大海，你竟只字不回。我们做了种种，以为比赛过后你太忙了，也许紧张了一个月，身体支持不住而病了。这到底是怎么回事呢？实在弄不明白。至少马思聪先生离开华沙的时候，你是好好的，因为他来信没有说你有什么病的情况。你是知道我们日夜关心你，尤其是爸爸，忍耐着。左等右等，等急了，只是叹气。这个不必要的给我们的磨难，真是太突兀了。爸爸说，工作对他是一种麻醉剂，可是一有空就会想到你。晚上翻来覆去的睡不着，也是想到你。因为弄不明白其中的原因而感到痛苦。孩子，你明明知道你是我们的安慰，为什么轻而易举的事，这样吝啬起来呢！我们之间是无话不谈的，你有什么意见，尽可来信商量，爸爸会深思熟虑的帮你解决问题，因为他可以冷静的客观的分析问题，对你有很大的帮助。不论在哪方面，尤其在人情上来讲。你比赛后，一定急急的要告诉我们前后的经过，这是天经地义没有问题的。怎么你会令人不解到如此地步呢！因为没有你的信，我们做什么事都没有情绪，真是说不出的忧虑！

三月十五日＊

亲爱的聪：自从二月二十一日起，我们的心始终吊着，老是七上八下的不得安宁，想你想得太厉害了，简直每天晚上都会梦见你，梦中惊醒了，就得长时间的回味一下，可是梦境总是迷迷糊糊的，有时竟越想越糊涂了，不胜懊恼之至，我跟你爸爸总得翻来覆去的互相倾吐，也是一种乐处。孩子，我们太想念你了，真是非笔墨所能形容的。

三月六日、十三日，各报都有登载关于萧邦比赛的消息，我们太高兴了，知道你自第一轮进入第二轮，又自第二轮进入第三轮最后一次决赛。报载第一轮参加的是七十四人，第二轮四十一人，到最后一次只有二十人了。与你以前来信说有一百三十多人参加不符，大概事先给淘汰了。我们估计这几天该轮到你弹协奏曲了，我有时紧张得心忐忑乱跳，明知那是多余的，但是有什么办法能克制呢！这里的亲友们，都非常兴奋，你的胜利就是国家的光荣，这个竞争太伟大了，我们希望你有最大的成就。大概到十九日左右，最后结果就会揭晓，我们因此更心焦，似乎日子过得太慢了。我们知道你忙，没有心思写信，所以在比赛期间也不想有你的信了。但愿你比赛过后，痛痛快快把详细情形告诉我们，让我们也热闹一下，心里温暖温暖。我们二人每晚临睡前，总是谈论你，不是回忆，就是猜测，真是津津有味，也是一乐也。

你的老师寄了一份萧邦纪念册来（法文本），其中有他的一篇文章，爸爸花了两天功夫译了出来，让弹琴的朋友作为参考，今晨也寄了一份给你。（航空寄华沙）

妈妈三月十五日

比赛后多多休息几天！！

看到上届一九四九年比赛得奖名单及一二奖的照相，大有感触；想那时你在昆明，只能弹门德尔松的 *Song Without Words*《无词歌》和 *French Suite*《法国组曲》，谁料到你五年之后也在华沙 Philharmonic Hall 爱乐大厅里大显身手呢！而且你不比别国的人，多少年受着严格的训练与高明的指导。所以即使你名次在别人之后，实际上等于在别人之前了。假定你受的是和苏联人或波兰人同样的 piano 教育，你不是早夺锦标了吗？可惜我们没有听到你，这是最大的遗憾。

爸爸 附笔

三月十五日夜

亲爱的孩子：快两个月没接到你的信，可是报上有了四次消息。第一次只报告比赛事，也没提到中国参加。第二次提到中国有你参加。第三次是本月七日（新华社六日电），报告第一轮从七十四人淘汰为四十一人，并说你进入第二轮。第四次是十四日（昨天），说你进入第三轮。接着也有一二个接近的朋友打电话来道喜了。

这一晌你的紧张，不问可知，单想想我们自己就感觉得到。我好几次梦见你，觉得自己也在华沙；醒来就要老半天睡不着。人的感情真是不可解，尤其是梦，那是无从控制的，怎么最近一个月来，梦见你的次数会特别多呢？

此信到时，大会已告结束，成绩也已公布。不论怎样，你总可以详详细细来封信了吧？马思聪先生有家信到京（还在比赛前写的）①，由王棣华转给我们看。他说你在琴上身体动得厉害，表情十足，但指头触及键盘时仍紧张。他给你指出了，两天以内你的毛病居然全部改正，使老师也大为惊奇，不知经过情形究竟如何？

好些人看过 Glinka［格林卡］的电影，内中 Richter［李赫特］扮演李斯特在钢琴上表演，大家异口同声对于他火爆的表情觉得刺眼。我不知这是由于导演的关系，还是他本人也倾向于琴上动作偏多？记得你十月中来信，说他认为整个的人要跟表情一致。这句话似

① 马思聪，中国著名小提琴家、作曲家，中央音乐学院首任院长，本届萧邦钢琴比赛唯一中国评委。

乎有些毛病，很容易鼓励弹琴的人身体多摇摆。以前你原是动得很剧烈的，好容易在一九五三年上改了许多。从波兰寄回的照片上，有几张可看出你又动得加剧了。这一点希望你注意。传说李斯特在琴上的戏剧式动作，实在是不可靠的；我读过一段当时人描写他的弹琴，说像 rock［磐石］一样。鲁宾斯坦（安东）也是身如岩石。唯有肉体静止，精神的活动才最圆满：这是千古不变的定律。在这方面，我很想听听你的意见。

你比赛期间大概没法听到别人演奏，你也不一定能听到有关比赛的花花絮絮；可不可以代我要求马思聪先生给我一封信，把这一类的消息告诉我一些？千万别忘了向他提！

你对自己此次三场演奏的意见如何？望详细告知。与会前的历次演奏相比，优劣如何？在台上是否从头至尾没有发慌过？技巧如何？波兰许多教授的批评又如何？杰维茨基先生寄了一份纪念册来，本届评判员名单并未寄来，你能找补一份吗？我们真是急于要知道有关大会的情形，越详细越妙，我们如像饥荒已久的人，胃口大得很呢。

马先生信中说有一百零六人参加，报上第一次消息说有一百三十三人参加。结果只有七十四名。马先生说有些人简直开玩笑，是否在会前就把他们否决了？但他们既然来了，怎么不经初赛就能把他们摈斥呢？用的什么手续呢？这一点也许马先生知道，你可问问他——希望你会后不要写了一封信就算了，过几天必能想起更多的事和我们谈的。我们不要求别的，只想多听听新闻，想你总能满足我们吧？

三月二十日上午

聪，亲爱的孩子：期待了一个月的结果终于揭晓了，多少夜没有好睡，十九日晚更是神思恍惚，昨（二十日）夜为了喜讯过于兴奋，我们仍没睡着。先是昨晚五点多钟，马太太从北京来长途电话；接着八时许无线电报告（仅至第五名为止），今晨报上又披露了十名的名单。难为你，亲爱的孩子！你没有辜负大家的期望，没有辜负祖国的寄托，没有辜负老师的苦心指导，同时也没辜负波兰师友及广大群众这几个月来对你的鼓励！

也许你觉得应该名次再前一些才好，告诉我，你是不是有“美中不足”之感？可是别忘了，孩子，以你离国前的根基而论，你七个月中已经作了最大的努力，这次比赛也已经 do your best［尽力而为］。不但如此，这七个月的成绩已经近乎奇迹。想不到你有这么些才华，想不到你的春天来得这么快，花开得这么美，开到世界的乐坛上放出你的异香。东方升起了一颗星，这么光明，这么纯净，这么深邃；替新中国创造了一个辉煌的世界纪录！我做父亲的一向低估了你，你把我的错误用你的才具与苦功给点破了，我真高兴，我真骄傲，能够有这么一个儿子把我错误的估计全部推翻！妈妈是对的，母性的伟大不在于理智，而在于那种直觉的感情；多少年来，她嘴上不说，心里是一向认为我低估你的能力的；如今她统统向我说明了。我承认自己的错误，但是用多么愉快的心情承认错误：这也算是一个奇迹吧？

回想到一九五三年十二月你从北京回来，我同意你去波学习，但不鼓励你参加比赛，还写信给周巍峙①要求不让你参加。虽说我一向低估你，但以你那个时期的学力，我的看法也并不全错。你自己也觉得即使参加，未必有什么把握。想你初到海滨时，也不见得有多大信

---

① 周巍峙，时任文化部艺术局局长。

心吧？可见这七个月的学习，上台的经验，对你的帮助简直无法形容，非但出于我们意料之外，便是你以目前和七个月以前的成绩相比，你自己也要觉得出乎意料之外，是不是？

今天清早柯子岐打电话来，代表他父亲母亲向我们道贺。子岐说：与其你光得第二，宁可你得第三，加上一个玛祖卡奖。这句话把我们心里的意思完全说中了。你自己有没有这个感想呢？

再想到一九四九年第四届比赛的时期，你流浪在昆明，那时你的生活，你的苦闷，你的渺茫的前途，跟今日之下相比，不像是做梦吧？谁想得到，一九五一年回上海时只弹“*Pathetique*” *Sonata*［《“悲怆”奏鸣曲》］还没弹好的人，五年以后会在国际乐坛的竞赛中名列第三？多少迂回的路，多少痛苦，多少失意，多少挫折，换来你今日的成功！可见为了获得更大的成功，只有加倍努力，同时也得期待别的迂回，别的挫折。我时时刻刻要提醒你，想着过去的艰难，让你以后遇到困难的时候更有勇气去克服，不至于失掉信心！人生本是没穷尽没终点的马拉松赛跑，你的路程还长得很呢：这不过是一个光辉的开场。

回过来说：我过去对你的低估，在某些方面对你也许有不良的影响，但有一点至少是对你有极大的帮助的。惟其我对你要求严格，终不至于骄纵你——你该记得罗马尼亚三奖初宣布时你的愤懑心理，可见年轻人往往容易估高自己的力量。我多少年来把你紧紧拉着，至少养成了你对艺术的严肃的观念，即使偶尔忘形，也极易拉回来。我提这些话，不是要为我过去的做法辩护，而是要趁你成功的时候特别让你提高警惕，绝对不让自满和骄傲的情绪抬头。我知道这也用不着多嘱咐，今日之下，你已经过了这一道骄傲自满的关，但我始终是中国儒家的门徒，遇到极盛的事，必定要有“如临深渊，如履薄冰”的格外郑重、危惧、戒备的感觉。

现在再谈谈实际问题：

据我们猜测，你这一回还是吃亏在 technic［技巧］，而不在于 music［音乐］；根据你技巧的根底，根据马先生到波兰后的家信，大概你在这方面还不能达到极有把握的程度。当然难怪你，过去你受的什么训练呢？七个月能有这成绩已是奇迹，如何再能苛求？你几次来信，和在节目单上的批语，常常提到"佳，但不完整"。从这句话里，我们能看出你没有列入第一二名的最大关键。大概马先生到波以后的几天，你在技巧方面又进了一步，要不然，眼前这个名次恐怕还不易保持。在你以后的法、苏、波几位竞争者，他们的技巧也许还胜过你呢？假若比赛是一九五四年夏季举行，可能你是会名落孙山的；假若你过去二三年中就受着杰维茨基教授指导，大概这一回稳是第一；即使再跟他多学半年吧，第二也该不成问题了。

告诉我，孩子，你自己有没有这种感想？

说到"不完整"，我对自己的翻译也有这样的自我批评。无论译哪一本书，总觉得不能从头至尾都好；可见任何艺术最难的是"完整"！你提到 perfection［完美］，其实 perfection［完美］根本不存在的，整个人生、世界、宇宙，都谈不上 perfection［完美］。要就是存在于哲学家的理想和政治家的理想之中。我们一辈子的追求，有史以来多少世代的人的追求，无非是 perfection［完美］，但永远是追求不到的，因为人的理想、幻想，永无止境，所以 perfection［完美］像水中月、镜中花，始终可望而不可即。但能在某一个阶段求得总体的"完整"或是比较的"完整"，已经很不差了。

三月二十六日深夜 *

亲爱的聪：这一个月来，你的喜讯不断在报上发表，最后的结果揭晓后，尤其热闹，简直妇孺皆知了。在你比赛期间，我们跟着睡不着觉，但是比赛后，因为太兴奋了，又是不得安睡。这几天不是祝贺我们的电话就是朋友亲自上门道贺。回忆到你小的时候，我陪着你去上琴课，自己也等于跟着学习，现在你为国争光，我为你花的一些心血，有了极大的酬报，我快活得“死而无怨”了。熟悉我们家庭情形的朋友，叫我“光荣妈妈”“无名英雄”，我觉得当之无愧，我可以骄傲的了。

爸爸尤其忙得不可开交，一面赶自己的工作，一面还要写儿子的长信，朋友的信，老师的信，答复朋友来道贺而致谢的信。上海人民电台于二十五日播放你以前录音的萧邦节目，播放之前要求爸爸写一个简单的关于你的学习经过。这可不简单，既需口语化，又需有内容，时间限十分钟讲完，文字不能超过一千五百字，差不多花了整整一天。爸爸又给华东文艺月报（唐弢等主编的）写了一短篇“国际萧邦比赛的沿革”。塔斯社也有电话来，苏联记者认为你是个天才，要知道些你的年龄及学习情形；对方不懂法文，也不能讲英文，只有经过翻译在电话里略微讲了一些。

爸爸最近向文化部提两个建议，一个是关于你留学期间的衣著，你应有的一份，可以在参加第五届国际联欢节的代表团到波兰的时候，带些衣料来，做工由大使馆负责代付。爸爸叫你将来千万不要在大使馆露出口风，说是做工可归你。爸爸的意思，你自己的钱，将来回国时可以买一架好钢琴，这是为你将来教学上的需要，倒并不是出于自私自利。因为留学生的服装，本来国家有预算的，我们也不放弃。我深知你是满不在乎的，所以要提醒你，否则人家要误会爸爸小气了。而且你也需要买些音乐上的参考东西，如唱片，乐谱，书籍等等。所以你平时的用度，也要有个预算，能多积蓄些，为将来回国时派用场最好。

还有一个建议，是向文化部要求把你这次比赛的全部节目灌成唱片，因为（一）录音的效果差，（二）录音的胶带有时间性，不能保存长久。希望政府方面向波兰有关部门代办灌音的事，印制几百套，将来完成后，政府可以分发各人民电台，音乐团体，音乐院，作参考资料，教育意义很深。尤其你现在萧邦的成绩，正在高峰；不久你当然要学习古典的及现代的作品，所以趁现在你对萧邦最有把握的时候灌下来，一方面是极有意义的纪念，同时也有提高水平的作用。

昨晚人民电台播送你在“市三”弹的录音，放了一年多，效果太差了，响的时候简直是一片糊涂账，只有轻的部分，还听出其中的妩媚细腻。最后放十三支 Scriabine［斯克里亚宾］的 Preludes［前奏曲］，因为轻多响少，所以其中曲折微妙的地方，都能体会到。爸爸听了这次的 Scriabine［斯克里亚宾］，觉得你的 tone［音质］的美，而且变化很多，非常满意，他说似乎以前还没有这样深入的欣赏。恩德听了后，觉得你的 tone［音质］都是着实的，就是 pp 也是着实的，她对 Scriabine［斯克里亚宾］也赞赏不置。去年秋天苏联专家的录音，现在也变得一塌糊涂，声音既扬，而且走音。可知录音的不真实，不可靠，不耐久。据懂这一门的专家说：钢丝或胶带录音，本质上便是因磁性作用而要慢慢变质，越变越厉害的。即使没有变质的，新录下来的，品质远不能和唱片相比。

恩德说，上次爸爸写信给你时，忘记附笔祝贺你，回去被她母亲埋怨了一顿，所以这次要我向你道贺。二十四日毛楚恩结婚那天，非常热闹。黄贻均，谭抒真，赵志华，尹政修，张俊伟等都在那里喝喜酒，特来向我们道贺。打电话来的有牛伯母，贺绿汀，刘海粟，唐庆贻（交大创办人唐文治的儿子，是瞎子，英文很好，你应该记得吧！），柯子岐，李名强，胡尚宗，柯灵，唐弢，陈西禾，裘劭恒等等。赵志华告诉我们，二十一日晨，到音分院的校车上，范继森第一个抢到报纸，看了你的最后结果，他就大声说：告诉你们傅聪的好消息，于是大家要抢来看，他偏不肯，还要特为拉慢了一句一句的念出来，大家不胜高兴。亲自上门来的有沈知白，必姨，汪西三，金石，雷伯伯想来而还没有空来，林医生夫妇当晚知道了，已经睡了，再起来，到我们家来时还穿着睡衣呢！恩德兴奋得整晚睡不着。张阿姨，祖姑母，路得阿姨，都非常快活。还有罗忠镕，裘复生，程雪门（前商务书馆经理，已有三年不通消息），都写信来道贺。还有很多，我记不起了，大家都是真心的觉得光荣。

还有阿妹[1]的丈夫耕生为了肺病在修养所里，同住的工友，看见了报纸说："不得了，我们出了一个大好老，弹钢琴全世界第三名，只有二十一岁，真是光荣！"耕生说："叫什么名字？"说叫傅聪，他一听见就说："那是我里大阿官呀！"于是工友们大为奇怪，怎么你会知道的，还不相信，要他提出证明，是怎么样的人。他就告诉他们"就是我里阿妹东家的儿子！"于是大谈而特谈了，大家高兴非凡。

下星期三（三月三十日，即阴历三月初七日）是爸爸的生日，他从来不肯为自己的生日请客的，这次破例，预备到梅陇镇去叫一桌菜，请几个好朋友吃饭，也有庆贺你的意思。你知道了一定会高兴吧！爸爸难得为自己的生日而起劲的。

---

① 傅雷家里当年的佣人。

张阿姨再三同我说，要在信上带一笔祝贺你。还有好姆妈（家和）[1] 有信来，她知道了你的消息，常常快活的哭起来，因为她是自小看你长大的。她希望有一天回来看见你上台弹奏，而她是听家之一。她是了解我们对你的教育的，看到你为了琴而受到的苦难，所以这次更加亲切，更加感动。(……)

每个朋友来，总要问起你最近有没有信来，我们已有足足两个多月没有你的信，比赛过后，想你一定已写出，我们这几天正等待着，多么急切的等待着！我这封长信写了五六个钟点，也是破天荒的了，再加上抄一份爸爸译的有关莫扎特文章给你，我的手真是酸痛不堪，你要理会到我们爱你的心，你就不会少写信了。你的信我们像宝贝一样编了号藏起来，想你也把我们的信好好收起来的吧！我脑子里一天到晚有你的影子，最近睡眠还是不好，一定要等你的信来了，才能定下心来。孩子，多多给我们信，我们唯一的安慰就是你！写到此我要停下来了，等爸爸接上。

三月二十七日夜

聪：为你参考起见，我特意从一本专论莫扎特的书里译出一段给你。另外还有罗曼·罗兰论莫扎特的文字，来不及译。不知你什么时候学莫扎特？萧邦在写作的 taste［品味，鉴赏力］方面，极注意而且极感染莫扎特的风格。刚弹完萧邦，接着研究莫扎特，我觉得精神血缘上比较相近。不妨和杰老师商量一下，你是否可在贝多芬第四弹好以后，接着上手莫扎特？等你快要动手时，先期来信，我再寄罗曼·罗

---

① 成家和，傅雷夫妇挚友，傅氏兄弟称呼“好姆妈”。

兰的文字给你。

从我这次给你的译文中，我特别体会到，莫扎特的那种温柔妩媚，所以与浪漫派的温柔妩媚不同，就是在于他像天使一样的纯洁，毫无世俗的感伤或是靡靡的 sweetness［甜腻］。神明的温柔，当然与凡人的不同，就是达·芬奇与拉斐尔的圣母，那种妩媚的笑容决非尘世间所有的。能够把握到什么叫做脱尽人间烟火的温馨甘美，什么叫做天真无邪的爱娇，没有一点儿拽心，没有一点儿情欲的骚乱，那么我想表达莫扎特可以“虽不中，不远矣”。你觉得如何？往往十四五岁到十六七岁的少年，特别适应莫扎特，也是因为他们童心没有受过沾染。

将来你预备弹什么近代作家，望早些安排，早些来信；我也可以供给材料。在精神气氛方面，我还有些地方能帮你忙。

我再要和你说一遍：平日来信多谈谈音乐问题。你必有许多感想和心得，还有老师和别的教授们的意见。这儿的小朋友们一个一个都在觉醒，苦于没材料。他们常来看我，和我谈天；我当然要尽量帮助他们。你身在国外，见闻既广，自己不断的在那里进步，定有不少东西可以告诉我们。同时一个人的思想是一边写一边谈出来的，借此可以刺激头脑的敏捷性，也可以训练写作的能力与速度。此外，也有一个道义的责任，使你要尽量的把国外的思潮向我们报道。一个人对人民的服务不一定要站在大会上演讲或是做什么惊天动地的大事业，随时随地，点点滴滴的把自己知道的、想到的告诉人家，无形中就是替国家播种、施肥、垦植！孩子，你千万记住这些话，多多提笔！

(……)

黄宾虹先生于本月二十五日在杭患胃癌逝世，享寿九十二岁。以艺术家而论，我们希望他活到一百岁呢。去冬我身体不好，中间摔了一跤，很少和他通信；只是在十一月初到杭州去，连续在他家看了两天画，还替他拍了照，不料竟成永诀。听说他病中还在记挂我，跟不认识我的人提到我。我听了非常难过，得信之日，一晚没睡好。

四月一日晚—三日

聪：我们天天计算，假定二十二日你发信，昨天就该收到；假定二十三日发，今天也应到了。奇怪，怎么二十日给奖，你二十三日还没寄家信呢？迟迟无消息，我又要担心你不要紧张过度，身体不舒服吧？自从一月二十五日收到你第十信（你是一月十六日发的）以后，两个月零一星期，没有你只字片纸，我们却给了你七封信。(……)

我知道你忙，可是你也知道我未尝不忙，至少也和你一样忙。我近七八个月身体大衰，跌跤后已有两个半月，腿力尚未恢复，腰部酸痛更是厉害。但我仍硬撑着工作，写信，替你译莫扎特等等都是拿休息时间，忍着腰痛来做的。孩子，你为什么老叫人牵肠挂肚呢？预算你的信该到的时期，一天不到，我们精神上就一天不得安定。

我们又猜想，也许马思聪先生回来，可能带信来，但他究竟何时离开华沙？假定二十五日以后离波，难道你也要到那时才给我们写信吗？照片及其他文件剪报等等，因为厚重，交马先生带当然很好，省却许多航空邮费。但报告比赛详情的信总不会那么迟才动笔吧？要说音乐会，至早也得与比赛相隔一个星期，那你也不至于比赛完了，又忙得无暇写信。那又究竟是什么道理呢？难道两个多月不写家信这件事，对你不是一件精神负担吗？难道你真的身子不舒服吗？

我们历来问你讨家信，就像讨情一般。你该了解你爸爸的脾气，别为了写信的事叫他多受屈辱，好不好？

傅雷最后为黄宾虹拍摄的照片（一九五四年十一月）

我把纪念册上的纪录作了一个统计：发觉萧邦比赛，历届中进入前五名的，只有波、苏、法、匈、英、中六个国家。德国只有第三届得了一个第六，奥国第二届得了一个第十，意大利第二届得了一个第二十四。可见与萧邦精神最接近的是斯拉夫民族。其次是匈牙利和法国。纯粹日耳曼族或纯粹拉丁族都不行。法国不能算纯粹拉丁族。奇怪的是连修养极高极博的大家如Busoni［布索尼］生平也未尝以弹奏萧邦知名。德国十九世纪末期，出了那些大钢琴家，也没有一个弹萧邦弹得好的。

但这还不过是个人悬猜，你在这次比赛中实地接触许多国家的选手，也听到各方面的批评，想必有些关于这个问题的看法，可以告诉我。

四月一日晚

今日接马先生（三十日）来信，说你要转往苏联学习，又说已与文化部谈妥，让你先回国演奏几场；最后又提到预备叫你参加明年二月德国的Schumann［舒曼］比赛。

我认为回国一行，连同演奏，至少要花两个月；而你还要等波兰的零星音乐会结束以后方能动身。这样，前前后后要费掉三个多月。这在你学习上是极大的浪费。尤其你技巧方面还要加工，倘若再想参加明年的Schumann［舒曼］比赛，他的技巧比萧邦的更麻烦，你更需要急起直追。与其让政府花了一笔来回旅费而耽误你几个月学习，不如叫你在波兰灌好唱片（像我前信所说）寄回国内，大家都可以听到，而且是永久性的；同时也不妨碍你的学业。我们做父母的，在感情上极希望见见你，听到你这样成功的演奏，但为了你的学业，我们宁可牺牲这个福气。我已将此意写信告诉马先生，请他与文化部从长考虑。我想你对这个问题也不会不同意吧？

其次，转往苏联学习一节，你从来没和我们谈过。你去波以后我给你二十九封信，信中表现我的态度难道还使你不敢相信，什么事都可以和我细谈、细商吗？你对我一字不提，而托马先生直接向中央提出，老实说，我是很有自卑感的，因为这反映你对我还是不放心。大概我对你从小的不得当、不合理的教育，后果还没有完全消灭。你比赛以后一直没信来，大概心里又有什么疙瘩吧！马先生回来，你也没托带什么信，因此我精神上的确非常难过，觉得自己功不补过。现在谁都认为（连马先生在内）你今日的成功是我在你小时候打的基础，但事实上，谁都不再对你当前的问题再来征求我一分半分意见；是的，我承认老朽了，不能再帮助你了。

可是我还有几分自大的毛病，自以为看事情还能比你们青年看得远一些，清楚一些。同时我还有过分强的责任感，这个责任感使我忘记了自己的老朽，忘记了自己帮不了你忙而硬要帮你忙。

所以倘使下面的话使你听了不愉快，使你觉得我不了解你，不了解你学习的需要，那么请你想到上面两个理由而原谅我，请你原谅我是人，原谅我抛不开天下父母对子女的心。

一个人要做一件事，事前必须考虑周详。尤其是想改弦易辙，丢开老路，换走新路的时候，一定要把自己的理智做一个天平，把老路与新路放在两个盘里很精密的称过。现在让我来替你做一件工作，帮你把一项项的理由，放在秤盘里：

〔甲盘〕	〔乙盘〕
（一）杰老师过去对你的帮助是否不够？假如他指导得更好，你的技术是否还可以进步？	（一）苏联的教授法是否一定比杰老师的高明？技术上对你可以有更大的帮助？
（二）六个月在波兰的学习，使你得到这次比赛的成绩，你是否还不满意？	（二）假定过去六个月在苏联学，你是否觉得这次的成绩可以更好？名次更前？
（三）波兰得第一名的，也是杰老师的学生，他得第一的原因何在？	（三）苏联得第二名的，为什么只得一个第二？
（四）技术训练的方法，波兰派是否有毛病，或者不完全？	（四）技术训练的方法，在苏联是否一定胜过任何国家？
（五）技术是否要靠时间慢慢的提高？	（五）苏联是否有比较快的方法提高？
（六）除了萧邦以外，对别的作家的了解，波兰的教师是否不大使你佩服？	（六）对别的作家的了解，是否苏联比别国也高明得多？
（七）去年八月周小燕在波兰知道杰老师为了要教你，特意训练他的英语，这点你知道吗？	（七）苏联教授是否比杰老师还要热烈？

〔一般性的〕

(八) 以你个人而论，是否换一个技术训练的方法，一定还能有更大的进步？所以对第（二）项要特别注意，你是否觉得以你六个月的努力，倘有更好的方法教你，你是否技术上可以和别人并驾齐驱，或是更接近？

(九) 以学习 Schumann［舒曼］而论，是否苏联也有特殊优越的条件？

(十) 过去你盛称杰老师教古典与近代作品教得特别好，你现在是否改变了意见？

(十一) 波兰居住七个月来的总结，是不是你的学习环境不大理想？苏联是否在这方面更好？

(十二) 波兰各方面对你的关心、指点，是否在苏联同样可以得到？

(十三) 波兰方面一般带着西欧气味，你是否觉得对你的学习不大好？

这些问题希望你平心静气，非常客观的逐条衡量，用“民主表决”的方法，自己来一个总结，到那时再作决定。总之，听不听由你，说不说由我。你过去承认我“在高山上看事情”，也许我是近视眼，看出来的形势都不准确。但至少你得用你不近视的眼睛，来检查我看到的是否不准确。果然不准确的话，你当然不用，也不该听我的。

假如你还不以为我顽固落伍，而愿意把我的意见加以考虑的话，那对我真是莫大的“荣幸”了！等到有一天，我发觉你处处比我看得清楚，我第一个会佩服你，非但不来和你“缠夹二”乱提意见，而且还要遇事来请教你呢！目前，第一不要给我们一个闷葫芦！磨难人最厉害的莫如 unknown［不知］和 uncertain［不定］！对别人同情之前，对父母先同情一下吧！

四月三日

四月三十日聪信摘录

这回我托马先生回国商量，主要是因为他了解具体情况，他当面和人谈起来，容易使人明白。我决不是不想和爸爸商量，但这半年来我有些苦闷，又非常矛盾，一直不敢和你们谈，尤其因为比赛以前，要有所更改，事实上也不可能。我曾经向大使馆提出，要求不参加比赛；他们说已报了名，不能改了。因此我爽性不对你们提，等过了比赛再说。为了比赛，我不得不硬着头皮干，不让别的问题影响情绪。比赛后急于想回国，主要也就是怕你们不了解具体情况，只想能当面和你们谈。

现在就爸爸提出的问题逐条答复，昨天信里大部分已写了，现在只是补充：

（一）杰老师对我的帮助，主要是在最初几个月，在萧邦的总的风格方面。技巧，他在波兰是有名的不会教的。但我从来没有遇到过好教授，所以他即使不会教，他会的那一些已经使我当时觉得很多。但我现在知道得多了，对他的认识就清楚了。这决不是我忘恩负义。波兰方面的人都认为，这半年我若是和别的教授或是在苏联学习，技巧一定不同。但可能会因了技巧而影响比赛，技巧要改不是一两天的事，也不可能同时练很大的节目；这也是我把这问题搁到比赛以后再提的主要原因。

（二）六个月在波兰，我和杰老师上课的次数决不超过二十次，原因是他老是忙（音乐会、会议等等），我也忙（也是为了音乐会）。

后期我常常故意减少上课的次数，因为事实上所需要的，是我自己练。他的学生没有一个在风格和对音乐的感受方面和我相像，我弹的主要是“我自己”。哈拉谢维奇弹得有些像我，因为我给他上课。波兰音乐界，甚至还有许多人认为杰老师对我的萧邦反而有害处，说他太拘束。他们常常和我说：“照你自己感觉的弹，不要听杰老师的；你懂萧邦，他不懂；他是个‘学究’。”我完全承认杰老师是第一流的教授，知道的东西非常广博，但不是Chopinist，也非艺术家。事实上，Chopinist是不可能教出来的。谁能感觉到，谁就有。

（三）技术训练的方法，波兰远不如苏联。杰老师除了头上几课略微讲了一些（主要仍是我自己摸索出来的），后来从未上过技巧的课。什托姆卡的方法在波兰是比较好的。斯坦番斯卡和斯曼齐安卡，原来都是他的学生，技巧的根基是由他打定的。

（四）技术是靠时间慢慢提高的，但若没有好方法，一辈子也不会真有进步。我这半年真要说技巧有进步是谈不上的；若说好一些，只因为我苦练；但几天不苦练，就完全不行了。

（五）过去我盛称杰老师教古典及现代作品教得特别好，我现在也没有改变意见。他知道的东西是广的，对于原作（text）的认识非常保险，但就是有些“学究”。他是个学者，不是个艺术家。我不能鱼与熊掌兼而有之，对我最迫切的是技巧。

（六）有一点是肯定的：苏联的学习环境更严肃，更刻苦。波兰的西欧风味甚浓，的确对我的散漫作风有影响。

（七）假如过去六个月在苏联学，我不敢说比赛的名次可以更高，但我敢说成绩一定可以更好，——不一定在《玛祖卡》上，因为《玛祖卡》需要对波兰的人情、风味有特殊的体会。对比赛可能有影响，但对我的将来一定可以打下稳固而正确的基础。

顺便希望你们了解：比赛的结果往往不是比赛的情况。拿名次来衡量是要上当的，尤其是这一次的比赛，更不能以名次来衡量一个钢琴家。更有个性的艺术家，常常名次反而靠后。历次比赛的情况也可证明，我现在是知道一些了。

（八）技术训练，苏联比任何国家都高明。在技巧上，没有人能比得过苏联的选手。

希望你们千万不要误会上面所有的回答有什么个人意气用事的地方，我完全是以客观的眼光来看的。尤其对杰老师，我决不是忘恩负义。但过去我一字不提，现在突然把全部事实摊开来，会使你们觉得不可置信；那的确是我的大错。

我急于想回国，还有一个原因，是想隔离一个时期，和杰老师疏远，当时还不知道他将改去华沙任教。我是不愿意使他伤心的。我也并非一定要去苏联，但技巧的方法一定得改，那是我终身事业的关键。所以，我想即使不去苏联，回国一次而再来波兰到什托姆卡班上去，也许容易解决问题。杰老师和任何教授都是死对头，那里的乌烟瘴气、明争暗斗，你们是不能想象的。

现在既然杰老师将去华沙，我想也许就借口我要留在克拉可夫而换教授。

总而言之，我不是坚持要去苏联。最重要的原因是我和波兰的感情是很深的了，在情理上，在政治上，都不大妥当。

四月二十一日夜

孩子：能够起床了，就想到给你写信。

邮局把你比赛后的长信遗失，真是害人不浅。我们心神不安半个多月，都是邮局害的。三月三十日是我的生日，本来预算可以接到你的信了。到四月初，心越来越焦急，越来越迷糊，无论如何也想不通你始终不来信的原因。到四月十日前后，已经根本抛弃希望，似乎永远也接不到你的家信了。

四月十日上午九时半至十一时，听北京电台广播你弹的 *Berceuse*［《摇篮曲》］和一支 *Mazurka*［《玛祖卡》］，一边听，一边说不出有多少感触。耳朵里听的是你弹的音乐，可是心里已经没有把握孩子对我们的感情怎样——否则怎么会没有信呢？——真的，孩子，你万万想不到我跟你妈妈这一个月来的精神上的波动，除非你将来也有了孩子，而且也是一个像你这样的孩子！马先生三月三十日就从北京寄信来，说起你的情形，可见你那时身体是好的，那么迟迟不写家信更叫我们惶惑"不知所措"了。何况你对文化部提了要求，对我连一个字也没有：难道又不信任爸爸了吗？这个疑问给了我最大的痛苦，又使我想到舒曼痛惜他父亲早死的事，又想到莫扎特写给他父亲的那些亲切的信：其中有一封信，是莫扎特离开了 Salzburg［萨尔茨堡］大主教，受到父亲责难，莫扎特回信说：

"是的，这是一封父亲的信，可不是我的父亲的信！"

聪，你想，我这些联想对我是怎样的一种滋味！四月三日（第30号）的信，我写的时候不知怀着怎样痛苦、绝望的心情，我是永远忘不了的。妈妈说的："大概我们一切都太顺利了，太幸福了，天也嫉妒我们，所以要给我们受这些挫折！"要不这样说，怎么能解释邮局会丢失这么一封要紧的信呢？

你那封信在我们是有历史意义的，在我替你编录的"学习经过"和"国外音乐报道"（这是我把你的信分成的类别，用两本簿子抄下来的），是极重要的材料。我早已决定，我和你见了面，每次长谈过后，我一定要把你谈话的要点记下来。为了青年朋友们的学习，为了中国这么一个处在音乐萌芽时代的国家，我做这些笔记是有很大的意义的。所以这次你长信的失落，逼得我留下一大段空白，怎么办呢？

可是事情不是没有挽回的。我们为了丢失那封信，二十多天的精神痛苦，不能不算是付了很大的代价；现在可不可以要求你也付些代价呢？只要你每天花一小时的功夫，连续三四天，补写一封长信给我们，事情就给补救了。而且你离开比赛时间久一些，也许你一切的观感倒反客观一些。我们极需要知道你对自己的演出的评价，对别人的评价——尤其是对于前四五名的。我一向希望你多发表些艺术感想，甚至对你弹的Chopin［萧邦］某几个曲子的感想。我每次信里都谈些艺术问题，或是报告你国内乐坛消息，无非想引起你的回响，同时也使你经常了解国内的情形。

你每次要东西，我们无不立刻商量，上哪儿买，找哪种货；然后妈妈立刻出动，有时她出去看了回来，再和我一同去买。但是你收到以后从来不提，连是否收到我们都没有把握。我早告诉你，收到东西，光是寄一张航空明信片也行。（……）

你说要回来，马先生信中说文化部同意（三月三十日信）你回来一次表演几场；但你这次（四月九日）的信和马先生的信，都叫人看不出究竟是你要求的呢，还是文化部主动的？我认为以你的学习而论，回来是大大的浪费。但若你需要休息，同时你绝对有把握耽搁三四个月不会影响你的学习，那么你可以相信，我和你妈妈未有不欢迎的！在感情的自私上，我们最好每年能见你一面呢！

至于学习问题，我并非根本不赞成你去苏联；只是觉得你在波兰还可以多耽二三年，从波兰转苏联，极方便；再要从苏联转波兰，就不容易了！这是你应当考虑的。但若你认为在波兰学习环境不好，或者杰老师对你不相宜，那么我没有话说，你自己决定就是了。但决定以前，必须极郑重、极冷静，从多方面、从远处大处想周到。

你去年十一月中还说："希望比赛快快过去，好专攻古典和近代作品。杰老师教出来的古典真叫人佩服。"难道这几个月内你这方面的意见完全改变了吗？

倘说技巧问题，我敢担保，以你的根基而论，从去年八月到今年二月的成就，无论你跟世界上哪一位大师哪一个学派学习，都不可能超出这次比赛的成绩！你的才具，你的苦功，这一次都已发挥到最高度，老师教你也施展出他所有的本领和耐性！你可曾研究过 program［节目单］上人家的学历吗？我是都仔细看过了的；我敢说所有参加比赛的人，除了非洲来的以外，没有一个人的学历像你这样可怜的，——换句话说，跟到名师只有六七个月的竞选人，你是独一无二的例外！所以我在三月二十一日（第 28 号）信上就说拿你的根基来说，你的第三名实际是远超过了第三名。说得再明白些，你想：Harasiewicz［哈拉谢维兹］①，Askenasi［阿什肯纳奇］②，Ringeissen［林格森］③，这几位，假如过去学琴的情形和你一样，只有十至十二岁半的时候，跟到一个 Paci［百器］④，十七至十八岁跟到一个 Bronstein［勃隆斯丹］，再到比赛前七个月跟到一个杰维茨基，你敢说：他们能获得第三名和 *Mazurka*［《玛祖卡》］奖吗？

我说这样的话，绝对不是鼓励你自高自大，而是提醒你过去六七

---

① 参赛的波兰选手，获第一名。

② 参赛的苏联选手，获第二名。

③ 参赛的法国选手。

④ 梅百器（Mario Paci），意大利钢琴家、指挥家，李斯特的再传弟子。上海交响乐队创办人兼指挥。傅聪九岁半起，在他门下学琴三年。

个月，你已经尽了最大的努力，杰老师也尽了最大的努力。假如你以为换一个 school［学派］，你六七个月的成就可以更好，那你就太不自量，以为自己有超人的天才了。一个人太容易满足固然不行，太不知足而引起许多不现实的幻想也不是健全的！这一点，我想也只有我一个人会替你指出来。假如我把你意思误会了（因为你的长信失落了，也许其中有许多理由，关于这方面的），那么你不妨把我的话当作“有则改之，无则加勉”。爸爸一千句、一万句，无非是为你好，为你个人好，也就是为我们的音乐界好，也就是为我们的祖国、人民以及全世界的人类好！

我知道克利斯朵夫（晚年的）和乔治之间的距离，在一个动荡的时代是免不了的。但我还不甘落后，还想事事、处处追上你们、了解你们，从你们那儿汲取新生命、新血液、新空气，同时也想竭力把我们的经验和冷静的理智，献给你们，做你们一支忠实的手杖！万一有一天，你们觉得我这根手杖是个累赘的时候，我会感觉到，我会销声匿迹，决不来绊你们的脚！

你有一点也许还不大知道。我一生遇到重大的问题，很少不是找几个内行的、有经验的朋友商量的；反之，朋友有重大的事也很少不来找我商量的。我希望和你始终能保持这样互相帮助的关系。

杰维茨基教授四月五日来信说：“聪很少和我谈到将来的学习计划。我只知道他与苏联青年来往甚密，他似乎很向往于他们的学派。但若聪愿意，我仍是很高兴再指导他相当时期。他今后不但要在技巧方面加工，还得在情绪（emotion）和感情（sentimento）的平衡方面多下克制功夫（这都是我近二三年来和你常说的）；我预备教他一些 less romantic［较不浪漫］的东西，即巴赫、莫扎特、斯卡拉蒂、初期的贝多芬等等。”

他也提到你初赛的 tempo［速度］拉得太慢，后来由马先生帮着劝你，复赛效果居然改得多等等。你过去说杰老师很 cold［冷漠］，据他给我的信，字里行间都流露出热情，对你的热情。我猜想他有些像我的性格，不愿意多在口头奖励青年。你觉得怎么样？(……)

说起 *Berceuse*［《摇篮曲》］，大家都觉得你变了很多，认不得了；但你的 *Mazurka*［《玛祖卡》］，大家又认出你的面目了！是不是现在的 style［风格］都如此？所谓自然、简单、朴实，是否可以此曲（照你比赛时弹的）为例？我特别觉得开头的 theme［主题］非常单调，太少起伏，是不是我的 taste［品味，鉴赏力］已经过时了呢？

你去年盛称 Richter［李赫特］，阿敏二月中在国际书店买了他弹的 Schumann［舒曼］：*The Evening*［《晚上》］，平淡得很；又买了他弹的 Schubert［舒伯特］：*Moment Musicaux*［《音乐的瞬间》］，那我可以肯定完全不行，笨重得难以形容，一点儿 Vienna［维也纳］风的轻灵、清秀、柔媚都没有。舒曼的我还不敢确定，他弹的舒伯特，则我断定不是舒伯特。可见一个大家要样样合格真不容易。

你是否已决定明年五月参加舒曼比赛，会不会妨碍你的正规学习呢？是否同时可以弄古典呢？你的古典功夫一年又一年的耽下去，我实在不放心。尤其你的 mentality［心态］，需要早早借古典作品的熏陶来维持它的平衡。我们学古典作品，当然不仅仅是为古典而古典，而尤其是为了整个人格的修养，尤其是为了感情太丰富的人的修养！

所以，我希望你和杰老师谈谈，同时自己也细细思忖一番，是否准备 Schumann［舒曼］和研究古典作品可以同时并进？这些地方你必须紧紧抓住自己。我很怕你从此过的多半是选手生涯。选手生涯往往会限制大才的发展，影响一生的基础！

不知你究竟回国不回国？假如不回国，应及早对外声明，你的代表中国参加比赛的身份已经告终；此后是纯粹的留学生了。用这个理由可以推却许多邀请和群众的热情的（但是妨碍你学业的）表示。做一个名人也是有很大的危险的，孩子，可怕的敌人不一定是面目狰狞的，和颜悦色、一腔热爱的友情，有时也会耽误你许许多多宝贵的光阴。孩子，你在这方面极需要拿出勇气来！

我坐不住了，腰里疼痛难忍，只希望你来封长信安慰安慰我们。

五月二十三日聪信摘录

我现在弹《摇篮曲》的确完全变了，应该说从前的弹法是错的。《摇篮曲》应该从头到尾维持同样的速度，右手的音的长短顿挫要极其微妙、细致，决不可过分。开头的旋律尤其要简单朴素。这曲子难就难在这里，要极单纯朴素，又要极有诗意。你们听到的，恐怕是得奖演奏会上的录音，那一次不是我的好演奏。《摇篮曲》是我在波兰最受欢迎的一支曲子。

四月二十一日灯下*

亲爱的聪：爸爸一口气写了四张信，可怜他腰酸背痛，连站都站不起来了，我扶着他上床睡下了，略微好了一些。说起他的腰痛病，使人焦急，推拿也好，吃药也好，可是对这个病始终毫无效验。林医生说这是职业病，简直无药可治。因此他很苦闷，他是根本无法离开写字台工作的，怎么办呢？工作进度受了影响，他会懊恼不堪！

马先生本月初寄来了你们比赛的分数单，爸爸跟我就大大的做起统计工作来：从第一轮、第二轮、第三轮，还有玛祖卡的分数，画了许许多多的表格，还要加以分门别类，譬如参加男女的统计，年龄的统计，还有光是斯拉夫民族的波兰苏联评判员的记分统计，结果总平均倒是法国的仑金生第一，波兰的哈拉谢维兹第二，你还是第三，现在的第五名是第四，苏联的阿什肯纳奇是第五。这许多统计非常有意思，还有几个评判员给分相差悬殊，最突出的是 Lazara Levy，对同一个选手，只给 2 分，而奥国的 Joseph Mara 却给了 24 分！还有奇怪的，西德的评判员对仑金生的玛祖卡演奏，只给了 10 分。你可想得到我们倒反给了你许多关于比赛的花絮吗！

爸爸除了腰酸以外，还有受了内伤的病。我好像已告诉过你：爸爸去年阴历年底，一位老先生请他在锦江吃中饭，好好出去的人，却在锦江进门口的地方，有四五步台阶，他一不留神，凭空抛了出去，一跤跌得很厉害，当时就起不来，右腿伤了筋，周煦良他们扶了他起来送回家，请伤科医生看了一次，足足躺了十多天，开头一手扶拐杖，一手搭在我肩上，做什么都要人帮忙，后来总算逐渐好转，一个半月后可以自己行动了，他就又开始工作，可是受了内伤，就不容易彻底恢复，工作时间不能太久，坐久了常要屁股痛。这几天忽然来了寒流，可是火炉拆去了，羊毛衫也不穿了，他的腿受不得冷，那条摔伤了的腿，忽然又疼痛难熬，连走路也困难了，于是只好又躺在床上，用热水袋敷，请医生推拿，今天勉强可以起床坐坐了，就在灯下给儿子写信。

他很担心，怕残废。他是喜欢出门跑跑的，这一来，他的腿限制了他。那顿饭吃得真是损失太大了，怨也怨死了！可是奇怪得很，有时精神作用很大，为了你，自己的儿子，做这样做那样，有时竟会忘记了肉体的痛苦！孩子，你的信可以安慰我们的痛苦，作用太大了，你是想象不到的。在感情上，我极愿意你回家一次，一面休息，一面给我们讲讲各种见闻，那时多么的理想！多么的幸福！但是为了你的学习，只好牺牲了。不过我还有些痴心梦想，也许你还是要回来的，那我真该乐死了！

五月八日—九日

从原信编码看，应有四页。由于傅聪在外几经变迁，现仅剩第一页和第四页。

孩子：昨晚有匈牙利的 flutist［长笛演奏家］和 pianist［钢琴家］的演奏会，作协送来一张票子，我腰酸不能久坐，让给阿敏去了。他回来说 pianist 弹的不错，就是身体摇摆得太厉害。因而我又想起了 Richter［李赫特］在银幕扮演李斯特的情形。我以前跟你提过，不知李赫特平时在台上是否也摆动很厉害？这问题，正如多多少少其他的问题一样，你没有答复我。记得马先生二月十七日从波兰写信给王棣华，提到你在琴上"表情十足"。不明白他这句话是指你的手下表达出来的"表情十足"呢，还是指你身体的动作。因为你很钦佩 Richter［李赫特］，所以我才怀疑你从前身体多摇动的习惯，不知不觉的又恢复过来，而且加强了。这个问题，我记得在第二十六（或二十七）信内和你提过，但你也至今不答复。

说到"不答复"，我又有了很多感慨。我自问：长篇累牍的给你写信，不是空唠叨，不是莫名其妙的 gossip［说长道短］，而是有好几种作用的。第一，我的确把你当作一个讨论艺术、讨论音乐的对手；第二，极想激出你一些青年人的感想，让我做父亲的得些新鲜养料，同时也可以间接传布给别的青年；第三，借通信训练你的——不但是文笔，而尤其是你的思想；第四，我想时时刻刻，随处给你做个警钟，做面"忠实的镜子"，不论在做人方面，在生活细节方面，在艺术修养方面，在演奏姿态方面。我做父亲的只想做你的影子，既要随时随地帮助你、保护你，又要不让你对这个影子觉得厌烦。但我这许多心愿，尽管我在过去的三十多封信中说了又说，你都似乎没有深刻的体会，因为你并没有适当的反应，就是说：尽量给我写信，“被动的”对我说的话或是表示赞成，或是表示异议，也很少“主动的”发表你的主张或感想——特别是从十二月以后。

你不是一个作家，从单纯的职业观点来看，固无须训练你的文笔。但除了多写之外，以你现在的环境，怎么能训练你的思想、你的理智、你的 intellect［才智］呢？而一个人思想、理智、intellect［才智］的训练，总不能说不重要吧？多少读者来信，希望我多跟他们通信；可惜他们的程度与我相差太远，使我爱莫能助。你既然具备了足够的条件，可以和我谈各式各种的问题，也碰到我极热烈的渴望和你谈这些问题，而你偏偏很少利用！孩子，一个人往往对有在手头的东西（或是机会，或是环境，或是任何可贵的东西）不知珍惜，直到要失去了的时候再去后悔！这是人之常情，但我们不能因为是人之常情而宽恕我们自己的这种愚蠢，不想法去改正。

你不是抱着一腔热情，想为祖国、为人民服务吗？而为祖国、为人民服务是多方面的，并不限于在国外为祖国争光，也不限于用音乐去安慰人家——虽然这是你最主要的任务。我们的艺术家还需要把自己的感想、心得，时时刻刻传达给别人，让别人去作为参考的或者是批判的资料。你的将来，不光是一个演奏家，同时必须兼做教育家；所以你的思想，你的理智，更其需要训练，需要长时期的训练。我这个可怜的父亲，就在处处替你作这方面的准备，而且与其说是为你作准备，还不如说为中国音乐界作准备更贴切。孩子，一个人空有爱同胞的热情是没用的，必须用事实来使别人受到我的实质的帮助，这才是真正的道德实践。别以为我们要求你多写信是为了父母感情上的自私——其中自然也有一些，但决不是主要的。你很知道你一生受人家的帮助是应当用行动来报答的；而从多方面去锻炼自己就是为报答人家作基本准备。(……)

关于杰老师，希望你将来离开他以后，一直跟他保持良好的师生关系。关于他的人品，也要长时期从多方面观察。艺术界内幕复杂，外国人更难尽悉底蕴，不能听信一面之言。至少他对你个人是极好的。这次比赛，他不承认是你的老师，以便可以在评判会上打你的分数，否则自己的老师对学生是要回避，不给分的（分数单上看得清清楚楚）。而倘若杰老师不给分，你的最后总分一定要受影响。可见他是竭力想帮助你成功。

关于霍夫曼的事，流传的话也不完全可靠，例如第二轮，你说八个波籍评判都给二十五分，事实上只有斯托姆卡给二十五分，杰老师回避，不给分，其余的六个是给二十四、二十四、二十二、二十二、二十二、二十二，因此，昨天阿敏自动把家里的分数抄下来，另外一封用航空印刷品寄给你，使你明了真相。

至于霍夫曼本人的人品，你日常当然知道很多；以后对别人就得防一着，别再那样天真，老是“以君子之心度小人之腹”。以前我常常劝你勿太轻信，你总以为年轻人是纯洁的，如今你该明白了，年轻人不比中年人纯洁多少，一切都要慢慢的观察，“日久见人心”，“知人知面不知心”，这几句老话真有道理！

我还有两个关于艺术的问题，下回和你讨论。希望你来信再谈谈米开兰琪利的艺术表演！

勃隆斯丹太太来信，要我祝贺你，她说：“我从未怀疑过，哪怕是一分钟，在这次比赛中他会获得多个第一名中的一个。聪真棒！由于他的勤奋不已（这是与坚强的意志不可分的）和巨大的才能（正如上帝赋予的那样），在相当短的时期内，几乎创造了奇迹！我真诚的希望聪认识到他即将进入伟大艺术家生涯的大门，获得精神上的无限喜悦，同样也充满了荆棘和艰辛。主要的不光是他个人获得了成功，而在于他给予别人精神上巨大的振奋和无限的欢乐。”

和你的话是谈不完的，信已经太长，妈妈怕你看得头昏脑涨，劝我结束。她觉得你不能回来一次，很遗憾。我们真是多么想念你啊！你放心，爸爸是相信你一切都很客观，冷静，对人的批评并非意气用事；但是一个有些成就的人，即使事实上不骄傲，也很容易被人认为骄傲的，（一个有些名和地位的人，就是这样的难做人！）所以在外千万谨慎，说话处处保留些。尤其双方都用一种非祖国的语言，意义轻重更易引起误会。

四月二十九日聪信摘录（波12）

初赛我的成绩不是最理想。有几个原因：

第一，因为我手指疼，排到最后一天弹，那是最吃亏的：因为评判员听了十天从早到晚的萧邦，很多相同的作品已经听得很累；太多的萧邦，听起来已没有新鲜感了。而且前面有些弹得好的，印象很深，对后来的总是格外挑剔；若是我和田中清子在第一天弹，阿什肯纳奇和哈拉谢维奇最后一天弹，情况可能根本不同。

有些评判员说，第一天听到 A. 和 H.[①] 等，已经觉得水平非常高，没想到以后可能有更好的。他们一下给了二十五分，以后就是有

① A. 和 H. 指阿什肯纳奇和哈拉谢维奇。

更好的，他们没法给的更多。

第二个原因，那一天轮到我，原定中午十二点；在我前面还有三个人上台，从十点开始的；我十点半去，不料前面的三个不是手疼就是生病，都不能弹；我一到，催场的人说马上得出台，我手也冷，心理准备毫无；但我并没有慌：《练习曲》比平常差，《摇篮曲》也差些，《夜曲》和《波罗奈兹-幻想曲》我自己很满意，音质也好，就是有些段落延缓太多，太慢，休止太长了一些。

现在来谈谈评判员的意见：波兰的评判员可分为两派，一派包括杰老师、什托姆卡、茹拉列夫、什皮纳尔斯基是对我好的。茹拉列夫和什托姆卡的意见认为我是全部选手中唯一的真正的Chopinist。另一派包括霍夫曼等四人，却对我不佳；主要原因是这几个人和杰老师为了我而产生过很多磨擦；因为当时我到杰老师班上去，就是他把我从霍夫曼班上抢去的。

苏联评判员奥勃林和扎克的意见是：傅聪有了不起的才能和极为突出的个性，具有类似李赫特那样的大艺术家气质。奥勃林是非常喜欢我的萧邦风格的。扎克则认为我有时候热情太多，表情太多；说听我的演奏，从头到尾就像被人扼住了咽喉，气也透不过来，神经老是紧张的，每一个乐句，每一个音符都那样的充满了表情，对萧邦是太多了些。

法国评判员费夫里耶对我好极了，始终说我是最好的一个。玛格丽特·朗到最后给奖时才来，只听到我的《玛祖卡》，非常满意，还请我去法国大使馆谈，邀请我去参加她的奖金比赛。

玛格达·塔里番洛（巴西）对我极印象极佳，她说："你有很大的才具，真正的音乐才具。除了非常敏感以外，你还有热烈的、慷慨激昂的气质，悲壮的感情，异乎寻常的精致，微妙的色觉，还有最难得的一点，就是少有的细腻与高雅的意境，特别像在你的《玛祖卡》中表现的。我历任第二、三、四届的评判员，从未听见这样天才式的《玛祖卡》。这是有历史意义的：一个中国人创造了真正的《玛祖卡》的表达风格。”

意大利的阿戈斯蒂说：“只有古老的文明才能给你那么多难得的天赋，萧邦的意境很像中国艺术的意境。”

坎特纳（英国，原系匈牙利籍）在第二周以后对他自己的学生说：“傅聪的《玛祖卡》真是奇妙：在我简直是一个梦，不能相信真有其事。我无法想象那么浓厚的哲学气息，那么多的层次，那么典雅，又有那么好的节奏，典型的波兰玛祖卡节奏。”

克拉克斯顿（英国的名教授）说，他没有想到萧邦的《e小调协奏曲》可以弹得这么美。

匈牙利的伊尔恩高（第二届第二名）说：“整个比赛有不少大钢琴家，但只有你是大艺术家。没有一个人有你那股吸引力，那种突出的个性。最难得的是你的创造性。你的演奏处处使人觉得是新的，但仍然是合乎逻辑的。”

整个来说，很多评判员都对我极好，但也有一批对我极坏：那四个波兰人，再加东德的，奥国的（最后一轮对我很好），智利的，意大利的贝内代泰利，捷克的，都对我不大好。我有十个以上的二十五分，十个左右的二十三或二十四分，但也有五六个给十七或十八分的，三四个给十九分的。德、奥、捷、意主要是不满意我的技巧。但他们实在不懂什么萧邦。

关于我的技巧究竟如何，我可以告诉你们什托姆卡的话：“你的演奏纯粹是靠意志，而不是靠技巧。”意思是说我对自己要的效果，对自己的理解把握得那么坚定，所以明明技巧够不到的，照样过去了。一般的说，我弹得相当干净，方法也有些改变，音质尤其好；但整个弹琴方法还大有问题，因此很难真有进步，一定得彻底改，而且现在是最后关头了，再不改就太晚了。

我初来时跟杰老师上课，觉得大有道理，自以为手放松了；后来渐渐发觉不是那回事。技巧，杰老师事实上一点也不教的，他教的是用脑，心和手他是没有的。他对古典和现代作品的诠释都很好，但浪漫派作品则很差，太冷。我主要是自己的诠释。若是完全学他的，那看看哈拉谢维奇和格蕾赫托芙娜罢（格蕾赫托芙娜也跟我上过不少课）。

平心而论，我是很感激杰老师的，尽管他为人有许多虚伪阴险的事，对我是非常好的。我也很想跟他学古典的作品和现代的作品，但我目前最需要的是技巧。苏联教授在比赛期间特意和我谈，说一定得改技巧的方法，他们希望我去莫斯科学。我当时和马先生也谈过，托他回国后和文化部谈，是否有可能去苏联学习，最好是能回国一次，细细商量。四月五日收到马先生信，说已和文化部长谈过，同意我回国，并同意我去苏联。我和大使馆商量，大使馆又打电报回国请示，我自己即回到克拉可夫。等到昨天（二十八日）大使馆才来电话，说国内复电，称联欢节期已近，不如暂不回国，学习事仍维持原议，留在波兰。这一下弄得我莫名其妙了。

大使馆的意见是我回国一次的好，但还是留波学习，因为已经向波兰政府正式提出我留学五年，现在改动，政治影响不好。

这些也是事实，我和波兰的感情也很深了。但唯一的办法是换教授。技巧只有什托姆卡教，他是在克拉可夫的。杰老师下学期将改在华沙音乐学院任教，并定居在华沙，所以问题也许不难解决，我可以留在克拉可夫跟什托姆卡学，借此免得杰老师不痛快。

除了钢琴以外的学习，我想还是不要像他们正规的音乐学院学生那样，事实上也不可能，我的波兰文决不到听课的程度，而我的情形也特殊，钢琴和其他的学科不太平衡，只有个别跟一位能讲英文的教授学乐理。

比赛完毕，全体到离克拉可夫尚远的扎科帕内山上去休假。回来后四月一日、二日有两个交响音乐会；以后则天天录音，累极了，一天搞八小时至十二小时，到八日才全部录完。我录了一个协奏曲，二十余分钟的《玛祖卡》，还有《幻想曲》和《摇篮曲》。这些都要送往巴黎转录成哥伦比亚的慢转唱片。这回我的录音是最多的，其余的得奖者只有一张唱片，我却有两张；录协奏曲的只有我一个人。这些都是由哥伦比亚公司派来的视察员指定的。

来波以后，起初一个阶段，我跟杰老师学了不少东西，但后来是靠自己的了。参加比赛的《玛祖卡》，只跟他上过三次课，第一次他就说很好。真正的音乐、节奏、风格是靠感觉的，学是学不来的；否则的话，哈拉谢维奇的《玛祖卡》学了七年，怎么还是不像样？我提这些，想来你们不致误会我对老师忘恩负义吧！

四月二十九日—三十日聪信摘录（波12—13）

这种国际比赛，内幕是非常微妙复杂的。主要当然是指评判员。国家与国家之间，评判员相互之间，存在着很多矛盾，所以比赛的结果要说公平是很难的了。

我作为中国人，是处于劣势的。因为中国只有一个评判员。评判员多的国家，相互之间有一种牵制的关系。例如苏、波、法，彼此给选手的分数时，总考虑到若是给对方的分数低了，别人一定也会给他本国的选手分数低。（如波兰给法国选手的分数低了，法国也会给波兰的选手低的。）因此评判员互相害怕，互相牵制，互相得客气一点。这几个国家的选手弹得坏，往往比一些其他国家弹得好的选手得分反而高。尤其是波兰的选手，地位最优，因为什么国家都怕得罪那八个波兰评判员（别国最多只有三个）。马先生在那儿却困难得很；别人不用顾虑他给什么分数，反正他只有一个人；而他却要考虑到若是给一个波兰人分数低了，那八个波兰人将要如何对付我。在比赛时，没有一点情面的；国家的面子根本谈不上：评判员不是共产党员，他们才不管新中国旧中国呢！

现在单单就得奖的前十名一个一个的分析一下：

阿什肯纳奇技巧极佳，几乎不能想象，但缺乏感情。可是演奏时从来没有夹音，干净清楚，是音乐巨匠的类型。他有个性，而且是很好的钢琴家，但绝对不是 Chopinist。

林格森是纯粹法国式的钢琴家，他的演奏是理智的演奏，冷峻，但结构严密，句法完整。他弹萧邦快的段落纯粹是德彪西式的，并无丝毫萧邦的浪漫气息；萧邦的精巧优雅，他是有的。他只有萧邦的一半，古典的一半。他最大的缺点是音质不好，干枯，硬，在录音中却听不出来。他的音乐是来自头脑，一点也不来自心底。但以钢琴家而论，是最优秀的一个，在日内瓦的钢琴家比赛上得过第一名，在意大利也得过第二名。

哈拉谢维奇的技巧极佳，但他除了技巧以外，真是一无所有了。我和他相处半年多，对他的认识最清楚了，尤其可笑的是我给他上过无数次的课，他的《玛祖卡》《前奏曲》《夜曲》《即兴曲》《叙事曲》《诙谐曲》《协奏曲》，差不多全是我的诠释。波兰音乐界盛传：哈拉谢维奇从七年前就开始练这个比赛节目，练了六年半还是不像样；结果来了个中国人，半年功夫把一个第一名送给了他。

他这人非常浮，整天嘻嘻哈哈，文学艺术一无所知；书也看得少；除了练琴还用功外，其余什么也不通。以做人而论，也是一个小人，相当自私。但他有一种才能，他是一个天生的演员。起初我不了解他，时间久了，就知道他天生的不善于讲真话，不一定是故意或是有什么坏主意（有时候是如此）。整个来说，他没有文化，也没有道德观念，对待一些不道德的行为处之泰然，原因是他根本不承认那是不道德。他和我倒很好；说得好，是因为在奥武卢他是第一个会讲英文的朋友；说得不好，他从我这儿有利可图。且不说在实际生活上的（我初来时看到他喜欢什么，总送给他），便是在音乐上，他知道自己音乐感差，虽是杰老师门下，杰老师能给他的只有头脑；在奥武卢时所有的师生对我的音乐感都很赞赏，除了技巧上的、风格方面的毛病，他们都说我的本质是真正的萧邦；哈拉谢维奇看得很清楚，后来就天天上我那里，不是《玛祖卡》就是《夜曲》，一句一句的教。我为他实在花了不少心思。他一个玛祖卡，今天上的课，一句一句把表情写在谱上，连最微妙的也记下来，谱子涂得谁也看不懂，然后照了谱子死练。明天又来找我，说都忘了，尽管记下来了，昨天那味儿怎么也找不回来，一定得再上课，这样老是没完。常常给他上课，他拼命的练，练到自动为止。这些是瞒着杰老师的，他在这上头气量可不大，知道了要生气的。他只是说，很奇怪哈拉谢维奇的演奏怎么和从前不一样了。但尽管哈拉谢维奇这样学，我总觉得他实在没出息，没有个性，根本谈不上诠释。而现在居然是年轻的一辈中最好的 Chopinist 的了，真是荒唐之至。但他在波兰选手中是最好的了，其他几个有些有个性，但风格不对，或是技巧不够。哈拉谢维奇得第一名以后，舆论哗然，全波兰都议论纷纷，公众不满意极了，就是评委也不满意。说了也很有趣，因为没有一个评判员是真正喜欢他的。评委可以分为三派：一派是喜欢我的，一派是喜欢阿什肯纳奇的，一派是喜欢林格森的。而由于我和 A. R.① 的风格极不相同，甚至相反，因此极喜欢 A. R. 的极不喜欢我，极喜欢我的极不喜欢 A. R.。而哈拉谢维奇没有个性，没有特色，所以没有人格外喜欢，也没有人格外不喜欢，又加他是波兰人，大家客气一些，结果加起来一平，他分数最高。发奖前，听说差点闹得下不了台，到最后还有几个评判员不签字。事后，哈拉谢维奇和杰教授收到很多质问信和匿名信。报纸上有些批评，从头至尾重点谈我和林格森，其余的得奖者都谈到，唯有对哈拉谢维奇一字不提。有些报纸说他弹得像运动员。维也纳的长篇评论也攻击他，说整个比赛水准极高，一切都令人满意，但荒唐的结果不可想象。拉萨·莱维大叫上当，说怎么给了他那么多分数的。

斯塔克曼，是我认为这次比赛中最完整的钢琴家，技巧极好，人成熟（二十八岁），很深刻，唯一就是不够微妙淡雅，不够萧邦，太笨重一些，太沉闷一些；他的萧邦是勃拉姆斯，但我喜欢他胜过于阿什肯纳齐。

其余的，如帕彼耶罗，技巧极好，音乐平平。

格蕾赫托芙娜很差，照我的意见应该刷下去的。

齐玛伊茨克瓦斯基非常有才能，可能是全部选手中最突出的天分，但绝对不是萧邦的味儿。他的作风有时教人目瞪口呆，弹的萧邦像普罗科菲耶夫。

萨哈罗夫只有十七岁，天才极高，很浪漫，但不够成熟。

田中清子虽得去年玛格丽特·朗比赛第四奖（那次没有第一

---

① 即阿什肯纳奇和林格森简称。

奖)，前年得到日内瓦钢琴比赛第二奖。她在这次比赛中的地位是很不公平的；总括的说，她应该在五、六之间。

上面是我用纯粹客观的眼光来写的，想你们不会误会我变得骄傲狂妄了。以我的意见，这次的比赛结果是没有第一名，尤其哈拉谢维奇应当在第六第七之间。

你们收到这封信一定大为惊奇，也许会觉得我狂妄。这一点，希望你们能了解我决不是这样的。我对自己决没有少严格一些，对缺点认识很清楚，不会因旁人的称赞或比赛的成功而昏昏然忘乎所以。但既然我对自己苛刻，对别人批评起来当然也不会宽容的了。

杰老师作为一个人，实在不是个君子。说来话长，我现在时间久了，知道许多关于他的事，也一言难尽。他在波兰是有名的老奸巨滑，音乐界的人大都不喜欢他，有很多人恨他，他利用手腕把自己捧到现在这样高的宝座。当然他是一个了不起的教授，对我也的确很好，我一直是感激他的，但要说他有什么特殊，我就不敢承认了。以私人关系而论，我感谢他；以客观的批评而论，我讨厌他。他是一个伪君子。但其余的教授也不都是君子，可能是很好的教授，但人格都乌烟瘴气，天下乌鸦一般黑。

苏联在比赛中只得第二，不能说明苏联不如波兰。对萧邦的体会不决定于国籍，不决定于训练的方法和好的教授。在这种高水平的比赛里，谁也无法解释为什么某些人的体会有出众的地方，那是艺术，没有什么理由可讲的；可以说的只有一点，就是谁有比别人感觉更多的萧邦的天赋，就比别人理解萧邦更真切。

比赛使我有机会认识了许多许多朋友。无论从哪一个国家来的，聚在一起都像一家人，多么善良的年轻人！田中清子可爱极了，朴实，文静，内在，含蓄，心地好，真正东方式的女子，而且是多么好的文化！

比赛期间听到许多第一流演奏家的演奏。坎特讷不精彩，弹萧邦弹得尤其坏，太伤感，匈牙利式的演奏。奥勃林和扎克技巧都惊人，音乐则比李赫特差远了；但仍是第一流的钢琴家。有些人的演奏，没有功夫去听。但最精彩的是意大利的贝内代蒂－米开兰琪利。我们在国内从不知道他，在欧洲却是大名鼎鼎，只有三十四岁，但我想恐怕是世界上前三名内的钢琴家了。巴赫－布索尼的《夏空》、贝多芬的《第三十奏鸣曲》（作品一〇九号）、舒曼的《维也纳狂欢节》、勃拉姆斯的《帕格尼尼主题变奏曲》、德彪西的《向拉摩致敬》及《水中倒影》、斯卡拉蒂的《奏鸣曲》、萧邦的《圆舞曲》等，无一不精彩。贝多芬的奏鸣曲好得不能想象。我第一次听到斯卡拉蒂可以弹得这么美。技巧比霍洛维茨不会差。他和李赫特完全不同，在台上永远身如磐石，没有瓦格纳式的热情，但结构的严密，思想的深刻，神妙的节奏，表情的纯朴，所有这一切创造出一个真正理想的演奏，真正达到完美的境界。

五月十一日

亲爱的孩子：三十五号信发出后，本来预备接着再写，和你讨论两个艺术的技术问题，因为这两天忙着替你理乐谱，写信给罗忠镕，又为你冬天的皮鞋出去试尺寸（非要以我的脚去试不可），所以耽下来尚未动笔。今晨又接五月二日来信，倒使我急了。孩子，别担心，你四月二十九、三十两信写得非常彻底，你的情形都报告明白了。我们决无误会。[①] 过去接不到你的信固然是痛苦，可一旦有了你的长信，明白了底细，我们哪里还会对你有什么不快，只有同情你，可怜你补写长信，又开了通宵的“夜车”，使我们心里老大的不忍。你出国七八个月，写回来的信并没什么过火之处，偶尔有些过于相信人或是怀疑人的话，我也看得出来，也会打些小折扣。一个热情的人，尤其是青年，过火是免不了的；只要心地善良，正直，胸襟宽，能及时改正自己的判断，不固执己见，那就很好了。你不必多责备自己，只要以后多写信，让我们多了解你的情况，随时给你提提意见，那就比空自内疚、后悔挽救不了的“以往”，有意思多了。你说写信退步，我们都觉得你是进步。你分析能力比以前强多了，态度也和平得很。爸爸看文字多么严格，从文字上挑剔思想又多么认真，不会随便夸奖你的。

你回来一次的问题，我看事实上有困难。即使大使馆愿意再向国内请示，公文或电报往返，也需很长的时日，因为文化部外交部决定你的事也要作多方面的考虑。耽搁日子是不可避免的。而等到决定的时候，离联欢节已经很近，恐怕他们不大肯让你不在联欢节上参加表演，再说，便是让你回来，至早也要到六月底、七月初才能到家。而那时代表团已经快要出发，又要催你上道了。

以实际来说，你倘若为了要说明情形而回国，则大可不必，因为我已经完全明白，必要时我可以向文化部说明。倘若为了要和杰老师分手而离开一下波兰，那也并无作用。既然仍要回波学习，则调换老师是早晚的事，而早晚都得找一个说得过去的理由向杰老师作交代；

---

① 傅聪于一九五五年三月二十日比赛结束后举行获奖演奏会，二十一和二十二日又有音乐会和宴会。二十三日上扎科帕内山区休假，通宵写了一封长信，二十四日托人发出，结果家中未收到。无奈于四月二十九日和三十日重写。

换言之，你回国以后再去，仍要有个充分的借口方能离开杰老师。若这个借口，目前就想出来，则不回国也是一样。

以我们的感情来说，你一定懂得我们想见见你的心，不下于你想见见我们的心；尤其我恨不得和你长谈数日夜。可是我们不能只顾感情，我们不能不硬压着个人的愿望，而为你更远大的问题打算。

转苏学习一点，目前的确不很相宜。政府最先要考虑到邦交，你是波政府邀请去学习的，我政府正式接受之后，不上一年就调到别国，对波政府的确有不大好的印象。你是否觉得跟斯托姆卡[①]学 technic［技巧］还是不大可靠？我的意思，倘若 technic［技巧］基本上有了 method［方法］，彻底改过了，就是已经上了正轨，以后的 technic［技巧］却是看自己长时期的努力了。我想经过三四年的苦功，你的 technic［技巧］不见得比苏联的一般水准（不说最特出的）差到哪里。即如 H.[②] 和 Smangianka［斯曼齐安卡］，前者你也说他技巧很好，后者我们亲自领教过了，的确不错。像 Askenasi［阿什肯纳奇］——这等人，天生在 technic［技巧］方面有特殊才能，不能作为一般的水准。所以你的症结是先要有一个好的方法，有了方法，以后靠你的聪明与努力，不必愁在这方面落后，即使不能希望和 Horowitz［霍洛维茨］那样高明。因为以你的个性及长处，本来不是 virtuoso［以技巧精湛著称的演奏家］的一型。总结起来，你现在的确非立刻彻底改 technic［技巧］不可，但不一定非上苏联不可。将来倒是为了音乐，需要在苏逗留一个时期。再者，人事问题到处都有，无论哪个国家，哪个名教授，到了一个时期，你也会觉得需要更换，更换

---

① 波兰著名钢琴教授。

② 即 Harasiewicz［哈拉谢维兹］。

的时节一定也有许多人事上及感情上的难处。

假定杰老师下学期调华沙是绝对肯定的，那么你调换老师很容易解决。我可以写信给他，说"我的意思你留在克拉可夫比较环境安静，在华沙因为中国代表团来往很多，其他方面应酬也多，对学习不大相宜，所以总不能跟你转往华沙，觉得很遗憾，但对你过去的苦心指导，我和聪都是十二分感激"等等。（目前我听你的话，决不写信给他，你放心。）

假定杰老师调任华沙的事，可能不十分肯定，那么先要知道杰老师和 Sztomka［斯托姆卡］感情如何。若他们不像 Levy［莱维］[①] 与 Long［朗］[②] 那样的对立，那么你可否很坦白、很诚恳的，直接向杰老师说明，大意如下：

"您过去对我的帮助，我终生不能忘记。您对古典及近代作品的理解，我尤其佩服得不得了。本来我很想跟您在这方面多多学习，无奈我在长时期的、一再的反省之下，觉得目前最急切的是要彻底的改一改我的 technic［技巧］，我的手始终没有放松；而我深切的体会到方法不改将来很难有真正的进步；而我的年龄已经在音乐技巧上到了一个 critical age［要紧关头］，再不打好基础，就要来不及了，所以我想暂时跟斯托姆卡先生把手的问题彻底解决。希望老师谅解，我决不是忘恩负义（ungrateful）；我的确很真诚的感谢您，以后还要回到您那儿请您指导的。"我认为一个人只要真诚，总能打动人的；即使人家一时不了解，日后仍会了解的。我这个提议，你觉得如何？因为我一生做事，总是第一坦白，第二坦白，第三还是坦白。绕圈子，躲

---

① 恩斯特·莱维（Ernst Levy），瑞士钢琴家。

② 玛格丽特·朗（Marguerite Long），法国钢琴家。

躲闪闪，反易叫人疑心；你要手段，倒不如光明正大，实话实说，只要态度诚恳、谦卑、恭敬，无论如何人家不会对你怎么的。我的经验，和一个爱弄手段的人打交道，永远以自己的本来面目对付，他也不会用手段对付你，倒反看重你的。你不要害怕，不要羞怯，不要不好意思；但话一定要说得真诚老实。既然这是你一生的关键，就得拿出勇气来面对事实，用最光明正大的态度来应付，无须那些不必要的顾虑，而不说真话！就是在实际做的时候，要注意措辞及步骤。只要你的感情是真实的，别人一定会感觉到，不会误解的。你当然应该向杰老师表示你的确很留恋他，而且有“鱼与熊掌不可得兼”的遗憾。即使杰老师下期一定调任，最好你也现在就和他说明；因为至少六月份一个月你还可以和斯托姆卡学 technic［技巧］，一个月，在你是有很大出入的！

以上的话，希望你静静的想一想，多想几回。

另外你也可向 Eva［埃娃］太太讨主意，你把实在的苦衷跟她谈一谈，征求她的意见，把你直接向杰老师说明的办法问问她。

最后，倘若你仔细考虑之后，觉得非转苏学习不能解决问题，那么只要我们的政府答应（只要政府认为在中波邦交上无影响），我也并不反对。

你考虑这许多细节的时候，必须心平气和，精神上很镇静，切勿烦躁，也切勿焦急。有问题终得想法解决，不要怕用脑筋。我历次给你写信，总是非常冷静、非常客观的。唯有冷静与客观，终能想出最好的办法。

对外国朋友固然要客气，也要阔气，但必须有分寸。像西卜太太之流，到处都有，你得提防。巴尔扎克小说中人物，不是虚造的。人的心理是：难得收到的礼，是看重的，常常得到的不但不看重，反而认为是应享的权利，临了非但不感激，倒容易生怨望。所以我特别要嘱咐你“有分寸”！

以下要谈两件艺术的技术问题：

恩德又跟了李先生学，李先生指出她不但身体动作太多，手的动作也太多，浪费精力之外，还影响到她的 technic［技巧］和 speed［速度］，以及 tone［音质］的深度。记得裘伯伯也有这个毛病，一双手老是扭来扭去。我顺便和你提一提，你不妨检查一下自己。关于身体摇摆的问题，我已经和你谈过好多次，你都没答复，下次来信务必告诉我。

其次是，有一晚我要恩德随便弹一支 Brahms［勃拉姆斯］的 *Intermezzo*［《间奏曲》］，一开场 tempo［节奏］就太慢，她一边哼唱一边坚持说不慢。后来我要她停止哼唱，只弹音乐，她弹了二句，马上笑了笑，把 tempo［节奏］加快了。由此证明，哼唱有个大缺点，容易使 tempo［节奏］不准确。哼唱是个极随意的行为，快些，慢些，吟哦起来都很有味道；弹的人一边哼一边弹，往往只听见自己哼的调子，觉得很自然很舒服，而没有留神听弹出来的音乐。我特别报告你这件小事，因为你很喜欢哼的。我的意思，看谱的时候不妨多哼，弹的时候尽量少哼，尤其在后来，一个曲子相当熟的时候，只宜于“默唱”，暗中在脑筋里哼。

此外，我也跟恩德提了以下的意见：

自己弹的曲子，不宜尽弹，而常常要停下来想想，想曲子的 picture［意境，境界］，追问自己究竟要求的是怎样一个境界，这是使你明白 what you want［你所要的是什么］，而且先在脑子里推敲曲子的结构、章法、起伏、高潮、低潮等等。尽弹而不想，近乎 improvise［即兴表演］，弹到哪里算哪里，往往一个曲子练了二三个星期，自己还说不出哪一种弹法（interpretation）最满意，或者是有过一次最满意的interpretation［弹法］，而以后再也找不回来（这是恩德常犯的毛病）。假如照我的办法做，一定可能帮助自己的感情更明确而且稳定！

其次，到先生那儿上过课以后，不宜回来马上在琴上照先生改的就弹，而先要从头至尾细细看谱，把改的地方从整个曲子上去体会，得到一个新的picture［境界］，再在琴上试弹，弹了二三遍，停下来再想再看谱，把老师改过以后的曲子的表达，求得一个明确的picture［境界］。然后再在脑子里把自己原来的picture［境界］与老师改过以后的picture［境界］做个比较，然后再在琴上把两种不同的境界试弹，细细听，细细辨，究竟哪个更好，还是部分接受老师的，还是全盘接受，还是全盘不接受。不这样做，很容易“只见其小，不见其大”，光照了老师的一字一句修改，可能通篇不连贯，失去脉络，弄得支离破碎，非驴非马，既不像自己，又不像老师，把一个曲子搞得一团糟。

我曾经把上述两点问李先生觉得如何，她认为是很内行的意见，不知你觉得怎样？①

你二十九信上说Michelangeli［米开兰琪利］至少在“身如rock［磐石］”一点上使我很向往。这是我对你的期望——最殷切的期望之一！惟其你有着狂热的感情，无穷的变化，我更希望你做到身如rock［磐石］，像统率三军的主帅一样。这用不着老师讲，只消自己注意，特别在心理上，精神上，多多修养，做到能入能出的程度。你早已是“能入”了，现在需要努力的是“能出”！那我保证你对古典

---

① 参见本书第189页六月二十日聪信摘录（波17）。

及近代作品的风格及精神，都能掌握得很好。

你来信批评别人弹的萧邦，常说他们 cold［冷漠］。我因此又想起了以前的念头：欧洲自从十九世纪，浪漫主义在文学艺术各方面到了高潮以后，先来一个写实主义与自然主义的反动（光指文学与造型艺术言），接着在二十世纪前后更来了一个普遍的反浪漫底克思潮。这个思潮有两个表现：一是非常重感官（sensual），在音乐上的代表是 R. Strauss［理查·施特劳斯］，在绘画上是马蒂斯；一是非常的 intellectual［理智］，近代的许多作曲家都如此，绘画上的 Picasso［毕加索］亦可归入此类。近代与现代的人一反十九世纪的思潮，另走极端，从过多的感情走到过多的 mind［理智］的路上去了。演奏家自亦不能例外。萧邦是个半古典半浪漫底克的人，所以现代青年都弹不好。反之，我们中国人既没有上一世纪像欧洲那样的浪漫底克狂潮，民族性又是颇有 olympic［奥林匹克］（希腊艺术的最高理想）精神，同时又有不太过分的浪漫底克精神，如汉魏的诗人，如李白，如杜甫（李后主算是最 romantic［浪漫底克］的一个，但比起西洋人，还是极含蓄而讲究 taste［品味，鉴赏力］的），所以我们先天的具备表达萧邦相当优越的条件。

我这个分析，你认为如何？

反过来讲，我们和欧洲真正的古典，有时倒反隔离得远一些。真正的古典是讲雍容华贵，讲 graceful［雍容］，elegant［典雅］，moderate［中庸］。但我们也极懂得 discreet［含蓄］，也极讲中庸之道，一般青年人和传统不亲切，或许不能把握这些，照理你是不难体会得深刻的。有一点也许你没有十分注意，就是欧洲的古典还多少带些宫廷气味，路易十四式的那种宫廷气味。

对近代作品，我们很难和欧洲人一样的浸入机械文明，也许不容易欣赏那种钢铁般的纯粹机械的美，那种“寒光闪闪”的 brightness［光芒］，那是纯理智、纯 mind［智性］的东西。(……)

环境安静对你的精神最要紧。做事要科学化，要彻底！我恨不得在你身边，帮你解决并安排一切物质生活，让你安心学习，节省你的精力与时间，使你在外能够事半功倍，多学些东西，多把心思花在艺术的推敲与思索上去。一个艺术家若能很科学的处理日常生活，他对他人的贡献一定更大！

五月二日来信使我很难受。好孩子，不用焦心，我决不会怨你的，要说你不配做我的儿子，那我更不配做你父亲了。只要我能帮助你一些，我就得了最大的酬报。我真是要拿我所有的知识、经验、心血，尽量给你作养料，只要你把我每封信多看几遍，好好的思索几回，竭力吸收，“身体力行”的实践，我就快乐得难以形容了。

我又细细想了想杰老师的问题，觉得无论如何，还是你自己和他谈为妙。他年纪这么大，人生经验这么丰富，一定会谅解你的。倒是绕圈子，不坦白，反而令人不快。西洋人一般的都喜欢直爽。但你一定要切实表示对他的感激，并且声明以后还是要回去向他学习的。

这件事望随时来信商讨，能早一天解决，你的技巧就可早一天彻底改造。关于一面改技巧、一面练曲子的冲突，你想过没有？如何解决？恐怕也得向 Sztomka［斯托姆卡］先生请教请教，先作准备为妥。

五月二十四—二十五日聪信摘录（波15）

我身体的确不知不觉又摇得厉害起来，倒不是李赫特的影响，主要还是在自己摸索放松时自然而然摇起来的，最近注意以后，已渐渐改过来。

我没有一天不为了时间而苦恼，总觉得时间浪费太多，真正能好好练琴的时间并不多。若是能关在深山里，那时间才是我自己的，否则的话，大大小小的事情把我弄得头昏脑涨。我太有名了，也太讨人喜欢了，同情心给我招来了无穷的麻烦。

最近我跟杰老师上了好几次课。他在古典的风格和节奏上给了我很多帮助。最近我也想法在练琴时格外注意方法，似乎略有进步。弹贝多芬协奏曲的技巧，成绩甚佳。

杰老师调华沙的事似乎又有些不肯定了；而我冷眼观察，觉得别的教授在风格及广博上面都比他差得多。说技巧吧，最近弹了贝多芬以后，什托姆卡说我的技巧简直不可理解：没有方法而能弹那么难的协奏曲，弹得那么像样。我觉得技巧不是光靠一种两种方法能解决的，而要靠多用脑子。我现在想观察一个时期，再作换教授的决定。

弹琴最需要用脑；有头脑，即使情感差一些，还可以像样；没有脑，那就什么也不像。

爸爸对近代人弹萧邦与浪漫派作家的分析，我也极同意。能保持从前的时代精神的欧洲人，现在不多了。这次（指比赛期间）无论谁（波兰的和其他国家的）批评我的演奏时，总处处提到中国的古老文化。那是使我最快乐的，因为能使别国人通过我而更崇敬祖国的文化。我也相信我们中国人具备别国人所没有的优越条件，将来一定会开出极美的花朵来。

关于我自己，一般的见解都认为我是特殊的浪漫主义。波兰和别国报纸的评论，不约而同的说我纯粹是一股激情，能一下子把听众卷去，同时认为我的品味、敏感达到一种非常接近——几乎是纯粹萧邦精神的境地。他们把这两点认为是中国文化的象征：有那么强大的气魄，同时又有那么细腻与极高的审美感。他们觉得我的演奏从来不带丝毫感伤的影子，即使在最浪漫的时间。

现在我手的放松已有相当成绩，在音质方面的成绩尤其好。说起音质，我得到一个结论：音质的好坏和提琴上的相似，最要紧还是天生的。音质等于唱歌的喉咙；也有一大部分靠自己有灵敏的耳朵去判别好坏，要有敏感的神经去随时适应。而且，对每个作家，每个曲子的音质，也是随时要体会，随时要变化的。有许多人有了完美的方法，音质照样不行，就是这个道理。

音乐界的批评，认为我的贝多芬风格甚好，尤其欣赏第二乐章（《第四钢琴协奏曲》）。但克拉可夫乐队的纪律甚差，和上海乐队一类的老油子，指挥也不佳。乐队的演奏糟糕之至，使整个协奏曲大为逊色。贝多芬的协奏曲不比萧邦的，乐队居于极重要的地位；没有一个好乐队，独奏演员再好也显不出来。

昨天听了施纳贝尔弹的贝多芬《第四钢琴协奏曲》的唱片，颇为失望，可见标准随时在变的。从前我如何醉心于施纳贝尔，现在觉得好些地方音的长短顿挫太自由，好些地方太干；有些地方则节奏不好，第一第二乐章的速度也太快。

关于对李赫特的见解，我不想为之辩护；但像他那样的天才是可以为所欲为的。前信中写的，并非说我完全同意他的见解，只是告诉你们他是怎样的一个艺术家；而且相信我有些话一定词不达意，和我原来的意见颇有出入，也可能我原来就误解了李赫特的意思。

李赫特并不是极正常的人，见解有些古怪而越出常规，也有些狂妄，但是充满了灵感，给人很多启发。我始终认为他是了不起的，当然不是完美的，相反，可说是属于不完美的一型。

也许我现在眼界越来越高了，对什么钢琴家都觉得有些可批评的，尤其是弹萧邦的人。我听了鲁宾斯坦弹的萧邦《诙谐曲》和

《玛祖卡》，不满意极了：《玛祖卡》有些极佳，有些极坏。若是在中国，光是听了唱片，照样学，那一定不成话。要真的了解一个作家，还是要凭自己深刻的性灵去“化”出来的。

《玛祖卡》中间，一部分后期作品特别有种哲学意味，有种沉思默想的意味。许多人以为正因为我是中国人，才能体会得那么深刻。演奏《玛祖卡》就得把节奏，诗意，幽默，典雅，哲学气息，全部溶合在一起，而且要溶合得恰到好处。

米开兰琪利实在了不起，他就是属于完美一型的。但他的演奏不像李赫特那样每次都有些新的境界，而是经过了长期的苦练，结构严密，有一种大建筑的威严；所有的表情、节奏都控制到了不多不少的程度，非常简朴，但非常深刻。他的音乐与其说从感情上抓住人，不如说从理智上抓住人；听他不像听李赫特那么激动。但我更欣赏米开兰琪利。听他演奏觉得不是一个人，而是一个超人在弹。到了那种完美的境界，他的艺术真是极高的了。

他的脾气古怪之极，身体也坏极，非常消极厌世，大家见他都有些怕。凡是真正的伟大的艺术家，都是不大正常的。

六月十六日

此信应有三页，现仅存第二页。

你现在对杰老师的看法也很对。“做人”是另外一个问题，与教学无关。对谁也不能苛求。你能继续跟杰老师上课，我很赞成，千万不要驼子摔跤，两头不着。有个博学的老师指点，总比自己摸索好，尽管他有些见解与你不同。但你还年轻，musical literature［音乐文献］的接触真是太有限了，乐理与曲体的知识又是几乎等于零，更需要虚心一些，多听听年长的，尤其是一个 scholarship［学术成就，学问修养］很高的人的意见。

有一点，你得时时刻刻记住：你对音乐的理解，十分之九是凭你的审美直觉；虽则靠了你的天赋与民族传统，这直觉大半是准确的，但究竟那是西洋的东西，除了直觉以外，仍需要理论方面的，逻辑方面的，史的发展方面的知识来充实；即使是你的直觉，也还要那些学识来加以证实，自己才能放心。所以便是以口味而论觉得格格不入的说法，也得采取保留态度，细细想一想，多辨别几时，再作断语。这不但对音乐为然，治一切学问都要有这个态度。所谓冷静、客观、谦虚，就是指这种实际的态度。

来信说学习主要靠 mind［头脑］，ear［听力］，及敏感，老师的帮助是有限的。这是因为你的理解力强的缘故，一般弹琴的，十分之六七以上都是要靠老师的。这一点，你在波兰同学中想必也看得很清楚。但一个有才的人也有另外一个危机，就是容易自以为是的走牛角尖。所以才气越高，越要提防，用 solid［扎扎实实］的学识来充实，用冷静与客观的批评精神，持续不断的检查自己。唯有真正能做到这一步，而且终身的做下去，才能成为一个真正的艺术家。

一扯到艺术，一扯到做学问，我的话就没有完，只怕我写得太多，你一下子来不及咂摸。

来信提到 Chopin［萧邦］的 *Berceuse*［《摇篮曲》］的表达，很有意思。以后能多写这一类的材料，最欢迎。

还要说两句有关学习的话，就是我老跟恩德说的："要有耐性，不要操之过急。越是心平气和，越有成绩。时时刻刻要承认自己是笨伯，不怕做笨功夫，那就不会期待太切，稍不进步就慌乱了。"对你，第一要紧是安排时间，多多腾出无谓的"消费时间"，我相信假如你在波兰能像在家一样，百事不打扰，每天都有七八小时在琴上，你的进步一定更快！

我译的莫扎特的论文，有些地方措辞不大妥当，望切勿“以辞害意”。尤其是说到“肉感”，实际应该这样了解：“使感官觉得愉快的。”原文是等于英文的 sensual［感官上的］。

六月十五日聪信摘录（波 16）

最近练巴赫、贝多芬，练得甚苦；这种东西非有极高的组织能力不行。过去我对古典风格知道太少，近来学到不少新东西。就说巴赫的《半音阶幻想曲和赋格》吧，那是非常浪漫的作品，但是巴赫式的浪漫；外形那么庄严伟大，纯粹是哥特式的大教堂。我过去的弹法完全是错误的。比洛的版本尤其糟，那只是十九世纪的弹法，现在早已淘汰了。

练了一下莫扎特的协奏曲 K595①，成绩还不坏，手指技巧的确进步不少，现在倒不怕那些音阶了。

六月二十日聪信摘录（波 17）

李先生给恩德指出的毛病，也正是我自己观察出来的我的毛病。但我的问题倒不在于弹古典作品的技巧，事实上我现在弹韩德尔、巴赫、莫扎特、贝多芬都没有困难；波兰的报纸评论还说我有很好的手指技巧。在这一方面，几个月来的确有了很大进步，主要是靠自己摸

---

① 莫扎特作品编号。

索；当然不是空想，而是根据教授们的各种意见，观察同学们的各种弹法，细细推敲出来的。我自己也想了很多练习出来，因为每个人的缺点不同。我屡次强调用脑，就是说要想出针对自己缺点对症下药的方法。

从弹琴的外表上说，也的确应该像来信所云，手的动作极少，非常自然、平稳、舒服，身体也不大摇。我现在弹古典的作品，身体可以完全不摇了；但是弹浪漫派的作品，有时受感情支配，不容易控制，这是要慢慢克服的。

一般而论，我的结论是古典作品结构严密，感情不像浪漫派作品那么激烈，因此容易做到放松、自然，因此我弹得好。浪漫派的东西感情强烈，常常由于心理的极度紧张，影响到肌肉的紧张，所以有时就感到困难。

另外，有一个技巧的主要问题，即耳朵的重要性。我发现凡是弹一个音符，必须在未弹以前就听到这个音符；就是说任何技巧的难关，必须在心中预先感到它应有的效果，这样肌肉的本能反应就能很快的适应。这是一个非常有效的方法。

音质，更是耳朵的问题。要求美的音质，自己心中先要有这种美的音质，才能弹出来。许多钢琴家方法极好，手极放松，但音质不见得动人；原因是音质完全是从先天禀性来的，其实和小提琴与歌唱没有什么分别。当然也不是单靠心的感受，同时要靠用脑子，头脑是控制与适应的总指挥。

耳朵的敏感，手的本能反应，再加上心的感受能力：这便是美的音质的来源。

经过我的观察，什托姆卡先生的方法也有缺点，而且所有的先生都不够客观，不够“对症下药”。因此我的看法，最好是自己尽量观察，吸收对我有益的方法及意见。

我非常奇怪为什么国内许多人都不弹古典的协奏曲。贝多芬、莫扎特、巴赫都是最结实的技巧，上手倒也并不难得可怕，对音乐修养也非常重要，训练脑子和品味都好。我绝对反对老是弹柴可夫斯基和拉赫马尼诺夫。

爸爸来信所论艺术问题，都是我十二分同意的，我切身的体验，认为最主要的是脑的训练。不单在音乐理解上，就在最基本的手指练习上也是一样。感情人人都有，问题是怎么组织它，把它变做成形的东西。不是任何感情都能感动人，一定要通过适当的方式，才能感动人。

巴赫和贝多芬后期作品都有极深的哲学气息，神秘和玄学的气息。那是真正伟大心灵最深处的音乐，的确不是容易懂得的。

寄来莫扎特的论文给我启发不少。他的肉感，是我从前一直有的感觉，只是没找出原因而已。以前——直到现在，我有时还不喜欢他，就因为他肉感，对我的中国人气质，有时觉得他太“俗”一点。

七月十日聪信摘录（波18）

最近练的巴赫、贝多芬等，技巧倒都没有问题，却是贝多芬的音乐方面，我还不满意，总觉得太骚动，不够炉火纯青，不够宁静。难就难在这里。弹贝多芬必须有火热的感情，同时又要有冰冷的理智压住。第一乐章尤其难，节奏变化极多，但不能显得散漫，要热情、轻灵、妩媚，一点不能缺少深刻与沉着。

巴赫，我比较满意。以前的比洛式的弹法太夸张了，而且把巴赫的宗教气息沦为肤浅的充满激情和浪漫。巴赫仍然是浪漫的，但决非十九世纪才子佳人式的浪漫。那是一种内在的、极深刻沉着的热情。巴赫也发怒、挣扎、控诉，甚而至于哀号，但这一切都有一个巍峨庄严的躯壳，有那么一股神秘气息，一股信仰的力量。巴赫是有反抗精神的，但他从来没有想超越上帝；到最后总是上帝的神光使他一切的情绪安息了。

我直到最近，才开始感觉自己懂得一些巴赫，而且真正认识到他的伟大。我从来没有像现在这样爱过巴赫，能整天弹他，同一首赋格即使弹上一千遍也不会厌倦。那真是神的音乐。在音乐会以前，没有比弹巴赫更有益的了：上台会那么镇静，使我头脑清醒。

八月九日—十日敏信①

亲爱的哥哥：暑假已过去了一大半，可是我至今还没给过你信，真是讲不过去。

假期里我每天早晨六点半起床，做早操，练琴，八点到九点一边听无线电，一边写小楷，再后是读国文，做些假期作业，下午也练练琴，晚上听唱片。生活过得比较有规律，精神也很好；就是人很瘦，不过还结实，人比过去长得高了，你记得吗？从前他们老说我是矮子，还说我将来长不高呢！可见一个人的变化无穷。

上个月我们把家里的一些旧唱片，共四十三张，跟“永丰行”换来了三套（十三张）唱片，另外还贴了“永丰行”二十元。二套是贝多芬的《四重奏》作品一二七号和作品一三一号——片子很新，

---

① 此信发现于旧信稿中，是目前残剩的唯一比较完整的一封傅敏给哥哥的信函，写于上海华东师大二附中傅敏刚读完高二的暑假中。

是 Victor［胜利］原版，由勃栩四重奏团演奏；另一套是圣桑的《第四钢琴协奏曲》——是 Colombia［哥伦比亚］原版，独奏是罗伯特·卡萨德修。他弹得很好，全曲充满了光辉耀目的光彩，技巧是惊人的，音色是那么的结实、丰满。这人你知道吗？他是法国人，生于巴黎，他的唱片很多，弹过很多莫扎特钢琴协奏曲，那个降 B 大调也弹过；还有韦伯、斯卡拉蒂、舒伯特的奏鸣曲以及拉威尔的小奏鸣曲，可惜都听不到。上个月爸爸向巴黎要了一份慢转唱片目录的书，卡萨德修弹的东西就很多，书单上的许多独奏者全是生人，肯普夫灌了全部贝多芬奏鸣曲，施纳贝尔弹的只有贝多芬的《第五钢琴协奏曲》一套，许多钢琴家全是新人，往往一个奏鸣曲或交响曲就有十个人或更多人的演奏或指挥。欧洲真是人才济济，想想我们中国是多么可怜！

今年二三月里，买了一套福莱的《安魂曲》，音乐好极了！非常幽深静穆，和谐的声音是那么的深邃，听着听着一个人好像脱离了俗世，被那美丽、忠贞、和平的境界笼罩着，一切都平静下来了，引起了很多感触。永远忘不了这部伟大高尚的作品，要是你能听到，那才好呢！

去年买了斯特拉文斯基的《彼得鲁什卡》，由斯道高斯基指挥，跟家里原有的那套是两样的，它有三张片子组成，我很喜欢。这部作品有一种特殊的味儿，尤其是中间一段，由钢琴和铜管乐器奏出的一个旋律，富有东方情调，非常特殊；整个作品的音乐效果很特别，现代得很。

还买过斯克里亚宾的《钢琴协奏曲》，是苏联唱片，由费依贝尔演奏，弹得很好，很自然，使人感到是从内心出来的真实感情，虽然灌音不好，但仍然可以听出很多好处来，音质很厚实。这个独奏者你知道吗？另外还有一个苏联人叫宿发洛伊奇基也弹斯克里亚宾的《前奏曲》和《华尔兹舞曲》，弹得很好，知道这个人吗？（家里有一张，是《降 B 大调前奏曲》（作品三十二号之二）李赫特的唱片听过了，一个里姆斯基·科萨科夫的《协奏曲》，弹得很好，自然得很；另外听他弹过舒伯特的《降 A 大调瞬间音乐》（作品九十四号之一），牛恩德说他对舒伯特的品味不对，后来我拿帕德雷夫斯基弹的作品九十四号之二来比了一下，我觉得差不多，究竟怎么样也不得而知，你听过他的演奏，觉得怎样？

最近听了一套克劳迪亚·穆契欧唱的歌剧选集，我从来没听到过那么动人的歌声，真挚的感情完全从心底里流露出来，声音随着感情的波动，忽高忽低，音域范围很广；声音放出来的时候是那么的浓，那么的响亮，收缩也非常自然，细腻得很，每一个音符都充满了情感。林医生听了也大为称赏，他说全是真声音，他说，"她唱到轻的时候，是自然而着实，完全靠了胸部的动作，控制了气的进出。"

克劳迪亚·穆契欧是意大利人，她本来是学钢琴和竖琴的，后来她的钢琴老师发现了她的歌喉，才半途出家学唱的，二十三岁就上台唱歌剧，她唱的东西非常广，威尔第等的意大利歌剧以及瓦格纳的歌剧，还有柴可夫斯基的歌剧《奥涅金》，真是个了不起的艺术家，你听了一定很喜欢。

我还听过比约林的唱片，也妙极了！声音是豪迈开朗，而且很浓，这个人你大概知道吧！

最近听了一个捷克慢转唱片的樊尚·丹第为钢琴和乐队写的《法国山歌交响曲》，独奏是法国人伊莲·布煦——他是一九五二年布拉格之春客串演奏者，这是我第一次听到丹第的东西，很好，有点像弗兰克，开头的山歌真好听，我想中国有丰富的民间材料，就是没有人去整理发展。不知到那一天才会有像丹第这类性质的作品！

讲到弗兰克，我听过奥依斯特拉赫和奥伯林演奏的奏鸣曲，一点也不好，音乐还没有当年你和韦贤彰搞得好呢！奥依斯特拉赫拉得太浓，很俗气，奥伯林更不灵，比起科尔托与狄博拉得那一套来差远了。奥依斯特拉赫我还听过他拉的贝多芬奏鸣曲，也不行，太粗野，表情很平淡。说到奥伯林，名气虽大，但我从来没听到过好的，他弹萧邦的《第三诙谐曲》和《玛祖卡》可真是糟透了！不知当年他的头奖是怎么得来的，他弹的柴可夫斯基的《第一钢琴协奏曲》，呆板得很，音色也是木头木脑的，你听过他的演奏，到底是怎么回事？

弗兰克的《前奏曲、众赞歌和赋格》，我曾买到过一张零头的，由科尔托弹的，好极了！可惜片子给我压碎了。

八月五日晚上，我听了苏联指挥家指挥上海乐团的音乐会，节目如下：格林卡的《罗密欧和朱丽叶序曲》，二个中国作品和一个瓦格纳的序曲；下半场是柴可夫斯基的《第五交响曲》，成绩很好，乐队变了样儿，跟过去的演奏，好像是两个乐队，声音全出来了，就是铜管乐器差点，有破碎的声音，好像在放屁似的。这次中央乐团指挥张宁和陪同专家一起来上海的，张宁和说，“专家很年轻，只有三十岁，刚毕业了两年，现任莫斯科国家乐队助理指挥。”还说，“学到不少东西。”张宁和讲了这样一个例子：“过去在中央歌舞团指挥的时候，总叫铜管乐器声音轻些，以免弦乐部分被压掉。但是专家就叫铜管乐器放出声音来，那么弦乐部分自然会拼命追上去的。”这例子很有意思，是很自然的道理，又没什么稀罕，就是想不到。现在专家已回国，张宁和也已回北京。

张宁和说罗忠鎔在北京很苦闷，赶任务赶出来的作品，他们又不用；而且德苏的专家们都说“好！”，罗可以写出点东西，然而领导上还是不采用。我听了很感不平，希望你以后常常跟他通信，打打气，鼓励鼓励他！

上个月来了个宝贝专家，德国的提琴家，我听过他的演奏，拉的是贝多芬奏鸣曲和勃拉姆斯奏鸣曲，不高明，尤其是勃拉姆斯（朱雅青伴奏），更不行。这位专家还在音乐学院里做过一个讲演，题目是《社会主义现实主义的表现手法》，汪西三去听的，他说，“乌搞！气了我两三天！全是一套八股，根本没有谈到技巧，或一些理论原则问题，大部分时间是在比唱片，好坏由举手来决定。”他拿海菲兹和奥依斯特拉赫拉的贝多芬《小提琴协奏曲》来比，说海菲兹的速度太快，这是资产阶级的，在乐曲的后面有段回旋曲，该曲的开头，海菲兹用了一个滑音，他就说是着实的，是社会主义现实主义的表现手法，这类的例子枚不胜举。总之是荒唐透了！看他讲的题目就可想而知了。最妙的是以时间不足为理由，唱片只比一句或二句，就拿此一句二句叫学生及教授举手。照理该讲讲德国某些作曲家的风格才对，结果讲这些，真是浪费时间。同时也来了个合唱的指挥，顽固得很，跟林医生谈过一次，林医生说他根本不懂。

这次参加联欢节的李瑞星，结果怎样？我听过他的演奏，一点也不喜欢，音质又硬又干，音乐很平淡，冷淡而不热情。比赛情形怎样？你许久没有信了，快来信吧！多讲讲联欢节的情形，各方面都谈谈，《猎虎记》好吗？妈妈托人带去的东西，一定很满意吧！

近来我看了很多书，《高玉宝》这本书写得非常动人，他把旧社会中劳动人民的痛苦描绘得很深刻。最可贵的是作者的写作精神，他写得时候，十个字中有七八个要问人家的，但他克服了困难，这种坚强的意志真是中国人民解放军的优秀品质。如今高玉宝在人民大学预科学习，作品还有三分之二要等他学习结束后，再修改完成。

老舍先生最近出了一本《无名高地有了名》，这是一本描述朝鲜战争中老秃山战役的书，我看了一点，当然比不上《龙须沟》《骆驼祥子》。他在后记中说，“写成此篇，只能算是一篇报道，因为短短五个月的访问体验生活，不能写出一部真正的文艺小说。”的确这样，一个作家要写出一部真正反映人民生活的书，一定要长期的深入体验生活，不是几个月的事，而是要成年累月的。比如写一本表现农民生活的小说，就必须亲自下乡，跟农民一块儿工作过活，决不能有一点作家的派头，才能得到农民的信任，才能看到农民生活的深处；这样生活几年才会真正了解到农民的喜怒哀乐，也会真正产生对农民的感情。有了丰富的生活经验，真实的感情，再加上尖锐的观察力，还怕写不出作品吗？

近年来好作品少的原因，以上所谈的体验不够，就是其因素之一。

上星期我看了一本苏联小说《海鸥》，译得并不好，书倒是一本好书，里面的主角叫“卡佳”，她就好比一团炽热的火，她到哪儿哪儿就燃起了火焰——革命的火焰，她的生命力很强，永远在斗争，但她是不屈不饶，任劳任怨，一切困难都在她面前低头的。我们青年就应该热情的工作，我深信只要“努力”，像“卡佳”一样的工作，我们大家的理想一定能实现；当然要很长的时间，可能我们自己看不到理想的实现，但是我们今天做一点工作，总是有益于全人类的事业，而这事业就是使将来的人们不再受战争的威胁，过着幸福的生活；所以多做一点工作就更接近我们的理想。

学校里本学期来实行了五级记分制，打分数的标准是这样：完全正确完全掌握了知识，或者有些缺点，给五分；四分是基本上掌握了知识但不稳固，同时有错误；三分是错误较大；二分一分是可想而知了。实行的情况很好，每次上课就要提问，下课时也提问，所以上课紧张得很，不过到考试的时候，就比以前轻松了。只要再复习回忆一下就行了。我们学校是全上海五个重点中等学校中的重点，所以一切都比较有规律，事情也做得合理。本校有一个特点——秩序非常好，每到预备铃一响，走廊上就甭想找到一个学生的影子，教室里是静的鸦雀无声，这些是外宾以及其他学校或地方的参观团都特别赞赏的。这是一个很好的开端。

我这学期的学业成绩还好："三角"三分，"物理""化学""几何""代数"四分，"历史""地理""语文""俄语""体育"五分。

现在来谈谈我个人的问题。提琴到现在只拉了九个小曲子，进度很慢。平常每天练一个半钟点（十足），现在我已把学音乐的念头打消了。

明年毕业后考什么呢？如今正在考虑这个问题：我自己想考文学的，拿我的成绩跟学校里同学们的成绩比一下，那当然文、史、地要好！另外同学间谈到志愿问题时，同学们都认为我走文学的路比较合适；一位历史老师还叫我学法文，走爸爸的路呢！

此外还有一个问题：究竟念中国文学呢还是念外国文学？你说该怎么办？小毛今年毕业了，考了"纺织"，他的问题解决了。

胡风问题的材料看过吗？国内正轰轰烈烈的在学习，还有在交代历史问题，同时发现了大批反革命集团，说潘汉年是反革命分子，已抓起来了，这真是想不到的事！

妈妈近来身体不好，有一次头晕，呕吐，心脏很弱，不过这几天已复原了。爸爸精神没过去好，腰还是有点酸，所以市里的学习也没有参加。你身体怎样？自己要当心。

我遇到的朋友或者同学，老问起你，"你哥哥回来吗？""他好吗？”这类问话都出之于跟你不相识的人身上。看祖国的人民对你多关怀，努力吧！讲得唠唠叨叨，够多了，以后再谈，祝你愉快，紧握着你的手！

你亲爱的弟弟　敏 上

八月九日—十日

以后多多来信，勿忘！

波兰有没有提琴上的琴碼，上海没有好的，现在用的一个实在不行，千万望你替我买几个，可能还来得及请参加联欢节的人带来。谢谢！

又及

难为敏写了这封九页的长信，他至此为止从来没写过这么长的文字。他因为开窍比较迟，我简直没有帮助他什么，心中老是觉得抱歉。现在校课忙，又是通学，上学及放课每天路上就要耗费二小时，再加练提琴，我即使要替他补习语文也没时间。最近一年，只有每星期日教他一些古文；可是已经太晚了。他明年要考大学，便是考文科，语文功底也很差，我竟不知如何帮他解决。

八月十一日晨 爸爸 附笔

今日报上发表李瑞星及郭志鸿得五等奖；姓郭的不知是天津音院的还是东北的？从没听说过。

又：过去只有三等奖，这五等奖是否一种鼓励性质的奖状？

杨秉荪的四等奖又是如何？他留学一年的成绩比以前进步如何？

这次联欢节，你参加表演没有？有几次？望详告！

八月二十六日聪信摘录（波19A）

联欢节期间我只参加了一场我们团的开幕式演出，另外一场混合音乐会。自己也开了一个独奏会。我太累了，没有气力，有点紧张，我自己不很满意，但演出很成功。

现在我在杜什尼基，是一个萧邦年轻时开过音乐会的地方，每年暑期都有萧邦音乐节。我应邀来此参加演出。地方很美，是山区，森林很多，就是偏僻一些。本来一到就准备写信，但没有墨水，直到今天才弄到一瓶。

好容易联欢节过去了，我真觉得如释重负。联欢节期间实在够累的。中国代表团住的地方在郊外，出进非常不方便；波兰人的组织能力实在不高明，联欢节搞得相当乱。我算是波兰通了，大大小小的事情很多。为了巫漪丽、李瑞星、郭志鸿三人参加比赛，着实花了些功夫。

巫的节目先是七零八落，弹得更是不知所云，既没有乐句，也没有音质，也没有技巧，简直是一无所有。她的弹琴等于一个人完全不懂诗而念一遍：枯索，单调，空洞。想不到她会如此糟糕。

李虽然冷，音质也没有，但弹得还完整；李斯特的协奏曲弹得很干净，弹八度的技巧着实不错。但他也非真有才者，发展也有限。萧邦弹得很平凡；普罗科菲耶夫也一点不泼辣，不幽默。他弹什么东西都是一个味道，平平稳稳的，真真分析起来也一无所有。

郭志鸿倒是个天才，可惜学得太海派了，根底太不扎实了。初次听他，简直叫我大吃一惊。巴赫弹得那么乱七八糟，我还是平生第一次听到，不知道他的先生怎么教的。《半音阶幻想曲与赋格》弹得完全没有节奏，错字几乎每页有三四个。赋格也无例外，大大的自由速度，音质硬极了，简直像和钢琴拼命。总而言之是可怕极了。我给他花了一个下午，整整四个小时，一个小节一个小节的教。第二天又使我大吃一惊，因为他竟然把所有的毛病几乎全改掉了。只隔一天功夫，简直不能相信那是同一个人弹的。他真是个天才，若好好的学，前途是很可观的；聪明极了，音乐感也好极了，但人却有些怪，闷声不响的。

我给他们三个，特别是巫和郭，每天上课，那几天自己差不多没有练琴。其实这次联欢节钢琴比赛水准并不高，奖也多得不得了：参加的不过三十四人，倒有二十二人得奖。头奖二名，二奖二名，三奖四名，四奖四名，五奖十名。

九月二日聪信摘录（波 19B）

直到今天才收到克拉可夫学校转来的你们的两封信，一封是爸爸的四十三号①，一封是弟弟的，另外也收到一封音乐材料。

每一次你们的来信都使我那样激动；你们是真了解我的，我也是真了解你们的。我一次又一次看到你们在各方面的变化、进步，一次又一次的感到你们高贵的心。我爱你们，也因为爱你们而更爱我的祖国，也因为更爱祖国而更爱你们。常常看到你们写的话就像是从我内心深处挖出来的，有些甚至是我自己疏忽了的。

我在波兰，波兰人爱我爱得那么深，那么热；我也爱波兰，爱的一样深，一样热。他们都说我是一个波兰化的中国人，中国籍的波兰

---

① 按：六月十六日信为三十七号，则九月二日傅聪家信前尚有三十八号至四十三号父母信，均已丢失。现仅见这一时期的傅聪家信和傅敏家信。

人；但我究竟还是属于我最亲爱的祖国的。我想念祖国，想她美丽的山河，想千千万万从事正义事业的人们；我感觉到他们就在我身旁，就在我心里。看你们的信，看祖国的书报，处处感到伟大中国的灵魂。我多么想回来，但也舍不得爱我像爱萧邦一般的波兰。

八月三十一日从杜什尼基回到华沙，在那里（杜什尼基）的两次音乐会都很成功。我自己觉得《波洛奈兹－幻想曲》弹得最好，这回弹得特别有感情，虽然《诙谐曲》和《叙事曲》有一二处不干净。真奇怪，我还是特别适宜于演奏萧邦。上次在华沙的独奏会，杰老师很激动的说："我作为一个波兰人，特别感谢你，因为你最了解萧邦。"

我想也许我还是诗人的气质多，而萧邦的诗人气质也特别接近中国诗词。所以我说我能成为波兰人，正因为我是中国人。记得列宁有过一句话，说要成为一个国际主义者，必须先是一个热爱祖国的人。这里头是有深意的。

到华沙来和李凌先生谈了我以后的学习问题。他初步同意我还是做研究生，当然他回国还要请示，但大致不会有问题。

我的意思，现在最要紧的是一双手。手的年龄大起来了，以后补足就难了。这两年非得花苦功夫在技巧上头不行，杰老师的意思也是如此；和声、音乐史等等，暂时先自己看看书，一二年后技巧问题大部解决，演出曲目有了相当底子的时候，再分出时间钻研一下理论与作曲方面的东西。这是比较最经济最实惠的办法。主要是一定要在两年之内把自己作为一个钢琴家充实起来。不然的话，分散了注意力是不经济的。

法国大使馆的人，口头上和我提过几次，要我去巴黎开音乐会。我想现在国际局势越来越缓和了，将来一定会有机会。而且我也多么向往巴黎，这个对我完全是新的世界，还有那敏感的巴黎人。甚至杰老师都说，我去巴黎一定有希望成功。他们说巴黎人是最敏感的，也是最热心的。巴黎老是那些潜心于研究学问的人在舞台上，去一个浪漫主义音乐家，会像一个炸弹似的把巴黎烧起来。但我真正向往的是那个深厚的文化。

我希望家里常常寄些书来，不论是小说、诗歌、论文、报道，高玉宝这本小说给我启发太多了。一个学艺术的人一定要和生活打成一片，同时还要有理想，有坚强的意志。

最近经常翻阅《人间词话》，每次都感触很多。昨天看了一场京戏，也很感动，觉得中国艺术有一个特点，能用最简单最概括，同时最有品味的方法来表现极丰富的意义，而最妙的就在于朴实，任何人都能很快的领会。王国维论词有“隔”与“不隔”之别，其实就是这个意思。任何艺术创造都脱离不了这样一个原则，归根结底，就是一个艺术家是不是真诚的问题。

“词人者，不失其赤子之心者也。”

“境非独谓景物也，喜怒哀乐亦人心中之一境界；故能写真景物真感情者，谓之有境界。”

第三十八至三十九两页所论尤其是学艺术的人所必读。

论诗的有题无题一段，使我想起标题音乐。其实真正伟大的标题音乐，如贝多芬的《第六交响乐》，柏辽兹的《罗马狂欢节》，描写的固然是真实景物，但更重要的是以境寓情。

“大家之作，其言情也必……”一段，无论学创作或演奏的人都应该熟读。把它用于对萧邦的理解上，对一切作家的理解上，都是最恰当不过的。

“诗人对宇宙对人生，须入乎其内，又须出乎其外”这一段，也特别适用于理解萧邦。这一点也正是萧邦艺术最伟大的地方。舒曼比起萧邦来，就是能入而不能出的了，故萧邦作品的演奏特难。

纸上写不尽我满怀的感想，可惜不能和你们促膝而谈。

艺术家第一件事要“真”。只要是真的，就没有不可理解的艺术。

“真”者忠实也。以音乐而论，即使如舒曼那样的哀泣，如弗兰克那样的嚎哭，都不失其为最伟大的艺术品，以其忠实也。而一切感伤的音乐，如有些李斯特的作品，则犹如作偎薄语矣。

这几天和京剧团在一起（他们明日去芬兰），觉得他们的朴实和谦虚太值得我们学习了。团长马少波先生也很诚恳。

楚图南先生也在这儿，和我谈了些话。他是很有见解的。我和他谈到艺术创作方面的问题，特别提出应该把路子放宽的话，他说国内正在开始这样做。现在应当尽量鼓励创作，就是路走错一些，也没关系，让嫩芽尽量生长，将来自然会走上正规的。我觉得这话太对了。苏联、波兰和其他的国家都一样，开头是狭窄一些，现在就越来越放宽了。说绘画吧，他们把毕卡索也算进社会主义现实主义里去了。说音乐吧，苏联正在大量印行拉威尔、德彪西，以及其他西方作家的作品，演奏这些作品的节目也越来越多了。这些情形应该使国内知道。当然我们那儿是要慢一些，我们是太古老又太年轻了。

九月四日 *

亲爱的聪：又有一个多月没有接到你的信了，在联欢节期间，我知道你忙，不会静得下心来写信，但联欢节一过，终该写信了吧！我们就开始从八月底起天天等着，可是终不见来信，心里真着急，又要怀疑信给遗失了。你身体好吗？我们很觉不安。托中央歌舞团带给你的手提箱一只，另外又托巫漪丽带去手表一只、毛笔、墨、大礼服白背心料子等等，收到后，早该在百忙中写信告诉我们，让我们安心。你真不知道我们的牵肠挂肚！我们更想知道些关于联欢节的花花絮絮，全世界各式各种的青年聚在一起，多么有意思，一定有很多新闻，我们是无法知道的。

我们也很久没写信，不知道你究竟在哪儿？一直想等你来了信再写。阿敏曾于假期内有长信给你，是寄到克拉可夫的，收到了没有？他也天天等着你的信。九月一日起上课了，他又开始了有规律的学校生活了。他老是念念不忘要你想法弄个 violin［小提琴］的 bridge［琴马］，还有提琴弦线，这儿实在质量不好。他终不相信波兰会买不到好的。上次来信，大使馆黄君要回国，可以托他带东西，可是今天已是九月四日，还没有消息，不知怎么回事？

今年暑天，爸爸身体大大衰退，不像去年暑天，虽然腰酸背痛，可精神很好，工作十小时不在乎，赶译出了《老实人》。如今总觉得疲惫不堪，天天有几分热度，叫林伯伯仔细听肺，发现有些慢性肺炎。从今天起开始打肺病特效药，打十几瓶再看情形。希望打了针可以好得快些。你是知道爸爸的脾气，工作拖拉下去，他是要急的。我的身体还好，虽然也天天有几分热度，可是不要紧，同爸爸的情况不同。这几天我忙着陪伦伦①看病，因为她的肠子有病，经林医生诊断，也要打针吃药，她的环境复杂，好姆妈又不在上海，父亲的关切究竟有限，可是有了病，不能不医，我们可怜她孤单，所以向学校请假，要在我们家休养一个时期。这孩子是非心很强，观察能力也相当

---

① 刘英伦，成家和与刘海粟之女，当时住在傅家养病。

正确，她父亲喜欢吹的那套，她也听不入耳，可是性情脾气很温和，很能容忍，因此也很痛苦。我们两人多方开导她，对她很有好处，她也很感激我们。她说：在我们家里充满着家庭的温暖，在自己家里，好像住旅馆，相互之间没有亲切之感。对后一辈的孩子，不管是别人的还是自己的，我们都一样看待，能帮助人总是快乐的。

九月二十八日聪信摘录（波20）

爸爸来信口气，似乎总担心我往自高自大的路上去。其实我自己从来也没有丝毫宽容过，我的自我批评精神还是始终如一。也许我写我的成功太多了吧，实际上我写的已经打了很多折扣。要说我的成功多少由于波兰人民对我特别爱护，那我是承认的。但要说他们对我特别宽容，那我是不同意的。我相信假如有一次放松了自己，真是弹得不好的话，批评和反应也不会好的。我每次对自己的批评，并非说真是演奏得不好，但离开我的理想很远很高。我想收集一些报章杂志上的批评寄给你们，可能还能要到英法报纸上的评论。

我觉得成为一个真正的艺术家，第一要有独特的个性，那才谈得上创造；没有创造就没有艺术。

最近弹贝多芬的《第五钢琴协奏曲》，技巧大进步，也有新的体会。我觉得第五的精神是一种理想主义的精神；要说浪漫，它不像第四那样，但第五给人一种崇高的理想，一种大无畏的精神。比如那第二乐章，那是一篇先知书，向全世界的宣言。表现这种音乐不能单靠热情和理智，最重要的是感觉到那种崇高的理想，心灵的伟大和坚强，总而言之，要往“高处”去。

十月底

此信仅剩一页，根据内容，此信应写于一九五五年十月底。

从本月十八日到二十四日这一周内，我们家中非常紧张，因为伦伦的病有急剧变化，来了两次高潮：第一次是胃痛得不得了；第二次是小腹痛。林医生先说她是小小的胃溃疡，小腹痛既怕她有腹膜炎危险，又怕她肠中的淋巴腺结核蔓延到输卵管或膀胱或子宫部分的淋巴腺。林伯伯五天之内每天早上来，有时一天跑几次，亲自验血、验小便、配药；有一回还深夜送医院急诊，因为怕腹膜炎，故请外科医生会诊一下，以期安全。又因胃病，每天每小时就进食一次，现在改为两小时一次。大批营养最好而最易消化的东西，尽量给。到二十四日，一切恢复，风波平了，预料的各种危险都已过去。我们虽忙，但结果良好，仍是非常高兴。伦伦这孩子实在娇嫩，身心双方都如此。她思想的细密，感觉的敏锐，都是少有的。她好比一朵幼弱的花，在大风雨中被我们抢救出来了。现在只要继续治疗，静养，半年后必有希望恢复健康。胃病最剧的几天，吃东西都是妈妈与我轮流喂的。今仍终日睡着，绝对不许下床。她父亲每周来一次，但只和我谈天——吹捧，我不提伦伦的病，他自动从来不提，也不说上楼去看看她。像这种自私的父亲，可说天下少有；而在这种环境中长大的孩子，居然不沾上一星自私，还痛恨自私，还处处体贴别人，正义感那么强，也可以说是“出污泥而不染”了。埃娃太太说她最喜欢的是人，因为人千变万化，研究不尽，真有意思。这句话我颇有同感。伦伦的病不但使我们又一次的发挥了我们的父性母性，同时对我也多了一次观察人性的机会。我觉得我在这些地方是又有艺术家的热爱又有科学家的研究兴趣的。

妈妈为了看护伦伦的病，上街买菜买食物，上楼下楼管这样那样，忙得不可开交，可是心里非常快活。没有女儿，等于有女儿一样。伦伦对我们的爱和了解，比对她亲生的父母还胜过几倍，这不是我们所能获得的最大的酬报吗？一个人唯有不求酬报的施与，才会得到最大的意想不到的酬报！

从一九五一年你回上海以后，几年之间我从你身上大大提高了自己，教育了自己。过去我在教育方面都是心肠好而手段不好，造成了多少大大小小的不愉快：现在你不但并未受到这不完全的教育的弊；而且我也从中训练得更了解青年，更能帮助青年。对恩德，对伦伦，我能够在启发她们的心灵方面有些成绩，多半是靠以往和你的经验促成的。由此更可证明：天下事样样都要用痛苦去换来，都要从实践中学习。现在我们感到多么快乐，多么幸运！有这样的儿子，有这些精神上的女儿，对我们都那么热爱！只是有一点，我常常“居安思危”，兢兢业业，不敢放松一点自己。

十月三十日聪信摘录（波21）

前几次信上我已经告诉过你们，波兰文化部副部长数次和我谈，都表示在最短期内给我解决住房及钢琴问题。十月一日国庆节那天的宴会上，他还当面表示，一星期内一定解决这个问题。谁知我从三日起天天跑文化部，都给他的秘书挡驾。最后，到十日，秘书让我去见另外一个管理艺术学校的局长。那局长说，文化部副部长打电话要他为我解决住房问题；而局长的唯一可能性即是宿舍，而宿舍的条件比克拉可夫差得多，那里一屋住七八个，甚至十二三个。最多给我一个人一间，但要把至少七个同学赶出去，分配到别的房子里挤在一处。

那里整天有各种乐器练习，其喧闹也是可以想象的；至于钢琴问题，根本不提，倒问我是不是自己有钢琴。我就要求再去见这位副部长，等了三天见不到，不是开会，就是没时间。最后，我没办法了，请这位局长再请示，问副部长为什么这样解决，那和他自己当面和我谈的太相差悬殊了。后来局长告诉我，副部长表示，他根本没有答应过我什么房子或者钢琴。当时我气得很，就决定去见文化部长（正的）。又等了三天，终于见到了。我把这件事从头至尾花了三夜功夫，详细写下来，然后给他看：那里只有事实，没有半点意见，（我怕讲话容易冲动，那就坏事了。）最后总算解决了，他原来对我根本误会了（副部长在他面前说了许多关于我的谎言）；但从此我又等了三个星期，昨天才搬到新的地方住。新的地方是他们的议会招待所，我有一间相当宽大的房间，环境很安静，平时这儿根本没有什么人住。住房算是解决了（吃饭在这里很便宜，也很好），而钢琴还不知到何时才能解决，明天还得去文化部等消息，部长是答应了的。但解决一个问题，在文化部是那样的艰难，简直是不可想象的。我这一个月来差不多没有怎么练琴，天天跑文化部，从这个局长到那个局长，把我折腾够了，假如我不是天天跑，那根本不知何年何月才会解决。

虽然在如此艰难的情况下，我还去洛兹演奏贝多芬的《第五钢琴协奏曲》和舒曼的《幻想曲》。我是不满意那两天的成绩的，但在练琴练得少、心情恶劣的情况下，能有那样的成绩，应该说很好了。听众非常热烈，加奏都在七次以上。第三天由于听众要求，又演奏了一场独奏会。成绩都很好，巴赫和韩德尔特别干净利落。

我不知为何心里说不出的不痛快，因此也写不出什么来。唯一高兴的，我发现我还有斗争的勇气和坚持到底的毅力，而且是靠自己解决的。我还能在心情极度恶劣的时候控制自己，在演奏时照样能把自己整个投入音乐中去。

现在事情已经过去了，我倒也没有什么疙瘩，也许对我是很有必要的锻炼，教我多认识一下社会；希望你们也不要为我烦恼，为此我直到今天事情解决了，才写信告诉你们。

十一月十五日夜

此信原有四页，现仅剩最后一页。

暑天那位波兰的巴克司德在东北教学生，上海也去了几个助教。有位女同学（上海去的助教）上完课，觉得自己不行，在走廊里落眼泪，被他出来撞见，就说："你为什么哭？要不要我陪你一起哭？"态度粗暴，出乎意外。以上这些例子，不但使我们感觉到音乐方面的落后，受人耻笑；也感觉到这种人物到中国来，实在对他们本国不利；为真正的国际主义着想，我也替他们本国政府惋惜。

李先生想知道你手法问题是经过些什么阶段改进的；例如"放松"点，是不是无意中得了窍门的？放松的时候是否越来越多了？还是仍旧紧张的时候多，放松的时候少？低手指与高手指的区别与应用又如何？你除了放松以外，还有什么具体的指法的改进？例如弹 trill［颤音］，弹 double notes［双音］，弹 octaves［八度音程］等等是否有新方法？手的不必要的动作是否已减到最低限度？希望不厌其详的来信告知。

九月二日聪信摘录

波兰派到我国去（短期教学）的钢琴家巴克司德，我很熟悉，也是杰老师的学生，弹得实在不高明，而且颇自大，爱吹牛，听说在北京吹他曾经教过我。

十一月二十七日聪信摘录（波22）

我在两星期前就得到了一架斯丹威；因为以前答应了波兰的一个全国性的工程师协会，在昨天和前天演奏两场独奏会，所以我马上开始了紧张的工作。（曲目略）

我故意准备这样重的节目，是想借此来逼逼自己。我这一回荒疏得太厉害了，但告诉你们一件喜事，这回演奏很成功；贝多芬尤其好，和杰老师上了几次课，学到的东西真太多了。斯卡拉蒂也好，巴赫出乎意外的稳，舒曼还不够完整。不知为什么，我现在不像从前那样喜欢这个作品了。两次独奏会都没有节目单，因为那纯粹是对机关内部演出。两次音乐会完了，我实在累。不知为什么，自从为了住房问题不痛快以来，一直心情悒郁。

你们的来信每次都使我感到自己是多么自私，真的，我始终没有能做到真正的冷静，感情还是主宰着我。爸爸信上的那种热诚和实事求是的精神，就像是鞭子鞭策着我的内心。

事实上，我还是非常的软弱，有时候我是多么讨厌这个"自己"。我常常怕跟你们谈这些，怕你们为我烦恼，而这又多了一个负担。我想我该多看些书，理论书。我那些小布尔乔亚的幻想，常常打扰我，该好好彻底清洗一下才行。

我常常觉得自己是生错了，或者说根本不该生，或者说根本不懂如何生活，说懒惰也可以，但我就是不善于去注意这些日常生活中应付人事的手段。

爸爸，我希望你不要误解我，因为心里烦，精神也累，所以写这些无聊的话。我的内心常常在斗争，要做到真正冷静沉着，可不容易。说真的，我也缺少今天新社会里的那种达观和勇往直前的精神；有时候有一点，但仅仅是有一点。我缺少一些很重要的“什么”。

看到祖国寄来的报刊杂志，常常觉得惭愧，有时候我是多么想望着美好的将来，但觉得自己是那样沉重，我懂得太少了。

爸爸来信告诉我该怎么办吧。或者寄些什么书来，能够帮助我更有勇气的。

练的东西我也觉得太乱了，得好好收拾出一个头绪来，把那些半生不熟的东西搞彻底。

望这信不要打扰了你们的心情，我是希望你们快乐的。我知道自己还是太年轻，对人生的实际事务又太不懂，接触到一点就使我心烦意乱。过去我的感情生活也太乱了，有时真理不出一个头绪来。我尤其痛心的是，幼时那初恋的影子老是缠着我。

哥伦比亚的唱片已收到，我听了很不满意。协奏曲的录音太坏，一片轰轰声。成绩最好的是《玛祖卡》，但也不是每个都好，有几个都是诗意够而节奏感不够，但很朴实，这一点我是满意的。

十二月九日

此信原有二页，现仅剩第二页。

唯有把过去的思想包袱，一齐扔掉了，才能得到真正的精神上的和平恬静，才能真正心胸开朗的继续前进！孩子，勇敢些！别怕！别踌躇！而最要紧的是把日常生活安排得井井有条！日常生活一乱，精神决不可能平静。(……)

前信问你的技术问题，手的问题，有便继续写下来，每天抽空写几行，一个星期也就可以写出一大堆，借此逼你整理整理思想也好。在整理自己思想的时候，往往会触动灵机，有新发现。

十二月二十三日聪信摘录

你们要我谈技巧问题，我能谈些什么呢？光在纸上写是说不出什么道理的，我自己常为此而烦恼，“放松”问题老是不能彻底解决，今天好像好一些，明天又退步了；当然比从前是好多了，比起真正的放松还远。这是非常艰难的过程，特别我老习惯深，而对音乐的表现有强烈的欲望，在演奏时不免常常由于音乐而忘记了注意方法问题。

十二月十一日夜

你十一月二十七日信中只批评你弹的 *Mazurkas* ［《玛祖卡》］，没提到其他的；是否因 *Concerto* ［《协奏曲》］录音效果恶劣，根本无法下断语？*Fantasy* ［《幻想曲》］与 *Berceuse* ［《摇篮曲》］两支曲子，望你再设法听一遍，写些意见来！等我们收到样片时，同时看看你的意见，以便知道你对萧邦的了解究竟是怎样的，也可知道你对自己的标准严格到什么程度。因巴黎的 Pathe Marconi 公司答应除样片外，将来再送我正式片两套；故我今天寄了一辑《敦煌画集》（大开本）去，以资酬答。昨天去买了十种理论书及学习文件，内八种都是小册子，分作两包，平信挂号寄出，约本月底可到。每次寄你的材料及书等，收到时务必在信中提明，千万勿忘，免我们挂心！

“毛选”中的《实践论》及《矛盾论》，可多看看，这是一切理论的根底。此次寄你的书中，一部分是纯理论，可以帮助你对马列主义及辩证法有深切了解。为了加强你的理智和分析能力，帮助你头脑冷静，彻底搞通马列及辩证法是一条极好的路。我本来富于科学精神，看这一类书觉得很容易体会，也很有兴趣，因为事实上我做人的作风一向就是如此的。你感情重，理智弱，意志尤其弱，亟须从这方面多下功夫。否则你将来回国以后，什么事都要格外赶不上的。

住屋及钢琴两事现已圆满解决，理应定下心来工作。倘使仍觉得心绪不宁，必定另有原因，索性花半天功夫仔细检查一下病根何在。查清楚了才好对症下药，廓清思想。老是蒙着自己，不正视现实，不正视自己的病根，而拖泥带水，不晴不雨的糊下去，只有给你精神上更大的害处。该拿出勇气来，彻底清算一下。

廓清思想，心绪平定以后，接着就该周密考虑你的学习计划：把正规的学习和明春的灌片及南斯拉夫的演奏好好结合起来。事先多问问老师意见，不要匆促决定。决定后勿轻易更动。同时望随时来信告知这方面的情况。前信（51 号）要你谈谈技巧与指法手法，与你今后的学习很有帮助：我们不是常常对自己的工作（思想方面亦然如此）需要来个“小结”吗？你给我们谈技巧，就等于你自己作小结。千万别懒洋洋的拖延！我等着。同时不要一次写完，一次写必有遗漏，一定要分几次写才写得完全；写得完全是表示你考虑得完全，回忆得清楚，思考也细致深入。你务必听我的话，照此办法做。这也是一般工作方法的极重要的一个原则。(……)

你始终太容易信任人。我素来不轻信人言，等到我告诉你什么话，必有相当根据，而你还是不大重视，轻描淡写。这样的不知警惕，对你将来是危险的！一个人妨碍别人，不一定是因为本性坏，往往是因为头脑不清，不知利害轻重。所以你在这些方面没有认清一个人的时候，切忌随口吐露心腹。一则太不考虑和你说话的对象，二则太不考虑事情所牵涉的另外一个人。（还不止一个呢！）来信提到这种事，老是含混得很。去夏你出国后，我为另一件事写信给你，要你检讨，你以心绪恶劣推掉了。其实这种作风，这种逃避现实的心理是懦夫的行为，决不是新中国的青年所应有的。你要革除小布尔乔亚根性，就要从这等地方开始革除！

别怕我责备！（这也是小布尔乔亚的懦怯。）也别怕引起我心烦，爸爸不为儿子烦心，为谁烦心？爸爸不帮助孩子，谁帮助孩子？儿子苦闷不向爸爸求救，向谁求救？你这种顾虑也是一种短视的温情主义，要不得！懦怯也罢，温情主义也罢，总之是反科学，反马列主义。为什么一个人不能反科学、反马列主义？因为要生活得好，对社会尽贡献，就需要把大大小小的事，从日常生活、感情问题，一直到学习、工作、国家大事，一贯的用科学方法、马列主义的方法，去分析，去处理。批评与自我批评所以能成为有力的武器，也就在于它能培养冷静的科学头脑，对己、对人、对事，都一视同仁，做不偏不倚的检讨。而批评与自我批评最需要的是勇气，只要存着一丝一毫懦怯的心理，批评与自我批评便永远不能做得彻底。我并非说有了自我批评（即挖自己的根），一个人就可以没有烦恼。不是的，烦恼是永久免不了的，就等于矛盾是永远消灭不了的一样。但是不能因为眼前的矛盾消灭了将来照样有新矛盾，就此不把眼前的矛盾消灭。挖了根，至少可以消灭眼前的烦恼。将来新烦恼来的时候，再去消灭新烦恼。挖一次根，至少可以减轻烦恼的严重性，减少它危害身心的可能；不挖根，老是有些思想的、意识的、感情的渣滓积在心里，久而久之，成为一个沉重的大包袱，慢慢的使你心理不健全，头脑不冷静，胸襟不开朗，创造更多的新烦恼的因素。这一点不但与马列主义的理论相合，便是与近代心理分析和精神病治疗的研究结果也相合。

至于过去的感情纠纷，时时刻刻来打扰你的缘故，也就由于你没仔细挖根。我相信你不是爱情至上主义者，而是真理至上主义者；那么你就该用这个立场去分析你的对象（不论是初恋的还是以后的），你跟她（不管是谁）在思想认识上，真理的执著上，是否一致或至少相去不远？从这个角度上去把事情解剖清楚，许多烦恼自然迎刃而解。你也该想到，热情是一朵美丽的火花，美则美矣，无奈不能持久。希望热情能永久持续，简直是愚妄；不考虑性情、品德、品格、思想等等，而单单执著于当年一段美妙的梦境，希望这梦境将来会成为现实，那么我警告你，你可能遇到悲剧的！世界上很少如火如荼的情人能成为美满的、白头偕老的夫妇的；传奇式的故事，如但丁之于裴阿脱里克斯，所以成为可哭可泣的千古艳事，就因为他们没有结合；但丁只见过几面（似乎只有一面）裴阿脱里克斯。歌德的太太克里斯丁纳是个极庸俗的女子，但歌德的艺术成就，是靠了和平宁静的夫妇生活促成的。过去的罗曼史，让它成为我们一个美丽的回忆，作为一个终生怀念的梦，我认为是最明哲的办法。老是自苦是只有消耗自己的精力，对谁都没有裨益的。孩子，以后随时来信，把苦闷告诉我，我相信还能凭一些经验安慰你呢。爸爸受的痛苦不能为儿女减除一些危险，那么爸爸的痛苦也是白受了。但希望你把苦闷的缘由写得详细些（就是要你自己先分析一个透彻），免得我空发议论，无关痛痒的对你没有帮助。好了，再见吧，多多来信，来信分析你自己就是一种发泄，而且是有益于心理卫生的发泄。爸爸还有足够的勇气担受你的苦闷，相信我吧！你也有足够的力量摆脱烦恼，有足够的勇气正视你的过去，我也相信你！

十二月二十一日晨①

亲爱的孩子：今年暑天，因为身体不好而停工，顺便看了不少理论书；这一回替你买理论书，我也买了许多，这几天已陆续看了三本小册子：关于辩证唯物主义的一些基本知识，批评与自我批评是苏维埃社会发展的动力，社会主义基本经济规律。感想很多，预备跟你随便谈谈。

第一个最重要的感想是：理论与实践绝对不可分离，学习必须与现实生活结合；马列主义不是抽象的哲学，而是极现实极具体的哲学；它不但是社会革命的指导理论，同时亦是人生哲学的基础。解放六年来的社会，固然有极大的进步，但还存在着不少缺点，特别在各级干部的办事方面。我常常有这么个印象，就是一般人的政治学习，完全是为学习而学习，不是为了生活而学习，不是为了应付实际斗争而学习。所以谈起理论来头头是道，什么唯物主义，什么辩证法，什么批评与自我批评等等，都能长篇大论发挥一大套；一遇到实际事情，一坐到办公桌前面，或是到了工厂里，农村里，就把一切理论忘得干干净净。学校里亦然如此；据在大学里念书的人告诉我，他们的政治讨论非常热烈，有些同学提问题提得极好，也能作出很精辟的结论；但他们对付同学，对付师长，对付学校的领导，仍是顾虑重重，一派的世故，一派的自私自利。这种学习态度，我觉得根本就是反马列主义的；为什么把最实际的科学——唯物辩证法，当作标榜的门面话和口头禅呢？为什么不能把嘴上说得天花乱坠的道理化到自己身上

---

① 父亲这封“说教”很重的信，是十二月九日、十一日信的接续，意在从理论上加强傅聪的理智和意志。

去，贯彻到自己的行为中、作风中去呢？

因此我的第二个感想以及以下的许多感想，都是想把马列主义的理论结合到个人修养上来。首先是马克思主义的世界观，应该使我们有极大的、百折不回的积极性与乐天精神。比如说："存在决定意识，但并不是说意识便成为可有可无的了。恰恰相反，一定的思想意识，对客观事物的发展会起很大的作用。"换句话说，就是"主观能动作用"。这便是鼓励我们对样样事情有信心的话，也就是中国人的"人定胜天"的意思。既然客观的自然规律，社会的发展规律，都可能受到人的意识的影响，为什么我们要灰心，要气馁呢？不是一切都是"事在人为"吗？一个人发觉自己有缺点，分析之下，可以归纳到遗传的根性，过去旧社会遗留下来的坏影响，潜伏在心底里的资产阶级意识、阶级本能等等；但我们因此就可以听任自己这样下去吗？若果如此，这个人不是机械唯物论者，便是个自甘堕落的没出息的东西。

第三个感想也是属于加强人的积极性的。一切事物的发展，包括自然现象在内，都是由于内在的矛盾，由于旧的腐朽的东西与新的健全的东西作斗争。这个理论可以帮助我们摆脱许多不必要的烦恼，特别是留恋过去的烦恼，与追悔以往的错误的烦恼。陶渊明就说过："觉今是而昨非"，还有一句老话，叫做："过去种种譬如昨日死，现在种种譬如今日生。"对于个人的私事与感情的波动来说，都是相近似的教训。既然一切都在变，不变就是停顿，停顿就是死亡，那么为什么老是恋念过去，自伤不已，把好好的眼前的光阴也毒害了呢？认识到世界是不断变化的，就该体会到人生亦是不断变化的，就该懂得生活应该是向前看，而不是往后看。这样，你的心胸不是廓然了吗？思想不是明朗了吗？态度不是积极了吗？

第四个感想是单纯的乐观是有害的，一味的向前看也是有危险的。古人说："鉴往而知来"，便是教我们检查过去，为的是要以后生活得更好。否则为什么大家要作小结，作总结，左一个检查，右一个检查呢？假如不需要检讨过去，就能从今以后不重犯过去的错误，那么"我们的理性认识，通过实践加以检验与发展"这样的原则，还有什么意思？把理论到实践中去对证，去检视，再把实践提到理性认识上来与理论复核，这不就是需要分析过去吗？我前二信中提到一个人对以往的错误要作冷静的、客观的解剖，归纳出几个原则来，也就是这个道理。

第五个感想是"从感性认识到理性认识"这个原理，你这几年在音乐学习上已经体会到了。一九五一至一九五三年间，你自己摸索的时代，对音乐的理解多半是感性认识，直到后来，经过杰老师的指导，你才一步一步走上了理性认识的阶段。而你在去罗马尼亚以前的彷徨与缺乏自信，原因就在于你已经感觉到仅仅靠感性认识去理解乐曲，是不够全面的，也不够深刻的；不过那时你不得其门而入，不知道怎样才能达到理性认识，所以你苦闷。你不妨回想一下，我这个分析与事实符合不符合？所谓理性认识是"通过人的头脑，运用分析、综合、对比等等的方法，把观察到的（我再加上一句：感觉到的）现象加以研究，抛开事物的虚假现象，及其他种种非本质现象，抽出事物的本质，找出事物的来龙去脉，即事物发展的规律"这几句，倘若能到处运用，不但对学术研究有极大的帮助，而且对做人处世，也是一生受用不尽。因为这就是科学方法。而我一向主张不但做学问，弄艺术要有科学方法，做人更其需要有科学方法。因为这缘故，我更主张把科学的辩证唯物论应用到实际生活上来。毛主席在《实践论》中说："我们的实践证明：感觉到了的东西，我们不能立刻理解它，只有理解了的东西才能更深刻地感觉它。"你是弄音乐的人，当然更能深切的体会这话。

第六个感想是辩证唯物论中有许多原则，你特别容易和实际结合起来体会；因为这几年你在音乐方面很用脑子，而在任何学科方面多用头脑思索的人，都特别容易把辩证唯物论的原则与实际联系。比如“事物的相互联系与相互限制”，“原因和结果有时也会相互转化，相互发生作用”，不论拿来观察你的人事关系，还是考察你的业务学习，分析你的感情问题，还是检讨你的起居生活，随时随地都会得到鲜明生动的实证。我尤其想到“从量变到质变”一点，与你的音乐技术与领悟的关系非常适合。你老是抱怨技巧不够，不能表达你心中所感到的音乐；但你一朝获得你眼前所追求的技巧之后，你的音乐理解一定又会跟着起变化，从而要求更新更高的技术。说得浅近些，比如你练萧邦的练习曲或诙谑曲中某些快速的段落，常嫌速度不够。但等到你速度够了，你的音乐表现也决不是像你现在所追求的那一种了。假如我这个猜测不错，那就说明了量变可以促成质变的道理。

以上所说，在某些人看来，也许是把马克思主义庸俗化了；我却认为不是庸俗化，而是把它真正结合到现实生活中去。一个人年轻的时候，当学生的时候，倘若不把马克思主义“身体力行”，在大大小小的事情上实地运用，那么一朝到社会上去，遇到无论怎么微小的事，也运用不了一分一毫的马克思主义。所谓辩证法，所谓准确的世界观，必须到处用得烂熟，成为思想的习惯，才可以说是真正受到马克思主义的锻炼。否则我是我，主义是主义，方法是方法，始终合不到一处，学习一辈子也没用。从这个角度上看，马列主义绝对不枯索，而是非常生动、活泼、有趣的，并且能时时刻刻帮助我们解决或大或小的问题的——从身边琐事到做学问，从日常生活到分析国家大事，没有一处地方用不到。至于批评与自我批评，我前两信已说得很多，不再多谈。只要你记住两点：必须有不怕看自己丑脸的勇气，同时又要有冷静的科学家头脑，与实验室工作的态度。唯有用这两种心情，才不至于被虚伪的自尊心所蒙蔽而变成懦怯，也不至于为了以往的错误而过分灰心，消灭了痛改前非的勇气，更不至于茫然于过去错误的原因而将来重蹈覆辙。子路“闻过则喜”，曾子的“吾日三省吾身”，都是自我批评与接受批评的最好的格言。

从有关五年计划的各种文件上，我特别替你指出下面几个全国上下共同努力的目标：

增加生产，厉行节约，反对分散使用资金，坚决贯彻重点建设的方针。

你在国外求学，“厉行节约”四字也应该竭力做到。我们的家用，从上月起开始每周做决算，拿来与预算核对，看看有否超过？若有，要研究原因，下周内就得设法防止。希望你也努力，因为你音乐会收入多，花钱更容易不假思索，满不在乎。至于后两条，我建议为了你，改成这样的口号：反对分散使用精力，坚决贯彻重点学习的方针。今夏你来信说，暂时不学理论课程，专攻钢琴，以免分散精力，这是很对的。但我更希望你把这个原则再推进一步，再扩大，在生活细节方面都应用到。而在乐曲方面，尤其要时时注意。首先要集中几个作家。作家的选择事先可郑重考虑；决定以后切勿随便更改，切勿看见新的东西而手痒心痒——至多只宜作辅助性质的附带研究，而不能喧宾夺主。其次是练习的时候要安排恰当，务以最小限度的精力与时间，获得最大限度的成绩为原则。和避免分散精力连带的就是重点学习。选择作家就是重点学习的第一个步骤；第二个步骤是在选定的作家中再挑出几个最有特色的乐曲。譬如巴赫，你一定要选出几个典型的作品，代表他键盘乐曲的各个不同的面目的。这样，你以后对于每一类的曲子，可以举一反三，自动的找出路子来了。这些道理，你都和我一样的明白。我所以不惮烦琐的和你一再提及，因为我觉得你许多事都是知道了不做。学习计划，你从来没和我细谈，虽然我有好几封信问你。从现在起到明年（一九五六）暑假，你究竟决定了哪些作家，哪些作品？哪些作品作为主要的学习，哪些作为次要与辅助性质的？理由何在？这种种，无论如何希望你来信详细讨论。我屡次告诉你：多写信多讨论问题，就是多些整理思想的机会，许多感性认识可以变做理性认识。这样重要的训练，你是不能漠视的。只消你看我的信就可知道。至于你忙，我也知道；但我每个月平均写三封长信，每封平均有三千字，而你只有一封，只及我的三分之一：莫非你忙的程度，比我超过百分之二百吗？问题还在于你的心情：心情不稳定，就懒得动笔。所以我这几封信，接连的和你谈思想问题，急于要使你感情平静下来。做爸爸的不要求你什么，只要求你多写信，多写有内容有思想实质的信；为了你对爸爸的爱，难道办不到吗？我也再三告诉过你，你一边写信整理思想，一边就会发现自己有很多新观念；无论对人生，对音乐，对钢琴技巧，一定随时有新的启发，可以帮助你今后的学习。这样一举数得的事，怎么没勇气干呢？尤其你这人是缺少计划性的，多写信等于多检查自己，可以纠正你的缺点。当然，要做到“不分散精力”，“重点学习”，“多写信，多发表感想，多报告计划”，最基本的是要能抓紧时间。你该记得我的生活习惯吧？早上一起来，洗脸，吃点心，穿衣服，没一件事不是用最快的速度赶着做的；而平日工作的时间，尽量不接见客人，不出门；万一有了杂务打岔，就在晚上或星期日休息时间补足错失的工作。这些都值得你模仿。要不然，怎么能抓紧时间呢？怎么能不浪费光阴呢？如今你住的地方幽静，和克拉可夫音乐院宿舍相比，有天渊之别；你更不能辜负这个清静的环境。每天的工作与休息时间都要安排妥当，避免一切突击性的工作。你在国外，究竟不比国内常常有政治性的任务。临时性质的演奏也不会太多，而且宜尽量推辞。正式的音乐会，应该在一个月以前决定，自己早些安排练节目的日程，切勿在期前三四天内日夜不停的“赶任务”，赶出来的东西总是不够稳，不够成熟的；并且还要妨碍正规学习；事后又要筋疲力尽，仿佛人要瘫下来似的。

我说了那么多，又是你心里都有数的话，真怕你听腻了，但也真怕你不肯下决心实行。孩子，告诉我，你已经开始在这方面努力了，那我们就安慰了，高兴了。

十二月二十七日午

亲爱的孩子：这是本月份第四封信了。每次提笔给你写信，心里总是说不出的温暖和安宁。这一回尤其高兴。前信不是告诉你，说法国唱片来了，搁在海关上吗？隔了一天，中共上海市委文艺工作委员会的负责人之一——吴强先生打电话来，我顺便托他写证明书，两小时之内，证明书就送来了；下一天妈妈上邮局去等了三小时，终于“免税”领出。海关人员说他们认为是可以通融的，但章程上没有条例可引，必须送往总关，由上级批准，所以前后花了很多时间。片子一拿回来，我连午觉也没睡，就从头至尾听了一遍：

二十二日下午：自己听了一遍；傍晚：李翠贞先生来听一遍；二十三日傍晚：林医生夫妇及周朝桢先生来听；二十四日夜：名强、酉三、容生、柯子岐四人来听；二十五日晨：恩德来听；下午：雷伯伯来听，恩德又听一遍；二十六日夜：中共市委文艺领导吴强及周而复两先生来听了《协奏曲》。

你看，大家多兴奋，家里多热闹！今天傍晚必阿姨、张阿姨还要来听。因为家中没长工，客人多了忙不过来，只能让他们陆续来听。过几日还要约毛楚恩及陈伯庚。他们过去对你那么好，不能不让他们听听你的成绩。

《协奏曲》钢琴部分录音并不如你所说，连轻响都听不清；乐队部分很不好，好似蒙了一层，音不真，不清。钢琴 loud passage［强声片段］也不够分明。据懂技术的周朝桢先生说：这是录音关系，正式片也无法改进的了。

以音乐而论，我觉得你的《协奏曲》非常含蓄，绝无鲁宾斯坦那种感伤情调，你的情感都是内在的。第一乐章的技巧不尽完整，结尾部分似乎很显明的有些毛病。第二乐章细腻之极，touch［触键］是 delicate［精致］之极。最后一章非常 brilliant［辉煌，出色］。《摇篮曲》比颁奖音乐会上的好得多，mood［情绪］也不同，更安静。《幻想曲》全部改变了：开头的引子，好极，沉着，庄严，贝多芬气息很重。中间那段 slow［缓慢］的 singing part［如歌片段］，以前你弹得很 tragic［悲怆］的，很 sad［伤感］的，现在是一种惆怅的情调。整个曲子像一座巍峨的建筑，给人以厚重、扎实、条理分明、波涛汹涌而意志很热的感觉。

李先生说你的协奏曲，左手把 rhythm［节奏］控制得稳极，rubato［音的长短顿挫］很多，但不是书上的，也不是人家教的，全是你心中流出来的。她说从国外回来的人常说现在弹萧邦都没有 rubato［音的长短顿挫］了，她觉得是不可能的；听了你的演奏，才证实她的怀疑并不错。问题不是没有 rubato［音的长短顿挫］，而是怎样的一种 rubato［音的长短顿挫］。

《玛祖卡》，我听了四遍以后才开始捉摸到一些，但还不是每支都能体会。我至此为止是能欣赏了 Op. 59，No. 1［作品五十九之一］；Op. 68，No. 4［作品六十八之四］；Op. 41，No. 2［作品四十一之二］；Op. 33，No. 1［作品三十三之一］。Op. 68，No. 4［作品六十八之四］的开头像是几句极凄怨的哀叹。Op. 41，No. 2［作品四十一之二］中间一段，几次感情欲上不上，几次悲痛冒上来又压下去，到最后才大恸之下，痛哭出声。第一支最长的 Op. 56，No. 3［作品五十六之三］，因为前后变化多，还来不及把握。阿敏却极喜欢，恩德也是的。她说这种曲子如何能学。我认为不懂什么叫做"tone colour"［音色］的人，一辈子也休想懂得一丝半毫，无怪几个小朋友听了无动于衷。colour sense［音色领悟力］也是天生的。孩子，你真怪，不知你哪儿来的这点悟性！斯拉夫民族的灵魂，居然你天生是具备的。斯克里亚宾的 *Prélude*［《前奏曲》］既弹得好，《玛祖卡》当然不会不好。恩德说，这是因为中国民族性的博大，无所不包，所以什么别的民族的东西都能体会得深刻。*Notre - Temps No.* 2［《我们的时代》第二号］好似太拖拖拉拉，节奏感不够。我们又找出鲁宾斯坦的片子来听了，觉得他大部分都是节奏强，你大部分是诗意浓；他的音色变化不及你的多。①

十二月二十三日聪信摘录（波 23）

录音时演奏的成绩，实在不能算坏，但离我的理想还远。我的批评是苛刻的。你们决不要因此而认为我录音时不慎重，其实我现在能做到的也决不可能超过多少。我决不认为自己真是天才，真是已经十

---

① 参见本书 233 页聪信摘录（波 24）。

全十美，《玛祖卡》的功夫已经炉火纯青；因为《玛祖卡》太难了，能够达到我现在的水平，可以说非常难得的了，要比起现在世界上最有名的 Chopinist 也决不逊色，但离开真正完美的《玛祖卡》还远呢，恐怕也永远不可能，但理想我是有的。

总的说来，我得出个结论：主要还是技术跟不上理解；许多地方，踩踏板，手指的轻重控制，弹八度的歌唱性等，都还不能发挥如意；所以意思是有了，只表现出那意思的十分之五六。对协奏曲的诠释，我是满意的，相当的朴实。第一乐章有些部分，还可以更激情一点（这一点恐怕录音是打了折扣的）。第二乐章甚佳，很少夸张，是恬静、和平、甘美的境界。第三乐章节奏甚佳，因这是克拉科维亚克舞曲的节奏，也是非常难的。有几处踩踏板、技巧略有些不干净。《摇篮曲》甚佳，杰老师认为是了不起的演奏。特点是朴实，句法起落分得清楚，而节奏始终如一。此曲多听几遍，才觉得它的好处。《幻想曲》开头进行曲甚佳，后面有几处技巧上不够好，我所说的技巧并非单指那些难的段落，而是指乐句表达、踩踏板等细节。但整个来说也是好的。

成功决不会冲昏我的头脑，却常常使我担忧。我知道自己是有能力的，“自信”我是有的，但是我根底差，技巧上缺陷还很多，所知道的扎实的东西也少得很。我的成功随时随地需要十二万分的努力来撑持的。我有时的情绪坏是由于忧虑：在技术上我还是常常遇到挫折，在音乐方面有时也如此。我是极其敏感的人，因此心情不安，又非常担忧别人对我期望高，而我所能做到的却不能满足别人的期望。骄傲，我是绝对没有的，相反，我常常怀疑自己，有时甚至会自卑。

要我具体写出心烦些什么，自己也弄不清楚，只觉得常常脑子里一片混乱。我还是非常紧张，没有耐心，不会平心静气的思索，能够平心静气时，也就没有什么烦恼了。

最近我已经颇有规律的练琴了。心情也不能说不好，只是乱，常常忽忧忽喜。主要还是学习上的苦闷，老觉得自己不行，技巧好像永远解决不了似的。

要培养理智，要培养冷静：这确是我最需要的东西。还有，一定要克服许多不必要的敏感。——近来我在看“毛选”，道理都非常对，我也懂，只不知如何应用到日常生活中去。

傅聪比赛获奖后留影（一九五五年）

傅聪获奖后为听众签名（一九五五年）

一九五六年

二十八通

1956

一月四日深夜

亲爱的孩子：十二月二十三日的信（波兰邮戳是二十四日）到昨天三日方到，大概是这一晌气候不好，飞机常常停航的缘故吧？

埃娃根本忘了我最要紧的话，倒反缠夹了。临别那天，在锦江饭店我清清楚楚的，而且很郑重的告诉她说："我们对他很有信心，只希望他做事要有严格的规律，学习的计划要紧紧抓住。"骄傲，我才不担心你呢！有一回信里我早说过的，有时提到也无非是做父母的过分操心，并非真有这个忧虑。你记得吗？所以传话是最容易出毛病的。埃娃跑来跑去，太忙了，我当然不怪她。但我急于要你放心，爸爸决不至于这样不了解你的。说句真话，我最怕的是：一、你的工作与休息不够正规化；二、你的学习计划不够合理；三、心情波动。关于这些前四封信已经谈得很多，不再啰嗦了。（……）如何看人，空口说白话是没用的；一定要亲自碰碰钉子才会相信；我也不多谈了。将来你回国以后，经过几次"运动"，你自会慢慢明白。现在只要你知道一点，就是你爸爸一向也和你一样的脾气，处处以君子之心度人；无奈近十年来，发觉几十年的知交，我还没看清他的性格，所以更觉得自己需要再从冷静方面多下功夫。上两个月又出了一件不大不小的事，使我们懂得非提高警惕不可。

近半个月，我简直忙死了。电台借你的唱片，要我写些介绍材料。中共上海市委文艺部门负责人要我提供有关高级知识分子的情况，我一共提了三份，除了高级知识分子的问题以外，又提了关于音乐界和国画界的；后来又提了补充，昨天又写了关于少年儿童读物的；前后也有一万字左右。近三天又写了一篇《萧邦的少年时代》，长五千多字，给电台下个月在萧邦诞辰时广播。接着还得写一篇

《萧邦的成年（或壮年，题未定）时代》。先后预备两小时的节目，分两次播，每次都播几张唱片作说明。这都要在事前把家中所有的两本萧邦的传记（法文本）全部看过，所以很费时间。

对你的音乐成绩，真能欣赏和体会的（指周围的青年人中）只有恩德一人。她究竟聪明，这两年也很会用头脑思索。她前天拿了谱，又来听了一遍《玛祖卡》，感触更深，觉得你主要都在节奏上见功夫，表现你的诗情；说你在一句中间，前后的音符中间，有种微妙的吞吐，好像“欲开还闭”（是她说的）的一种竞争。学是绝对学不来，也学不得的，只能从总的方面领会神韵，抓住几个关键，懂得在哪些地方可以这样的伸缩一下，至于如何伸缩，那是必须以各人的个性而定的——你觉得她说得不错吗？她又说你在线条走动的时候，固然走得很舒畅，但难得的是在应该停留的地方或是重音上面能够收得住，在应该回旋的开头控制得非常好。恩德还说，你的演奏充满了你自己特有的感情，同时有每个人所感觉到的感情。这两句就是匈牙利的 Imre Ungar［伊姆雷·温加尔］说的，“处处叫人觉得是新的，但仍然是合于逻辑的。”可见能感受的艺术家，感受的能力都相差不远，问题是在于实践。恩德就是懂得那么多，而表白得出的那么少。

她随便谈到李先生教琴的种种，有一句话，我听了认为可以给你作参考。就是李先生常常埋怨恩德身子往前向键盘倾侧，说这个姿势自然而然会使人手臂紧张，力量加重，假如音乐不需要加强，你身子往前一倾，就会产生过分的效果。因为来信常常提起不能绝对放松，所以顺便告诉你这一点。还有李先生上回听了你的《玛祖卡》，马上说：“我想阿聪身子是不摇动了，否则决不能控制得这样稳。”

无论你对灌片的成绩怎么看法，我绝对不会错认为你灌音的时候不郑重。去年四月初，你花了五天功夫灌这几支曲子，其认真可想而知。听说世界上灌片最疙瘩的是 Marguerite Long［玛格丽特·朗］，有一次，一个曲子直灌了八十次。还有 Toscanini［托斯卡尼尼］，常常不满意他的片子。有一回听到一套片子，说还好；一看原来就是他指挥的。

去年灌 *Concerto*［《协奏曲》］时，不知你前后弹了几次？是否乐队也始终陪着你常常重新来过？这二点望来信告知。我们都认为华沙乐队不行，与 solo［独奏］不够呼应紧密，倒是你的 solo［独奏］常常在尽力承上启下的照顾到乐队部分。

我劝你千万不要为了技巧而烦恼，主要是常常静下心来，细细思考，发掘自己的毛病，寻找毛病的根源，然后想法对症下药，或者向别的师友讨教。烦恼只有打扰你的学习，反而把你的技巧拉下来。共产党员常常强调“克服困难”，要克服困难，先得镇定！只有多用头脑才能解决问题。同时也切勿操之过急，假如经常能有少许进步，就不要灰心，不管进步得多么少。而主要还在于内心的修养，性情的修养：我始终认为手的紧张和整个身心有关系，不能机械的把“手”孤立起来。练琴的时间必须正常化，不能少，也不能多；多了整个的人疲倦之极，只会有坏结果。要练琴时间正常，必须日常生活科学化，计划化，纪律化！假定有事出门，回来的时间必须预先肯定，在外面也切勿难为情，被人家随便多留，才能不打乱事先定好的日程。

一月十日聪信摘录（波 24）

最近我的心情已经好转了，一方面因为去捷克、南斯拉夫期近，非得用功不可；一开始工作心里就没有负担了。另一方面，爸爸的信和那些理论书对我也很有帮助，只是时间太少。我现在每天差不多练十二小时左右（十二小时完全是必要的），练完后，总是筋疲力尽，身体疲劳，脑子也疲劳，我几乎不大能再用心思考别的问题了。弄我们这一门实在不容易，要有一点成绩，就得日以继夜的劳动，要把脑子所分析的，心里所感受的，都在一双手上滚得烂熟，一点也马虎不得，特别是像我技术基础不很扎实的人。

关于我的唱片，成绩最好的是《摇篮曲》，《玛祖卡》（作品五十六号之三）的开头有些毛病（表情上的），后面则很好；作品五十九号之一的《玛祖卡》好，但还不是我最好的成绩；作品六十三号之二的《玛祖卡》，开头和结尾极佳，中间一段节奏感不够；《我们的时代》不甚佳，问题倒不是节奏不够强，还是乐句的问题，其余几首还好。

协奏曲，我比较满意第二乐章；但整个说来，还不是我现在能力的拷贝，有时我是可以弹得更美一些的。我的理解是第二乐章纯是诗意、青春、和平的境界，绝无哀伤的成分；不知你们有无此感。

寄来的书，我看了《平凡的真理》及几本小册子。只是时间太少；但我觉得它们一点不枯索，而且使我精神振作，头脑清醒。我最近生活较有规律，工作也有些成绩；这些书对我帮助颇大。

国内文化部始终没有给我寄什么中国作品来，我真愁没东西可弹。

哈拉谢维奇仍是那样；《叙事曲》和《诙谐曲》都是他从前弹的，弹得很差。但他弹别的作家更差，而且练琴速度甚慢：一支莫扎特的奏鸣曲，从前弹过的，比赛后就练，到现在还不像样。在斯切钦他开了独奏会以后，报上有这样的批评："像这种演奏，作为音乐院考试音乐会还可以，作为萧邦比赛的头奖，那是不可置信的了。"

芭芭拉·黑塞·巴科芙斯卡的技巧很干净，弹得也很像样，但不过如此而已。创造是谈不上的。她是很好的钢琴家，但绝非艺术家。

联欢节的头奖有两人，一个苏联，一个保加利亚。以我听来，此次比赛的水准相当低，规模也比较小，评判标准着重政治影响。保加利亚的头奖很不差，弹李斯特的《梅菲斯特圆舞曲》很有魄力，音色变化很丰富。他很年轻，也是属于理智的一型，情感不很热烈。

爸爸来信提起的作品六十八号之四的《玛祖卡》，是萧邦临终前的作品，也是他最后一个作品，所以整个曲子极其凄怨，充满了一种绝望而无力的情感。只有中间一句，音响是强的，好像透出了一点生命的亮光，闪过一些美丽的回忆；但马上又消失了，最后仍是一片黯淡的境界。那是萧邦临终时写下的一首最深刻最凄怆的诗。作品六十三号之二的《玛祖卡》，其实和这一首很相像，而且同是 f 小调。

作品四十一号第二首，的确像爸爸说的，开头好几次，感情要冒上来了，又压下去了，最后却是极其悲怆的放声恸哭。但我认为这首《玛祖卡》主要的境界也是回忆，有时也不乏光明的影子；那些都是萧邦年轻时代的日子，是他还没有离开祖国的时代的那些日子。我所弹的这些《玛祖卡》，恐怕要算最好的几个了，也是萧邦最好的作品了。作品五十六号之三这一首《玛祖卡》，哲学气息很重，作品大，变化多，是不容易体会的，因此也恐怕要算最难弹的一个《玛祖卡》了。作品五十九号之一的《玛祖卡》好比一个微笑，但是带一点忧郁的微笑，是一种很清明的境界。关于《玛祖卡》，我要说起来，可以说很多很多，但我总觉得纸上谈兵，说不出什么来，因为它们太微妙了。

鲁宾斯坦弹的《e 小调第一钢琴协奏曲》，我认为完全不对。当然，他是了不起的钢琴家，所以从许多弹钢琴的风格来说，的确无可批评。但他把这个协奏曲完全变成显示技巧精湛的风格；音的长短顿挫也颇过分，速度也太快，特别是第二乐章，简直不能想象。还有他一碰到快的段落（十六分音符的段落），马上就飞起来了，技巧固然是惊人，但萧邦的快段落却不是李斯特，而是相反，每个音符都是音乐，一飞就全部变成华彩段了。

现在有新的鲁宾斯坦的唱片（同是这个协奏曲），完全不同了，非常的朴实，一点也不飞，听说好极了。

鲁宾斯坦的《玛祖卡》我以前信上提过，有些他弹得实在好得惊人，有些却又实在坏（主要是太夸张，太火爆）。有几个《玛祖卡》，恐怕没人能比他弹得更妙了。他的节奏感非常有力，而尤其有一种潇洒的风度。《我们的时代》，他的弹法却不对；因为他在有几个地方的速度逐渐加快的乐节太过分了，正是犯了节奏的错误。但鲁宾斯坦终究是天才，听他的演奏总能学到许多东西。

萧邦的两支协奏曲，不管从哪个角度来看，都很难。即以技巧论，也不简单。因为它们都需要很好的手指技巧。两支协奏曲听起来很具有钢琴风味，弹起来手指是很别扭的。而最难的问题是对音的长短顿挫的把握，其实这是没法学的。萧邦的音的长短顿挫跟别的作家不同，那样的特殊，就是波兰人最爱说的那种萧邦式的音的长短顿挫。一定要从心里流出来，不能有一点做作。过分了就变成李斯特，太沉着又变成勃拉姆斯，太温柔又变成舒曼，太轻灵又变成德彪西。萧邦是非常真情的，他的音乐最富于情感，却又那样的精妙；他是个真正的诗人。有时他非常充满激情，但从来不沉闷。他色彩变化极多，但从来没有像德彪西那样纯客观的音色变化。他的每个音符都代表他心里流出来的情感。

了解萧邦确实是难，第一要能了解“诗”。

音色变化不能纯粹从音色上去追求，而完全要从音乐本身去体会。音色的变化是从乐曲中的思绪变化出来的。萧邦的音色也绝不同于德彪西。萧邦纯粹是感情的，德彪西纯粹是造型的，而且常常是写景的。

一月二十日

亲爱的孩子：昨天接一月十日来信，和另外一包节目单，高兴得很。第一，你心情转好了；第二，一个月由你来两封信，已经是十个多月没有的事了。只担心一件，一天十二小时的工作对身心压力太重。我明白你说的“十二小时绝对必要”的话，但这句话背后有一个很重要的原因：倘使你在十一十二两月中不是常常烦恼，每天保持——不多说——六七小时的经常练琴，我断定你现在就没有一天练十二小时的“必要”。你说是不是？从这个经验中应得出一个教训：以后即使心情有波动，工作可不能松弛。平日练八小时的，在心绪不好时减成六七小时，那是可以原谅的，也不至于如何妨碍整个学习进展。超过这个尺寸，到后来势必要加紧突击，影响身心健康。往者已矣，来者可追，孩子，千万记住：下不为例！何况正规工作是驱除烦恼最有效的灵药！我只要一上桌子，什么苦闷都会暂时忘掉。(……)

我九日航挂寄出的关于萧邦的文章二十页，大概收到了吧？其中再三提到他的诗意，与你信中的话不谋而合。那文章中引用的波兰作家的话（见第一篇《少年时代》3—4 页），还特别说明那“诗意”的特点。又文中提及的两支 *Valse*［《圆舞曲》］，你不妨练熟了，当作 encore piece［加奏乐曲］用。我还想到，等你南斯拉夫回来，应当练些 Chopin［萧邦］的 *Prélude*［《前奏曲》］。这在你还是一页空白呢！等我有空，再弄些材料给你，关于 *Prélude*［《前奏曲》］的，关于萧邦的 piano method［钢琴手法］的。

《协奏曲》第二乐章的情调，应该一点不带感伤情调，如你来信所说，也如那篇文章所说的。你手下表现的 Chopin［萧邦］，的确毫无一般的感伤成分。我相信你所了解的 Chopin［萧邦］是正确的，与 Chopin［萧邦］的精神很接近——当然谁也不敢说完全一致。你谈到他的 rubato［速率伸缩处理］与音色，比喻甚精彩。这都是很好的材料，有空随时写下来。一个人的思想，不动笔就不大会有系统；日子久了，也就放过去了，甚至于忘了，岂不可惜！就为这个缘故，我常常逼你多写信，这也是很重要的"理性认识"的训练。而且我觉得你是很能写文章的，应该随时练习。

你这一行的辛苦，当然辛苦到极点。就因为这个，我屡次要你生活正规化，学习正规化。不正规如何能持久？不持久如何能有成绩？如何能巩固已有的成绩？以后一定要安排好，控制得牢，万万不能"空"与"忙"调配得不匀，免得临时着急，日夜加工的赶任务。而且作品的了解与掌握，就需要长时期的慢慢消化、咀嚼、吸收。这些你都明白得很，问题在于实践！

爸爸 一月二十日

妈妈有几个月不跟你写信了，一方面杂务繁忙，一方面也实在是偷懒，有个那样健笔的爸爸，妈妈就乐得疏懒了。可是每次看到你的信，也跟着你一样忧，一样喜，你生活上精神上有什么波动，与我们是分不开的。阳历年底，本来爸爸的工作告一小段落，可以休息几天。接着你的唱片来了，我们就紧张起来，邮局跑了两次，由市委出了证明文件，没有花一分钱就拿到了。听到你的唱片，如见其人，能不动心么？还要招待朋友来听，一遍二遍，无论多少遍我是听不厌的，心里真像开了花的快乐。电台里在一月二日拿去播送，爸爸帮着写了些介绍的文章，朱健又请爸爸写萧邦的生平，爸爸就日以继夜的翻参考书，看萧邦的传记，几天内就赶出来了。我又跟着忙，帮他抄。这期间又忙着提关于高级知识分子的意见，从各方面搜罗情报，尽量提，为了做好这件工作，爸爸是应该出些力的。所以事实上他一点也没休息，反而工作紧张。

妈妈 附笔

一月二十二日晚

亲爱的孩子：今日星期，花了六小时给你弄了一些关于萧邦与德彪西的材料，关于 tempo rubato［速度的伸缩处理］的部分，你早已心领神会，不过看了这些文字更多一些引证罢了。他的 piano method［钢琴手法］，似乎与你小时候从 Paci［百器］那儿学的一套很像，恐怕是李斯特从 Chopin［萧邦］那儿学来，传给学生，再传到 Paci［百器］的。是否与你有帮助，不得而知。

前天早上听了电台放的 Rubinstein［鲁宾斯坦］弹的 *e min. Concerto*［《e 小调协奏曲》］（当然是老灌音），觉得你的批评一点不错。他的 rubato［音的长短顿挫］很不自然；第三乐章的两段（比较慢的，出现过两次，每次都有三四句，后又转到 minor［小调］的），更糟不可言。转 minor［小调］的二小句也牵强生硬。第二乐章全无 singing［抒情流畅之感］。第一乐章纯是炫耀技巧。听了他的，才知道你弹的尽管 simple［简单］，music［音乐感］却是非常丰富的。孩子，你真行！怪不得斯曼齐安卡前年冬天在克拉可夫就说：“想不到这支 *Concerto*［《协奏曲》］会有这许多 music［音乐］！”

今天寄你的文字中，提到萧邦的音乐有“非人世的”气息，想必你早体会到；所以太沉着不行，太轻灵而客观也不行。我觉得这一点近于李白，李白尽管飘飘欲仙，却不是德彪西那一派纯粹造型与讲气氛的。

二月一日聪信摘录（波25）

爸爸写的萧邦小传我觉得好极了，充满了诗意，而且萧邦的面貌也很真实。其中波兰作家的话特别有意思。另外，我非常欣赏海涅的那段文字，难道真是天才特别能了解另外一个天才吗？

我说萧邦有“非人世”的气息，却绝无神秘的气息；他只是有时境界很高，很宁静；最主要还是诗的气息。我想音乐家中诗人气息如萧邦那样的，恐怕找不出第二个。他同时代的舒曼，与其说是诗人气息，不如说是文学气息更恰当些。萧邦在音乐家中的独一无二，就像诗人中之李白，世界上 Chopinist 这么难得也就在于此。但我觉得李白的那种境界尤其特殊，像他那样的浩气、才华、幻想的高远，真是前无古人，后无来者的了；在欧洲民族中，这样的例子恐怕更难找了。

二月八日

二月一日来信，六日晚就到了，这样快也是破天荒第一次。去捷克录音，单录萧邦，在我们总觉得美中不足。我还是鼓励你到那边跟他们商量一下，坚持一下，别的作品多少录一些。哪怕单是巴赫或韩德尔或贝多芬的一个曲子也好。希望你不要太不好意思！不要太随便让步！他们和艺术家接触多，艺术家的意见比较肯尊重；但若艺术家本人不坚持，那他们当然只凭他们的计划了。

勃隆斯丹太太有信来。她电台广播已有七八次。有一次是Schumann：*Concerto*［舒曼：《协奏曲》］和乐队合奏的，一次是Saint-Saens［圣桑］的*g min. Concerto*（Op. 22，No. 2）［《g小调协奏曲》（作品二十二之二）］。她们生活很苦，三十五万人口的城市中有七百五十名医生，勃隆斯丹医生就苦啦。据说收入连付一部分家用开支都不够。有几句话她要我告诉你的：

听了斯坦番斯卡在加拿大举行的独奏音乐会后，勃隆斯丹夫人写道："我从未听到过弹萧邦弹得那么细腻灵巧、那么精美雅致；比她弹巴赫-布索尼《夏空》的音色变幻更宏丽；比她弹斯卡拉蒂和莫扎特的《奏鸣曲》更典雅更明澈。然而，这是无可非议的，她弹的萧邦是远离尘世的、无与伦比的。……我跟她提到了聪曾是我得意的最有才能的学生，她，还有她丈夫，马上赞同聪是个大天才，而且，带着一点民族的自豪感谈到了去年春天聪获得演奏《玛祖卡》最优奖的事。在我提到聪的名字时，斯坦番斯卡教授立刻惊呼：'啊，你就是他在上海的那位老师！'我真是惊喜万分。显然，聪早已跟他们谈起过我。"（……）

寄来的法、比、瑞士的材料，除了一份以外，字里行间，非常清楚的对第一名不满意，很显明是关于他只说得了第一奖，多少钱；对他的演技一字不提。英国的报道也只提你一人。可惜这些是一般性的新闻报道，太简略。法国的《法国晚报》的话讲得最显明：

"不管奖金的额子多么高，也不能使一个二十岁的青年得到成熟与性格"——这句中文译得不好，还是译成英文吧："The prize in a competition, however high it may be, is not sufficient to give a pianist of

20 the maturity and personality.”“尤其是头几名分数的接近，更不能说 the winner has won definitely［冠军名至实归，冠军绝对领先］。总而言之，将来的时间和群众会评定的。在我们看来，the revelation of V Competition of Chopin is the Chinese pianist Fou Ts'ong, who stands very highly above the other competitors by a refined culture and quite matured sensitivity.［在第五届萧邦钢琴比赛中，才华毕露的是中国钢琴家傅聪，由于他优雅的文化背景与成熟的领悟能力，在全体参赛者之间，显得出类拔萃。］”

这是几篇报道中，态度最清楚的。

二月十三日

孩子，你一定很高兴，大家都在前进，而且是脚踏实地的前进，绝不是喊口号式的。我们的国家虽则在科学成就上还谈不到“原子能时代”，但整个社会形势进展的速度，的确是到了“原子能时代”了。大家都觉得跟不上客观形势。单说我自己吧，尽管时间充裕，但各式各样的新闻报道、学习文件、报纸、杂志、小册子，多得你顾了这，顾不了那，真是着急。本门工作又那么费时间，差不多和你练琴差不多。一天八九小时，只能译一二千字；改的时候，这一二千字又要花一天时间，进步之慢有如蜗牛。而且技术苦闷也和你一样，随处都是问题，了解的能力至少四五倍于表达的能力。……你想不是和你相仿吗？(……)

一般小朋友，在家自学的都犯一个大毛病：太不关心大局，对社会主义的改造事业很冷淡。我和名强、酉三、子岐都说过几回，不发生作用。他们只知道练琴。这样下去，少年变了老年，与社会脱节，真正要不得。我说少年变了老年，还侮辱了老年人呢！今日多少的老年人都很积极，头脑开通。便是宋家婆婆也是脑子清楚得很。那般小朋友的病根，还是在于家庭教育。家长们只看见你以前关门练琴，可万万想不到你同样关心琴以外的学问和时局；也万万想不到我们家里的空气绝对不是单纯的，一味的音乐，音乐，音乐的！当然，小朋友们自己的聪明和感受也大有关系；否则，为什么许多保守顽固的家庭里照样会有精神蓬勃的子弟呢？

我虽然对谁都尽力帮助（在思想上），但要看对象的。给了，不能接受，也当然白给。恩德的毛病和他们不同：她思想快，感受强，胸襟宽大，只是没有决心实行。知道的多，做到的微乎其微。真的，看看周围的青年，很少真有希望的。我说“希望”，不是指“专业”方面的造就，而是指人格的发展。所以我越来越觉得青年全面发展的重要。

二月十七日聪信摘录（波26）

最近在克拉可夫（二月十、十一日）弹莫扎特的《降B大调钢琴协奏曲》（K595），非常成功，恐怕要算我在波兰最成功的演出了。想不到刚好是莫扎特会变成我的保留曲目，这在我学习上是有历史意义的。我弹得非常干净，技巧好极——这是我第一次对自己的技巧满意！而风格，你们一定不会想象得到的。杰老师究竟是世界上有数的研究学问的教师，他对我的指导与启发太多了；而我自己也确实花了功夫。克拉可夫轰动了，音乐院的教授和学生全说：“崭新的莫扎特！”他们一致认为我的演奏全部是个人独特的，同时又完全是莫扎特。

和我演出的指挥耶尔齐·卡特莱维奇，是去年在巴黎国际指挥比赛得第一奖的，非常有才能。我们合作得好极了。乐队和指挥都是第一次演奏这个协奏曲（那是莫扎特最不流行的一支协奏曲），但听众都说简直认不得这个乐队了，变了另外一个乐队。弹到第二乐章，有许多听众哭了。莫扎特写这曲子的时期正是他写《安魂曲》以前不久；那时的莫扎特已不是以前的莫扎特，而是和后期的贝多芬、舒伯特、萧邦一样，都达到超出一切的清明的境界。

我现在才真正开始认识莫扎特，这样的可爱、温柔、清新。这支协奏曲的三个乐章是一个整体，像一条静静的流水，流得那么自然舒畅；第二乐章的境界特别恬静、和平；莫扎特已感到他不久于人世，但他已超临在生死之上，所唱的乃是未来的理想世界的颂歌。他是爱人生的，他是最温柔的，最能体贴人心的。而讲到幽默、活力，我怀疑没有莫扎特，是否会有普罗科菲耶夫！

他和声转调的大胆、色彩的变化都是了不起的；第一乐章有一段从 b 小调一下子就转到 C 大调！但注意一点（那是我始终一贯的信念），莫扎特和一切伟大的天才创造者一样，那些大胆的创造都不是形式上的，而是从他所要表现的内容出发的。比如那一句 b 小调，表现了一种淡淡的怅惘，马上转到 C 大调，就丢开了怅惘，重新活跃起来。而这两句，除了调性以外，可以说完全相同：真是多迷人的天才！

我把诸如此类的理解和杰老师谈，他非常欣赏。我想要理解作家，就该用这种方式。还有一个感想，弹协奏曲非看总谱不可。我这次有许多心得就是从总谱上研究出来的。

杰老师要我转告你们，他很高兴，说我能在二十二岁上就弹得那么出色的莫扎特！

他最近变得平易近人得多，对我好极了。许多波兰同学都说，很少看到杰老师关心学生像关心我这样的。我也比从前越来越喜欢他了。他作为教授，在风格上，在对每个作家的每个时期作品的理解上，在世界上要算是有数的权威了。我怀疑便是在苏联，除了技巧以外，现在是否能找到和他相比的教授！

二月二十九日夜—三月一日晨

亲爱的孩子：昨天整理你的信，又有些感想。

关于莫扎特的话，例如说他天真、可爱、清新等等，似乎很多人懂得，但弹起来还是没有那天真、可爱、清新的味儿。这道理，我觉得是“理性认识”与“感情深入”的分别。感性认识固然是初步印象，是大概的认识；理性认识是深入一步，了解到本质。但是艺术的领会，还不能以此为限。必须再深入进去，把理性所认识的，用心灵去体会，才能使原作者的悲欢喜怒化为你自己的悲欢喜怒，使原作者每一根神经的震颤都在你的神经上引起反响。否则即使道理说了一大堆，仍然是隔了一层。一般艺术家的偏于 intellectual［理智］，偏于 cold［冷静］，就因为他们停留在理性认识的阶段上。

比如你自己，过去你未尝不知道莫扎特的特色，但你对他并没发生真正的共鸣；感之不深，自然爱之不切了；爱之不切，弹出来当然也不够味儿；而越是不够味儿，越是引不起你兴趣。如此循环下去，你对一个作家当然无从深入。

这一回可不然，你的确和莫扎特起了共鸣，你的脉搏跟他的脉搏一致了，你的心跳和他的同一节奏了；你活在他的身上，他也活在你身上；你自己与他的共同点被你找出来了，抓住了，所以你才会这样欣赏他，理解他。

由此得到一个结论：艺术不但不能限于感性认识，还不能限于理性认识，必需要进行第三步的感情深入。换言之，艺术家最需要的，除了理智以外，还有一个“爱”字！所谓赤子之心，不但指纯洁无邪，指清新，而且还指爱！法文里有句话叫做“伟大的心”，意思就是“爱”。这“伟大的心”几个字，真有意义。而且这个爱绝不是庸俗的，婆婆妈妈的感情，而是热烈的、真诚的、洁白的、高尚的、如火如荼的、忘我的爱。

从这个理论出发，许多人弹不好东西的原因都可以明白了。光有理性而没有感情，固然不能表达音乐；有了一般的感情而不是那种火热的同时又是高尚、精练的感情，还是要流于庸俗；所谓 sentimental [滥情，伤感]，我觉得就是指的这种庸俗的感情。

一切伟大的艺术家（不论是作曲家，是文学家，是画家……）必然兼有独特的个性与普遍的人间性。我们只要能发掘自己心中的人间性，就找到了与艺术家沟通的桥梁。再若能细心揣摩，把他独特的个性也体味出来，那就能把一件艺术品整个儿了解了。当然不可能和原作者的理解与感受完全一样，了解的多少、深浅、广狭，还是大有出入；而我们自己的个性也在中间发生不小的作用。

大多数从事艺术的人，缺少真诚。因为不够真诚，一切都在嘴里随便说说，当作唬人的幌子，装自己的门面，实际只是拾人牙慧，并非真有所感。所以他们对作家决不能深入体会，先是对自己就没有深入分析过。这个意思，克利斯朵夫（在第二册内）也好像说过的。

真诚是第一把艺术的钥匙。知之为知之，不知为不知。真诚的“不懂”，比不真诚的“懂”，还叫人好受些。最可厌的莫如自以为是，自作解人。有了真诚，才会有虚心，有了虚心，才肯丢开自己去了解别人，也才能放下虚伪的自尊心去了解自己。建筑在了解自己了解别人上面的爱，才不是盲目的爱。

而真诚是需要长时期从小培养的。社会上，家庭里，太多的教训使我们不敢真诚，真诚是需要很大的勇气作后盾的。所以做艺术家先要学做人。艺术家一定要比别人更真诚，更敏感，更虚心，更勇敢，更坚忍，总而言之，要比任何人都 less imperfect ［较少不完美之处］！

好像世界上公认有个现象：一个音乐家（指演奏家）大多只能限于演奏某几个作曲家的作品。其实这种人只能称为演奏家而不是艺术家。因为他们的胸襟不够宽广，容受不了广大的艺术天地，接受不了变化无穷的形与色。假如一个人永远能开垦自己心中的园地，了解任何艺术品都不应该有问题的。

有件小事要和你谈谈。你写信封为什么老是这么不 neat ［干净］？日常琐事要做得 neat ［干净］，等于弹琴要讲究干净是一样的。我始终认为做人的作风应当是一致的，否则就是不调和；而从事艺术的人应当最恨不调和。我这回附上一小方纸，还比你用的信封小一些，照样能写得很宽绰。你能不能注意一下呢？以此类推，一切小事养成这种 neat ［干净］ 的习惯，对你的艺术无形中也有好处。因为无论如何细小不足道的事，都反映出一个人的意识与性情。修改小习惯，就等于修改自己的意识与性情。所谓学习，不一定限于书本或是某种技术；否则“随时随地都该学习”这句话，又怎么讲呢？我想你每次接到我的信，连寄书谱的大包，总该有个印象，觉得我的字都写得整整齐齐、清楚明白吧！

二月二十九日夜

你去南斯拉夫的日子，正是你足二十二岁生日。大可利用路上的时间，仔细想一想我每次信中所提的学习正规化、计划化、生活科学化等等，你不妨反省一下，是否开始在实行了？还有什么缺点需要改正？过去有哪些成绩需要进一步巩固？总而言之，你该作个小小的总结。

我们社会的速度，已经赶上了原子能时代。谁都感觉到任务重大而急迫，时间与工作老是配合不起来。所以最主要的关键在于争取时间。我对你最担心的就是这个问题。生活琐事上面，你一向拖拖拉拉，浪费时间很多。希望你大力改善，下最大的决心扭转过来。爸爸的心老跟你在一块，为你的成功而高兴，为你的烦恼而烦恼，为你的缺点操心！在你二十二岁生日的时候，我对你尤其有厚望！勇敢些，孩子！再勇敢些，克服大大小小的毛病，努力前进！

三月一日晨又字

四月十八日聪信摘录（波28）

南斯拉夫人民对中国的热爱和向往是使人非常感动的。他们对中国很熟悉，很早就学习中国的历史（主要是革命的历史）。他们自己有过极英勇的斗争历史，在反土耳其、反奥地利的斗争中，以及最后在反法西斯的斗争中，都表现了他们英勇不屈的民族的高贵品质。南国纪念碑之多，可谓惊人，真是处处血泪。他们所以向往和热爱中国，是和他们的民族遭遇有着很重要的关系的。这一点，作为中国人尤其感到光荣，感到温暖。

南国的风土之美，又是说不尽的。杜布罗夫尼克在海边，是六世纪时就有的古城，全部白石建成，古色古香，恍如到了希腊时代。那种明朗，那种安静，那种洁白，加上南国的阳光、海风和一片片绿色的森林，秀丽雄壮的山岗，我一辈子没见过比这更美的地方。那海水的蓝，蓝得像宝石一般。我在这城里住了五天，把一切疲劳都忘得干干净净，其余如孟的内哥罗的两个小城市，也是美得不能想象：山高水深，纯洁而又勇敢。大城市如萨格勒布、卢布尔雅那，以至其他的城市，无不各有其美。最大的特色是到处都明朗、干净、和平。我真是爱上了这个国家。

四月二十九日

亲爱的孩子：很奇怪你四月十八日写的信，内容很重要，为何隔了三天才寄呢？邮戳是四月二十一日，到上海是二十八日，路上倒很快；你自己为什么耽误呢？节目单、招贴、明信片等等都没到。过去你也是用航空寄的，怎么此次信到了一天多，那些东西还没到呢？

你信上第一段，很可作为一篇通讯，我想抄下来寄给《中国青年》半月刊。可惜内容还是不够些；例如南国风光，还要写得具体些；与当地人士及艺术家的接触也要多写些才好。你能再补些材料来吗？第一次在 Belgrade［贝尔格莱德］弹两支协奏曲中的萧邦协奏曲是 e min. ［e 小调］还是 f min. ［f 小调］？望告知！

信上第二三段的事，我已处理：一、把来信抄下一份，二、附我的意见；一式两份寄给文化部夏衍副部长，其中一份请他转呈周总理。因此事涉及文化部及外交部各方面。(……)

你有这么坚强的斗争性，我很高兴。但切勿急躁，妨碍目前的学习。以后要多注意：坚持真理的时候必须注意讲话的方式、态度、语气、声调。要做到越有理由，态度越缓和，声音越柔和。坚持真理原是一件艰巨的斗争，也是教育工作，需要好的方法、方式、手段，还有是耐心。万万不能动火，令人误会。这些修养很不容易，我自己也还离得远呢。但你可趁早努力学习！

经历一次磨折，一定要在思想上提高一步。以后在作风上也要改善一步。这样才不冤枉。一个人吃苦碰钉子都不要紧，只要吸取教训，所谓人生或社会的教育就是这么回事。你多看看文艺创作上所描写的一些优秀党员，就有那种了不起的耐性，肯一再的细致的说服人，从不动火，从不强迫命令。这是真正的好榜样。而且存了这种心思，你也不会再烦恼；而会把斗争当作日常工作一样了。要坚持，要贯彻，但是也要忍耐！（……）

你想回来一次的事，我不是不赞成，只是始终考虑到你的学习会受到损失。你在国外过暑假，也许比国内更能休息。我最关切的是这个。一定不能耽误学习时间，同时，暑中又一定得彻底休息几天。假如你认为真有回家的必要，同时也不致如何妨碍学业，则望先与使馆谈谈，并速来信告知，让我征求中央的意见。要是不能坐飞机，那就耽误时日太多了。

五月九日聪信摘录（波29）

我的信作为通讯发表恐怕不相宜。要现写也很难，弄得不好，像自吹自捧；有许多材料也不适合中国读者。写得老实，别人会觉得我自高自大；否则就得套上八股，而我又不会。现在就得开始学理论，一定很忙，我动笔又慢，没把握能抽出时间。

说到暑假回家一节，其实对学业并无影响。飞机回来也不过两千多兹罗提。但留学生除了已结婚的，在学习期间，一律不准回国；对我一个人是否能特殊处理，就不敢说了。至少我自己很难向使馆提。

我希望回来一次，一方面是想念祖国，想念家；一方面也想在各方面多知道些祖国的情况，看看国内音乐界的同志们努力的成就如何；我自己学习的心得，也想和国内同志交流一下。杰老师常常出外表演，暑期中更不敢说有上课的机会。所以在这方面是不必顾虑的。你们的意见怎样，是不是明年回来更好呢？

五月十五日聪信摘录（波30）

前天杰老师告诉我，今年八月间在萨尔茨堡将举行莫扎特比赛，包括歌唱、提琴、钢琴、指挥等。钢琴部分的节目有：三支《协奏曲》，二支《奏鸣曲》，一支《幻想曲》或《回旋曲》或《变奏曲》。他的意见是希望我去参加，一则他认为我可能成功，二则也是个很好的学习机会。萨尔茨堡原来是莫扎特的故乡，今年又是大规模的纪念，将集中欧洲最优秀的音乐家和乐队。时间又在暑假，对我学校里的学习不会有任何妨碍。

我自己是很想去的。我自信在这比赛上能有所作为，而且节目很严肃，很有分量，不是那种可以投机取巧的比赛。我不怕比真功夫，只怕投机取巧。我的节目除已有二支协奏曲外，另外准备练《降B大调协奏曲》（K456）——这是一支非常美而适合于我的曲子。就是乐谱一下子还弄不到。《奏鸣曲》昨天已开始练降B大调（K570）和降E大调（K449）。今天已在杰老师那儿上过课，他很满意。

过去我对莫扎特毫无所知；而这半年来我能掌握的莫扎特，的确是很不少了：在音乐上、技巧上都是如此。我现在弹莫扎特觉得最稳。最近练琴练得多，有些收获。

在欧洲我所听到演奏莫扎特的很多，特别是今年，很多有名的钢琴家，不论是现场听的还是听无线电的，真正好的演奏太少了。有这么一种感觉，要就是多愁善感，夸张而不朴素，制造效果的；要就是那种冷冰冰，干巴巴，缺乏水分的。

五月二十四日下午

一回家就看到你本月九日的信，及杰老师十五日信。今天又收到你十五日信（邮戳是十七），我急急忙忙把杰老师的信打字抄了三份，又译成中文，也是一式三份；又附了我的意见，一齐寄给文化部去，与此信同时付邮。

我完全赞同你参加莫扎特比赛：第一因为你有把握，第二因为不须你太费力练 technic［技巧］，第三节目不太重，且在暑期中，不妨碍学习。

至于音乐院要你弄理论，我也赞成。我一向就觉得你在乐理方面太落后，就此突击一下也好。只担心科目多，你一下子来不及；则分做两年完成也可以。因为你波兰文的阅读能力恐怕有问题，容易误解课本的意义。目前最要紧的是时间安排得好：事情越忙，越需要掌握时间，要有规律，要处处经济；同时又不能妨碍身心健康。

五月三十一日

亲爱的孩子：十五日来信收到。杰老师信已复去。二十四日我把杰老师来信译成中文寄给文化部，也将原信打字附去一并请示。昨（三十日）接夏衍对我上月底去信的答复，特抄附。信中提到的几件事，的确值得你作为今后的警戒。我过去常常嘱咐你说话小心，但没有强调关于国际的言论，这是我的疏忽。嘴巴切不可畅，尤其在国外！对宗教的事，跟谁都不要谈。我们在国内也从不与人讨论此事。在欧洲，尤其犯忌。你必须深深体会到这些，牢记在心！对无论哪个外国人，提到我们自己的国家，也须特别保留。你即使对自己要求很严，并无自满情绪；但因为了解得多了一些，自然而然容易恃才傲物，引人误会。我自己也有这毛病，但愿和你共同努力来改掉。对波兰的音乐界，在师友同学中只可当面提意见；学术讨论是应当自由的，但不要对第三者背后指摘别人，更不可对别国的人批评波兰的音乐界。别忘了你现在并不是什么音乐界的权威！也勿忘了你在国内固然招忌，在波兰也未始不招忌。一个人越爬得高，越要在生活的各方面兢兢业业。你年轻不懂事，但只要有决心，凭你的理解力，学得懂事并不太难。(……)

在家信中什么都可以谈，不必像夏公信中说的那么矜持。一个人必须有地方发泄，才能做到对外面谨慎。

六月十四日下午

亲爱的孩子：我六月二日去安徽参观了淮南煤矿、佛子岭水库、梅山水库，到十二日方回上海。此次去的人是上海各界代表性人士，由市政协组织的，有政协委员、人民代表，也有非委员代表。看的东西很多，日程排得很紧，整天忙得不可开交。我又和邹韬奋太太（沈粹缜）两人当了第一组的小组长，事情更忙。一回来还得写小组的总结，今晚，后天，下周初，还有三个会要开，才能把参观的事结束。祖国的建设，安徽人民那种急起直追的勇猛精神，叫人真兴奋。各级领导多半是转业的解放军，平易近人，朴素老实，个个亲切可爱。佛子岭的工程全部是自己设计、自己建造的，不但我们看了觉得骄傲，恐怕世界各国都要为之震惊的。科技落后这句话，已经被雄伟的连拱坝打得粉碎了。淮南煤矿的新式设备，应有尽有；地下三百三十公尺深的隧道，跟国外地道车的隧道相仿，升降有电梯，隧道内有电车，有通风机，有抽水机，开采的煤用皮带拖到井上，直接装火车。原始、落后、手工业式的矿场，在解放以后的六七年中，一变而为赶上世界水平的现代化矿场，怎能不叫人说是奇迹呢？详细的情形没功夫和你细谈，以后我可把小组总结抄一份给你。

五月三十一日寄给你夏衍先生的信，想必收到了吧？他说的话的确值得你深思。一个人太顺利，很容易于不知不觉间忘形的。我自己这次出门，因为被称为模范组长，心中常常浮起一种得意的感觉，猛然发觉了，便立刻压下去。但这样的情形出现过不止一次。可见一个人对自己的斗争是一刻也放松不得的。至于报道国外政治情况等等，你不必顾虑。那是夏先生过于小心。《波兰新闻》（波大使馆每周寄我的）上把最近他们领导人物的调动及为何调动的理由都说明了。可见这不是秘密。

(……)

看到内地的建设突飞猛进，自己更觉得惭愧，总嫌花的力量比不上他们，贡献也比不上他们，只有抓紧时间拼下去。从黄山回来以后，每天都能七时余起床，晚上依旧十一时后睡觉。这样可以腾出更多的时间。因为出门了一次，上床不必一小时、半小时的睡不着，所以既能起早，也能睡晚，我很高兴。

你有许多毛病像我，比如急躁情绪，我至今不能改掉多少；我真着急，把这个不易革除的脾气传染给了你。你得常常想到我在家里的“自我批评”，也许可以帮助你提高警惕。

六月二十五日聪信摘录（波31）

我出去演奏，跑了两星期，去凯尔采和斯塔利诺格拉德弹莫扎特的《G大调钢琴协奏曲》（K453）、《F大调钢琴协奏曲》（K459）和《降B大调钢琴协奏曲》（K595）。因为想万一去参加比赛，事先多多锻炼总是好的。《G大调钢琴协奏曲》是我二十天前才开始练的，成绩都好。斯塔利诺格拉德的乐队很好，指挥很认真。莫扎特的协奏曲实在都是交响曲。我常常不满意乐队，这一回很满意，因为我的诠释，包括所有乐队部分在内，假如乐队不照我的意思做，会格格不入，不能成为一个完美的整体。

我的手指技巧，自己觉得更有进步了，音乐理解也是如此。莫扎特像一颗年轻的种子，忽然在我心中开了花。我多么希望你们能听到我弹的莫扎特。

今年若不参加比赛，我觉得应该回去一次，寒假里也许更好，希望在国内举行一些演奏会，特别把我这几年学的几个协奏曲演奏一下。（二个萧邦的，二个贝多芬的，四个莫扎特的。）

我决心要把全部莫扎特的《钢琴协奏曲》学完，那是最好的基础；而莫扎特又是如何了不起的天才！真是发掘不尽的宝藏，真懂得他的人那么少。因为他固然是人世的，同时那么纯洁、宁静、朴实。

我现在才懂得为什么卫登堡①那么爱莫扎特。

我相信莫扎特将永远留在我心中。我切盼能有一套全部莫扎特钢琴协奏曲总谱袖珍本。

各封来信中写的祖国各方面的情况令人又兴奋，又感动，又惭愧。夏衍先生的意见确是值得我深思的。我太真诚，太坦白，心中实在只有一片好意，有时却也闯祸；尤其在欧洲住久了，不免更感染了欧洲人那种直言不讳、坦率的作风。譬如关于宗教问题，我并没有自发的提起这个问题；南国记者谈起他们自己的情况，说他们有许多困难是由于宗教之故，听说波兰的情况也是如此，我当时只说了“是”，结果在报纸上发表的却成了我的意见了。

杰老师已收到你的复信。学习问题还得看着办，不必现在就肯定多久赶完。我自己的意见，最好在波兰多耽上四年五年，但一两年后每年回国三个月：一方面提前参加祖国的音乐建设，一方面能继续深造。

最近在这儿听到施纳贝尔和费舍尔演奏的三个莫扎特协奏曲，我一个都不满意。更奇怪的，从前曾经那么着迷的《降B大调钢琴协奏曲》（施纳贝尔弹的家里有的那一套），现在我发现毛病百出，太沉重，太紧张不安，太浮夸，乐队伴奏更是沉重得不像话。

---

① Alfred Wittenberg［阿尔弗雷德·卫登堡］（1880—1952），驰誉欧洲乐坛的德国犹太小提琴家和钢琴家。一九三九年初受纳粹迫害，流亡到上海，以教琴为生。一九四九年后任教于现在的上海音乐学院，一九五二年七月病逝于上海。一九五一年左右，傅雷为培养熏陶傅聪，常常请他到家给予指教。卫登堡常常在琴上情不自禁的弹奏莫扎特作品，深情的陶醉于他深爱的莫扎特音乐之中。

七月一日晚

亲爱的孩子：五个星期没接到信，有点焦急。首先想到你是否太累而病了。今日接二十五日来信，心里的石头才算放下。

这一晌我忙得不可开交。一出门，家里就积起一大堆公事私事。近来两部稿子的校样把我们两人逼得整天的赶。一部书还是一年二个月以前送出的，到现在才送校，和第二部书挤在一起。政协有些座谈会不能不去，因为我的确有意见发表。好些会议我都不参加，否则只好停工、脱产了。人代大会在北京开会，报上的文件及代表的发言都是极有意思的材料，非抽空细读不可；结果还有一大半没有过目。陆定一关于“百花齐放、百家争鸣”的报告很重要，已于二十九日寄你一份。届时望你至少看两遍。我们真是进入了原子时代，tempo［节奏］快得大家追不上。需要做、写、看、听、谈的东西实在太多了。政协竭力希望我们反映意见，而反映意见就得仔细了解情形，和朋友商量、讨论，收集材料。

是否参加莫扎特比赛，三天前我又去信追问，一有消息，立即通知你。来信说的南斯拉夫新闻记者关于宗教问题事，令我想起《约翰·克利斯朵夫》中的事。记者老是这个作风，把自己的话放在别人嘴里。因为当初我的确是吓了一大跳的：怎么你会在南国发表如此大胆的言论呢？不管怎样，以后更要处处小心。史大正到后，对他也不要随便乱谈。他在写给国内的信中，倘若把你的话不经意的误传一下，对你的影响就不小。你也得当面常常嘱咐他：大家不要惹是非。

七月六日

今天收到夏衍先生来信，略称：“关于傅聪同志参加莫扎特钢琴比赛之事，接函后（指五月去的信）即与有关方面联系，到最近为止，奥国方面迄未邀请，我国与奥地利尚无外交关系，对方未提邀请，我方不便自动前往，经第三国建议，亦属不妥，故已决定不派人参加。”

此事我今直接函告杰老师；他为此事很热心，应当对他有个交代。

七月二十四日聪信摘录（波32）

七十—七十一两信都已收到。不能参加莫扎特比赛真是可惜。其实，比赛原不邀请，奥国向任何一国都未提出邀请，只是通知而已。所谓邀请，恐怕也就是通知的意思。我国与奥国既无外交关系，宣传材料当然不会寄给我国了。

最近练了很多作品：巴赫《随想曲》，莫扎特《奏鸣曲》，斯卡拉蒂多首《奏鸣曲》，勃拉姆斯《韩德尔主题变奏曲》，弗兰克《恶魔》（钢琴与乐队的交响诗），德彪西《意象集》。另外练出了三个莫扎特协奏曲：F 大调（K413）、降 B 大调（K456）、c 小调（K419）。你们也许会奇怪我为什么这样热衷于莫扎特的协奏曲；假如你们听到了这些了不起的作品，就不会奇怪了。他的协奏曲比他的任何其他器乐曲、交响曲都好，比钢琴奏鸣曲价值高得多了。最近看了一本论莫扎特的百科全书，摘录许多世界古今名家的话，一致认为《钢琴协奏曲》是莫扎特在器乐方面最高的成就。在他的三十余首交响曲里，只有五六首是精品。三十余首《弦乐四重奏》里，也只有十首最优秀。而二十八首《钢琴协奏曲》差不多全是精品，表现的内容那么丰富、多样，一首一个面目，这是莫扎特最得心应手的形式。其中有诗意、热情、人情、淡雅、微妙、深邃，都是结合得最完美的，真是发掘不尽的宝藏。事实上，它们却是多么粗暴的被人忽略了；这也是那些谱子难找的缘故。

莫扎特的传记使我很感动，他的信尤其有意思。能找到一本英文的传记寄给我吗？我看了一些阿尔弗雷德·爱因斯坦写的，特别好，很深刻，真懂得莫扎特。莫扎特真是人类最伟大的奇迹之一，真正希腊精神的化身！

七月二十九日—八月一日

上次我告诉你政府决定不参加 Mozart［莫扎特］比赛，想必你不致闹什么情绪的。这是客观条件限制。练的东西，艺术上的体会与修养始终是自己得到的。早一日露面，晚一日露面，对真正的艺术修养并无关系。希望你能目光远大，胸襟开朗，我给你受的教育，从小就注意这些地方。身外之名，只是为社会上一般人所追求、惊叹，对个人本身的渺小与伟大都没有相干。孔子说的“富贵于我如浮云”，现代的“名”也属于精神上“富贵”之列。

这一年来常在外边活动，接触了许多人；总觉得对事业真正爱好、有热情，同时又有头脑的人实在太少。不求功利而纯粹为真理、为进步而奋斗的，极少碰到。最近中央统战部李维汉部长宣布各民主党派要与共产党长期共存，互相监督，特别是对共产党监督的政策。各党派因此展开广泛讨论，但其中还是捧场恭维的远过于批评的。要求真正民主，必须每个人自觉的不断的斗争。而我们离这一步还远得很。社会上多的是背后发牢骚，当面一句不说，甚至还来一套颂扬的人。这种人不一定缺少辨别力，就是缺少对真理的执著与热爱，把个人的利害得失看得高于一切。当然，要斗争、要坚持，必需要讲手段、讲方式，看清客观形势；否则光是乱冲乱撞，可能头破血流而得不到一点结果。

七月二十九日

不知怎样，这封信老是写不结束。越是想跟你谈点实际问题，越是空空洞洞，谈不出来。今天接到七月二十四日来信。莫扎特的协奏曲比他别的作品（除了 opera［歌剧］）都精，我也看到这句话。有一本（英文）专讲莫扎特协奏曲的书（李先生借给我的），想托勃隆斯丹替你买。这书相当专门，一大半我看不懂，因为例子很多，对你一定有用。你现有的 Mozart concerto score［莫扎特协奏曲乐谱］，望开一张单子来，我慢慢托人设法弄其余的。据说 K449（Eb［降 E 大调］）起，才是莫扎特最好的协奏曲，我替你定购乐谱时预备先从 K449 以后的订起，你看如何？

知道你练了很多新作，弗兰克那作品，前面有首法文诗，可惜没时间研究。假如你需要，望来信，我还可以抽出时间来译成大意寄你。

领导对音乐的重视，远不如对体育的重视，这是我大有感慨的。体育学院学生的伙食就比音院的高 50%。我一年来在政协会上，和北京来的人大代表谈过几次，未有结果。国务院中有一位副总理（贺）专管体育事业，可有哪一位副总理专管音乐？假如中央对音乐像对体育同样看重，这一回你一定能去 Salzburg［萨尔茨堡］了。既然我们请了奥国专家来参加我们北京举行的莫扎特纪念音乐会，为什么不能看机会向这专家提一声 Salzburg［萨尔茨堡］呢？只要三四句富于暗示性的话，他准会向本国政府去提。这些我当然不便多争。中央不了解，我们在音乐上得一个国际大奖比在奥林匹克运动会上得几个第三第四，影响要大得多。

这次音乐节，谭伯伯[①]的作品仍无人敢唱。为此我写信给陈毅副总理去，不过时间已经晚了，不知有效果否？北京办莫扎特纪念音乐会时，茅盾当主席，说莫扎特富有法国大革命以前的民主精神，真是莫名其妙。我们专爱扣帽子，批判人要扣帽子；捧人也要戴高帽子，不管这帽子戴在对方头上合适不合适。马思聪写的文章也这么一套。我在《文艺报》文章里特意撇清这一点，将来寄给你看。国内乐坛要求上轨道，路还遥远得很呢。比如你回国，要演奏 concerto［协奏曲］，便是两三支，也得乐队花半个月的气力，假定要跟你的 interpretation［演绎］取得一致，恐怕一支 concerto［协奏曲］就得练半个月以上。所以要求我们理想能实现一部分，至少得等到第二个五年计划以后。不信你瞧吧。

八月一日

关于对莫扎特的理解，望随时写些寄来。一个时期有一个时期的领会，几年以后就会大变；现在留些记录，等成熟以后真要写书时也有帮助。

---

① 我国优秀作曲家谭小麟。

十月三日晨

亲爱的孩子：你回来了，又走了；[1] 许多新的工作、新的忙碌、新的变化等着你，你是不会感到寂寞的；我们却是静下来，慢慢的恢复我们单调的生活，和才过去的欢会与忙乱对比之下，不免一片空虚——昨儿整整一天若有所失。孩子，你一天天的在进步，在发展：这两年来你对人生和艺术的理解又跨了一大步，我愈来愈爱你了，除了因为你是我们身上的血肉所化出来的而爱你以外，还因为你有如此焕发的才华而爱你：正因为我爱一切的才华，爱一切的艺术品，所以我也把你当作一般的才华（离开骨肉关系），当作一件珍贵的艺术品而爱你。你得千万爱护自己，爱护我们所珍视的艺术品！遇到任何一件出入重大的事，你得想到我们——连你自己在内——对艺术的爱！不是说你应当时时刻刻想到自己了不起，而是说你应当从客观的角度重视自己：你的将来对中国音乐的前途有那么重大的关系，你每走一步，无形中都对整个民族艺术的发展有影响，所以你更应当战战兢兢，郑重将事！随时随地要准备牺牲目前的感情，为了更大的感情——对艺术对祖国的感情。你用在理解乐曲方面的理智，希望能普遍的应用到一切方面，特别是用在个人的感情方面。我的园丁工作已经做了一大半，还有一大半要你自己来做的了。爸爸已经进入人生的秋季，许多地方都要逐渐落在你们年轻人的后面，能够帮你的忙将要越来越减少；一切要靠你自己努力，靠你自己警惕，自己鞭策。你说到技巧要理论与实践结合，但愿你能把这句话用在人生的实践上去；那

---

① 傅聪于一九五六年八月下旬回到上海与父母团聚，并应邀在上海举行了一场钢琴独奏会和两场莫扎特钢琴协奏曲音乐会，并于九月底去京转赴波兰继续留学。

么你这朵花一定能开得更美，更丰满，更有力，更长久！

谈了一个多月的话，好像只跟你谈了一个开场白。我跟你是永远谈不完的，正如一个人对自己的独白是终身不会完的。你跟我两人的思想和感情，不正是我自己的思想和感情吗？清清楚楚的，我跟你的讨论与争辩，常常就是我跟自己的讨论与争辩。父子之间能有这种境界，也是人生莫大的幸福。除了外界的原因没有能使你把假期过得像个假期以外，连我也给你一些小小的不愉快，破坏了你回家前的对家庭的期望。我心中始终对你抱着歉意。但愿你这次给我的教育（就是说从和你相处而反映出我的缺点）能对我今后发生作用，把我自己继续改造。尽管人生那么无情，我们本人还是应当把自己尽量改好，少给人一些痛苦，多给人一些快乐。说来说去，我仍抱着“宁天下人负我，毋我负天下人”的心愿。我相信你也是这样的。

这几日你跟马先生一定谈得非常兴奋。能有一个师友之间的人和你推心置腹，也是难得的幸运。孩子，你不是得承认命运毕竟是宠爱我们的吗？

十月六日午

亲爱的孩子：没想到昨天还能在电话中和你谈几句：千里通话，虽然都是实际事务，也传达了多少情言！只可惜没有能多说几句，电话才挂断，就惶惶然好像遗漏了什么重要的嘱咐。回家谈了一个多月，还没谈得畅快，何况这短短的三分钟呢！

你走了，还有尾声。四日上午音协来电话，说有位保加利亚音乐家——在音乐院教歌唱的，听了你的音乐会，想写文章寄回去，要你的材料。我便忙了一个下午，把南斯拉夫及巴黎的评论打了一份，又另外用法文写了一份你简单的学习经过。昨天一整天，加上前天一整晚，写了七千余字，题目叫做《与傅聪谈音乐》，内分三大段：（一）谈技巧，（二）谈学习，（三）谈表达。交给《文汇报》去了。前二段较短，各占二千字，第三段最长，占三千余字。内容也许和你谈的略有出入，但我声明在先，"恐我记忆不真切"。文字用问答体；主要是想把你此次所谈的，自己留一个记录；发表出去对音乐学生和爱好音乐的群众可能也有帮助。等刊出后，我会剪报寄华沙。

阿敏有信来，才知道你二日坐飞机坐得够累了。你在京有独奏会，真是听了一则以喜，一则以惧；我们都担心你身体太疲劳。北京的节目单，至少寄五六份回来，别忘了！

昨天在马家打长途电话，你不管马先生收不收，一定要付十三元，最好见信即付，以免临行匆促，搞忘了！

我还着急你只剩八日一天可和部长谈话，不知他们是否能抽出时间来？

十月八日聪信摘录（32B）

今天下午到夏部长家谈了一个钟头，时间太少，没法谈得周到。学习问题：他说我再出去二年就回国，以后还要再出国学习。但完全是研究性质的了，也不一定再去波兰。他说这些还没有完全决定，要看实际情况。生活问题：他说将去信王炳南大使，叫我到华沙找大使谈，然后由大使馆作一个报告给文化部，就可以解决。

音乐会成绩很好，比上海完整，就是钢琴声音太闷，不够漂亮。

在北京一直忙，各种宴会，自己又要练琴。昨天音乐会完了很累，也没有时间好好睡觉。这回在北京，倒是什么地方都没听到人说我骄傲，就连部长谈话之间都一点也没有那种意思。我今晚还要理东西，录音也不知道要弄到几点呢！

十月十日深夜—十一日下午

这两天开始恢复工作；一面也补看文件，读完了刘少奇同志在“八大”的报告，颇有些感想，觉得你跟我有些地方还是不够顾到群众，不会用适当的方法去接近、去启发群众。希望你静下来把这次回来的经过细想一想，可以得出许多有益的结论。尤其是我急躁的脾气，应当作为一面镜子，随时使你警惕。感情问题，务必要自己把握住，要坚定，要从大处远处着眼，要顾全局，不要单纯的逞一时之情，要极冷静，要顾到几个人的幸福，短视的软心往往会对人对己造成长时期的不必要的痛苦！孩子，这些话千万记住。爸爸妈妈最不放心的就是这些。

学习方面，我还要重复一遍：重点计划必不可少。平日生活要过得有规律一些，晚上睡觉切勿太迟。你走了，仍有多方面的人反映，关心你的健康。睡眠太迟与健康最有影响。这些你都得深自克制！

十月十日深夜

今日上午收到来信。你这样忙，怎么还去录音？身体既吃不消，效果也不一定会好。

谢谢你好意，想送我《苏加诺藏画集》。可是孩子，我在沪也见到了，觉得花一百五十元太不值得。真正的好画，真正的好印刷（三十年代只有德、荷、比三国的美术印刷是世界水平；英、法的都不行。二次大战以后，一般德国犹太人亡命去美，一九四七年时看到的美国名画印刷才像样)，你没见过，便以为那画册是好极了。上海旧书店西欧印的好画册也常有，因价贵，都舍不得买。你辛辛苦苦，身体吃了很多亏挣来的钱，我不能让你这样花。所以除了你自己的一部以外，我已写信托马先生退掉一部。省下的钱，慢慢替你买书买谱，用途多得很，不会嫌钱太多的。这几年我版税收入少，要买东西全靠你这次回来挣的一笔款子了。(……)

说到骄傲，我细细分析之下，觉得你对人不够圆通固然是一个原因，人家见了你有自卑感也是一个原因，而你有时说话太直更是一个主要原因。例如你初见恩德，听了她弹琴，你说她简直不知所云。这说话方式当然有问题。倘能细细分析她的毛病，而不先用大帽子当头一压，听的人不是更好受些吗？有一夜快十点多了，你还要练琴，她劝你明天再练，你回答说：像你那样，我还会有成绩吗？对待人家的好意，用反批评的办法，自然不行。妈妈要你加衣，要你吃肉，你也常用这一类口吻。你惯了，不觉得；但恩德究不是亲姐妹，便是亲姐妹，有时也吃不消。这些毛病，我自己也常犯，但愿与你共勉之！从这些小事情上推而广之，你我无意之间伤害人的事一定不大少，也难怪别人都说我们骄傲了。我平心静气思索以后，有此感想，不知你以为如何？

留波学习问题，且待过了明年再商量。那时以前我一定会去北京，和首长们当面协商。主要是你能把理论课早日赶完，跟杰老师多学些东西。照我前一晌提议的，每个作家挑一二代表作，彻底研究，排好日程，这一二年内非完成不可。

平日仍望坚持牛奶、鸡子、牛油。无论如何，营养第一，休息睡眠第一。为了艺术，样样要多克制自己！再过二年的使徒生活，战战兢兢的应付一切。人越有名，不骄傲别人也会有骄傲之感：这也是常情；故我们自己更要谦和有礼！

十月十一日下午

十月十五日聪信摘录（波33）

到华沙天气很好，两月不见，我好似增加了对它的感情似的，真有一种回家的感觉，波兰对我究竟是很亲切的。

在北京，和夏衍部长谈话时，他曾给我许多很好的指教。他说他看了南斯拉夫的评论，另一方面，曾遇到无数南斯拉夫来中国的代表团，及南驻华大使馆的人员，没有一个不是热烈的赞不绝口的，他说，“恐怕在中国，你会感到不像国外那样的温暖吧。一个真有成就的艺术家，有时不免要有些寂寞感的，但千万不要介介于心。”他希望我以后在国外学习时要想到这一点，要一方面能够自己深造，同时也顾到国内群众的需要，要尽到自己一份带路人的责任。这其实就是一个“普及”和“提高”相结合的问题。我觉得他说得很对，以后我是应该在这方面多多注意。

我正在看尼赫鲁的《印度的发现》，写得太好了，他是属于大智大慧的那种政治家，也只有一个像印度那样有深厚文化基础的国家，才会出这样的人才。这本书使我发现在印度的文化里有多么宝贵的东西，尤其是关于佛教的片段。

在北京时，曾听到好几次苏加诺的讲话，也使我很感动，他说话像真正的艺术家，那么热情、朴素、直率、有力，同时又具有一种迷人的宽大的风度。他说话有一种异常的煽动力，我从来没听到过那样使我激动的讲话，东方是真正的人类文化的宝藏！

到华沙后感到完全不同的气氛，我们的国家虽然有许多缺点，但整个说来，却是朝气蓬勃的，这儿却有一种灰色的感觉，这种感觉是很沉重的。

十一月七日＊

亲爱的聪：自你离家后，虽然热闹及冷静的对照剧烈，心里不免有些空虚之感，可是慢慢又习惯了，恢复了过去的宁静平淡的生活。我是欢喜热闹的，有时觉得宁可热闹而忙乱，可不愿冷静而清闲。

马先生有信来，告诉我们已把《苏加诺藏画集》二大册寄给你，还多余二百多元。并知道你还没有给他去信，问我们是否接到你的信，要我们把你近况告诉他，以免他悬念。可知你太糊涂了，马先生一家待你多好，像自己的儿子一般，你怎么不一回到华沙马上去信道谢，在礼貌上也说不过去。我记得你走前曾讲过，以后要跟马先生多通通信，所以我们想不用叮咛再三了，这一些小节你是应该知道的，你虽然忙，可是这个信百忙中也得写。不知你最近是否已去信？千万不可懒笔，马先生他们跟我们一样关心你呀。

这里自十一月三日起，南北昆曲大家在长江大戏院作二十天的观摩演出，我们前后已看过四场，第一晚是北方演员演出，最精彩的是《钟馗嫁妹》，是一出喜剧，画面美观而有诗意，爸爸为这出戏已写好了一篇短文章，登出后寄你看。侯永奎的《林冲夜奔》，功夫好到极点，一举一动干净利落，他的声音美而有 feeling［感情］，而且响亮，这是武生行中难得的。他扮相、做功、身段，无一不美，真是百看不厌。白云生、韩世昌的《游园惊梦》也好，尤其五十九岁的韩世昌，扮杜丽娘，做功细腻，少女怀春的心理描摩得雅而不俗。第二晚看《西游记》里的《胖姑学舌》，也是韩世昌演的，描写乡下姑娘看了唐僧取经前朝廷百官送行的盛况，回家报告给父老听的一段，演得天真活泼，完全是一个活灵活现的乡姑，令人发笑。一个有成就的艺术家，虽是得天独厚，但也是自己苦修苦练，研究出来的。据说他能戏很多，梅兰芳有好几出戏，也是向他学来的。南方的演员，我最欣赏俞振飞，他也是唱做俱全，一股书生气，是别具一格的。其余传字辈的一批演员也不错。总之，看了昆剧对京戏的趣味就少了。还有一件事告诉你，是我非常得意的，我先去看了电影豫剧《花木兰》，是豫剧名演员常香玉主演的，集河南坠子、梆子、民间歌曲等等之大成。常香玉的天生嗓子太美了，上下高低的 range［音域］很广，而且会演戏，剧本也编得好，我看了回家，大大称赏；碰巧这几天常香玉的剧团在人民大舞台演出，第一晚无线电有剧场实况播送，给爸爸一听，他也极赞赏她的唱腔。隔一天就约了恩德一起到长宁电影院看《花木兰》电影。你是知道的，爸爸对什么 art［艺术］的条件都严格，看了这回电影，居然大为满意，解放以来他第一次进电影院，而看的却是古装的中国电影，那真是不容易的。这个电影唯一的缺点，是拍摄的毛病，光线太暗淡，不够 sharp［清晰］。恩德请我们在人民大舞台看了一次常香玉的红娘，《拷红》里小丫头的恶作剧，玲珑调皮，表演得淋漓尽致。我跟爸爸说，要是你在上海，一定也给迷住了呢！

十一月十五日聪信摘录（波 34）

你们一定又等着我的信等着急了吧！这回我又遭遇了住房的困难，像一年前一样。上月二十日，招待所的主任突然通知我说，在二十三日开始举行新的议会选举，所有的房间都要用，限我于三天之内迁出，而且以后招待所将只属于议会专用。我当时大吃一惊，便质问他为何不早先通知。他说此事已于一个月前通知文化部，文化部始终置之不理。我便去文化部问，部长办公室主任态度蛮横，说此事乃前任部长办的，与现任部长无关；而且中波文化协定并未规定要为我解决住房问题。我无法，只好搬往哈拉谢维奇家中暂住，钢琴及大部分行李暂时寄存招待所。与使馆谈了，他们同意找私人家中出租房子。这二星期来就一直为这事忙得发昏，正好又遇上政治局势不稳，人心惶惶，什么事都比平常更难办。找来找去，不是太贵，便是太小，或是离城太远；终于找到了一间在市中心的房子，房主是工人，房租每月六百兹罗提，我已于前天搬来。但这儿的房主文化水平极低，对于我经常练琴等都有意见，还是诸多不便。所以我还打算继续找更合意的地方。房租问题使馆已写报告回国，等候批准，但六百兹罗提实在是太贵了。

十二月二十三日聪信摘录（波35）

从卡托维茨和洛兹回来，整整两个星期，为了住房问题花足了心思，直到三天前，才算基本解决。回来后第一天去使馆，就知道高教部来了电话，表示不同意我住私人房屋，一定要住学校宿舍；使馆方面也官僚主义得很，只要上头下的命令，就得百分之百执行，也不考虑实际情况。但事实上做不到，因为波兰方面，学校宿舍一个空额也没有，现在是学季的半中间，不能把原来住的学生赶出去。使馆和波兰文化部办了好几次交涉，也还是解决不了。文化部转达杰老师的意见，认为还是租私人房子为妥。最后由学校出面，接洽了现在我住的这间房子，使馆才算同意了。我觉得使馆方面和波兰方面都是只管自己的主意，根本不管我。结果又是两个星期糟蹋掉了，既不能正规的好好学习，也不能好好休息，心情因此很不愉快。

现在住的地方是一个画家家里，一共是三间房，他们住两间，我住一间，中间隔着一个走廊，所以相当安静。主人是夫妇两个，和一个十一岁的女孩子，人很朴素，虽然不是那种文化修养很高的，却是很规矩可靠。吃饭也就包在他们那里，每月一千兹罗提，吃得还好；特别有一点很方便，就是像家里一般，一天到晚什么时候想喝茶或是什么零碎吃的都可以。

上海音乐会结束后，傅聪与父母同游杭州九溪十八涧，

这是傅聪与父母的最后一次出游（一九五六年）

傅聪回国度假，为上海音乐会作准备，父子在琴旁切磋（一九五六年）

一九五七年

十八通

1957

一月十四日*

亲爱的聪：左盼右盼，总算盼到了你的信，要是你住的问题不解决，我们也不会安心。现在有了着落，得之不易。与人家合住，第一要自己识趣，能好好相处下去。房东是画家，弄艺术的人总比较容易接近，能像在自己家里一样，再好也没有了。自接到你回波信后，我们就不敢把信及书寄到原来的地方，为了保险，就寄到杰老师家，前后有信两封，书五包，不知收到了吗？来信总不依照我们的信回，马马虎虎有些不明白。来信说照片收到了，是否我们在杭州拍的几张？

你现在的房租费若干？是使馆负担的还是要你自己负担的？吃饭一千兹罗提归谁付的？这些细账望你都告诉我们，也许有机会爸爸跟夏部长他们会碰头，不免要谈起你住食的问题。

你说一月七日开学，那么你的理论学习就要开始了，千万要抓紧时间，不能一误再误，对波兰语文也得下一番苦功，光会讲，不能阅读，对你的学习，是个大大的缺陷。

阿敏到了北京后，前后写了二十几封信回家，他比你勤笔。对国际局势很关心，有时也会发议论，很肯用脑子，对学习问题也肯用功，他说对英文最感兴趣，来信也总要问起你，他有信给你，你有没有给他回信？年假要回来的，二十六日考毕，大概月底月初可以到家了。我们也很想见见他，半年了，各方面都应该长成些了。①

---

① 傅敏一九五六年高中毕业考入北京的外交学院。

一月二十八日聪信摘录（波36）

学校里本来应该开始上理论课了，但理论系主任生病，我的事由他管的，因此一时又不能开始。这个星期又是考试（上学期的期终考试到现在才考），理论系主任叫我二月五日再找他，视唱我已经考掉了，而且得到很高的分数。

最近开始练舒伯特的《降B大调钢琴奏鸣曲》和萧邦的《b小调钢琴奏鸣曲》。准备把拉威尔的《小奏鸣曲》重练，加上莫扎特的《钢琴奏鸣曲》，刚好是一个节目。上半部是莫扎特和舒伯特，下半部是拉威尔和萧邦。最近练的成绩不错；舒伯特的奏鸣曲很美，很有深度，就是有点啰嗦，这完全要靠演奏来补救。

寄来的书我已看了许多，《查第格》太妙了，巴尔扎克的小说还没来得及看，中国小说全看了，都好，我最喜欢《春种秋收》，《黎明的河边》也很动人，《铁道游击队》好是好，但长篇小说好像总难得能写得十全十美的。主要的是这些真实的生活反映给了我深刻的教育。在国外生活，太需要这样的精神养料了。

二月二十四日

Bronstein［勃隆斯丹］一月二十九日来信（……）告诉我："……在最近的一次音乐会上（我是演奏巴赫《第五号勃兰登堡协奏曲》中的三个独奏者之一），一群刚到的匈牙利音乐家来到后台，由于提到了我是从中国来的，其中一位匈牙利音乐家过来对我说：他在布达佩斯听说了一位非常了不起的中国青年钢琴家，在最近的萧邦钢琴比赛中得了第三名。你显然会明白听到这些话时我的感受！接着他说给他第三名是很不公平的，毫无疑问他应该得第一名。”

上海这个冬天特别冷，阴历新年又下了大雪，几天不融。我们的猫冻死了，因为没有给它预备一个暖和的窠。它平时特别亲近人，死了叫人痛惜，半个月来我时时刻刻都在想起，可怜的小动物，被我们粗心大意，送了命。

三月十四日聪信摘录（波 37）

杰老师对我的音乐会非常满意，高兴极了，他是非常严格的学者，难得夸奖学生的，这回是例外。音乐会前后，他都兴奋得很；在场的听众说，杰老师在音乐会中，从头至尾掩饰不住他内心的欢乐，听得真是出神了。他到处提起我，说我是真正的艺术大师，那种微妙只有在中国的诗或绘画中才能找出例子来，每一个小节都是细腻万分。他说他不久要写信给爸爸，告诉你我的巨大进步。这些真是使我又高兴又感动。杰老师是真正懂得我的艺术最主要本质的，而这是多么不容易。没有更能使我感到高兴的，就是从他的口中说出来我的艺术是中国的艺术；对了，假如我的艺术有一些比较难得的品质的话，那是因为我是我的古老而伟大祖国的忠实儿子。

三月十七日夜十一时于北京

亲爱的孩子：三月二日接电话，上海市委要我参加中共中央全国宣传工作会议，四日动身，五日晚抵京。六日上午在怀仁堂听毛主席报告的录音，下午开小组会，开了两天地方小组会，再开专业小组会，我参加了文学组。天天讨论，发言。十一日全天大会发言，十二日下午大会发言，从五点起毛主席又亲自来讲一次话，讲到六点五十分。十三日下午陆定一同志又作总结，宣告会议结束。此次会议，是党内会议，党外人一起参加是破天荒第一次。毛主席每天分别召见各专业小组的部分代表谈话，每晚召各小组召集人向他汇报，性质重要可想而知。主要是因为“百家争鸣”不开展，教条主义顽抗，故主席在最高国务会议讲过话，立即由中宣部电召全国各省市委（宣传文教）领导及党内外高教、科学、文艺、新闻出版的代表人士来京开“全国宣传工作会议”。上海一共来了四十五人（全国一共来三百六十人），北京（即中央的）有三四百人，总数是七百余人。上海代表中，以文艺界为最多，美术音乐只各占一人。高教界也来了不少。我们党外人士大都畅所欲言，毫无顾忌，倒是党内人还有些胆小。大家收获很大，我预备在下一封信内细谈。

我在会议内及会议后，老是忙得不可开交。七年不来京，老朋友都想我，一见面又是长谈，并且不止谈一次。庞伯伯、马先生、钱伯伯、姜椿芳、陈冰夷等都见了二三次，楼伯伯见面更多。周巍峙、王昆两位也见了两三回。夏部长、刘部长、周扬部长都约我去长谈。故此信不能一口气写，先寄上毛主席第一二次讲话记录摘要，是照我笔记本上整理出来的。因是党的会议，报上不公布的，所有文件都披露，只能由我向你传达。但连日朋友请吃饭，故除了开会，就是东奔西跑，跟你在京情况差不多。我决定十九日回沪，二十日夜到家。明天是否能抽空再写别的报告，当无把握。译文社要我明天下午去谈谈（向编辑同志）翻译问题。

三月十七日夜十一时于北京新侨饭店

大会及小组讨论主要是“人民内部矛盾问题”“知识分子问题”“百家争鸣问题”和“学生闹事问题”。并要求大家尽量提意见，并反映各地各界情况。

三月十八日深夜于北京

亲爱的孩子：昨天寄了一信，附传达报告七页。兹又寄上传达报告四页。还有别的材料，回沪整理后再寄。在京实在抽不出时间来，东奔西跑，即使有车，也很累。这两次的信都硬撑着写的。

毛主席的讲话，那种口吻、音调，特别亲切平易，极富于幽默感，而且没有教训口气，速度恰当，间以适当的pause［停顿］，笔记无法传达。他的马克思主义是到了化境的，随手拈来，都成妙谛，出之以极自然的态度，无形中渗透听众的心。讲话的逻辑都是隐而不露，真是艺术高手。沪上文艺界半年来有些苦闷，地方领导抓得紧，仿佛一批评机关缺点，便会煽动群众；报纸上越来越强调“肯定”，老谈一套“成绩是主要的，缺点是次要的”等等。（这话并不错，可是老挂在嘴上，就成了八股。）毛主席大概早已嗅到这股味儿，所以从一月十八日至二十七日就在全国省市委书记大会上提到百家争鸣问题，二月底的最高国务会议更明确的提出，这次三月十二日对我们的讲话，更为具体，可见他的思考也在逐渐往深处发展。他再三说人民内部矛盾如何处理对党也是一个新问题，需要与党外人士共同研究；党内党外合在一起谈，有好处；今后三五年内，每年要举行一次。他又嘱咐各省市委也要召集党外人士共同商量党内的事。他的胸襟宽大，思想自由，和我们旧知识分子没有分别，加上极灵活的运用辩证法，当然国家大事掌握得好了。毛主席是真正把古今中外的哲理融会贯通了的人。

我的感觉是百花齐放、百家争鸣确是数十年的教育事业，我们既要耐性等待，又要友好斗争；自己也要时时刻刻求进步——所谓自我改造。教条主义官僚主义，我认为主要有下列几个原因：一是阶级斗争太剧烈了，老干部经过了数十年残酷内战与革命，到今日已是中年以上，生理上即已到了衰退阶段；再加多数人身上带着病，精神更不充沛，求知与学习的劲头自然不足了。二是阶级斗争时敌人就在面前，不积极学习战斗就得送命，个人与集体的安全利害紧接在一起；革命成功了，敌人远了，美帝与原子弹等等，近乎抽象的威胁，故不大肯积极学习社会主义建设的门道。三是革命成功，多少给老干部一些自满情绪，自命为劳苦功高，对新事物当然不大愿意屈尊去体会。四是社会发展得快，每天有多少事需要立刻决定，既没有好好学习，只有简单化，以教条主义官僚主义应付。这四点是造成官僚、主观、教条的重要因素。否则，毛主席说过“我们搞阶级斗争，并没先学好一套再来，而是边学边斗争的”；为什么建设社会主义就不能边学边建设呢？反过来，我亲眼见过中级干部从解放军复员而做园艺工作，四年功夫已成了出色的专家。佛子岭水库的总指挥也是复员军人出身，遇到工程师们各执一见、相持不下时，他出来凭马列主义和他专业的学习，下的结论，每次都很正确。可见只要年富力强，只要有自信，有毅力，死不服气的去学技术，外行变为内行也不是太难的。党内要是这样的人再多一些，官僚主义等等自会逐步减少。

毛主席的话和这次会议给我的启发很多，下次再和你谈。

从马先生处知道你近来情绪不大好，你看了上面这些话，或许会好一些。千万别忘了我们处在大变动时代，我国如此，别国也如此。毛主席只有一个，别国没有，弯路不免多走一些，知识分子不免多一些苦闷，这是势所必然，不足为怪的。苏联的失败经验省了我们许多力气；中欧各国将来也会参照我们的做法慢慢的好转。在一国留学，只能集中精力学其所长；对所在国的情形不要太忧虑，自己更不要因之而沮丧。我常常感到，真正积极、真正热情、肯为社会主义事业努力的朋友太少了，但我还是替他们打气，自己还是努力斗争。到北京来我给楼伯伯、庞伯伯、马先生打气。

自己先要锻炼得坚强，才不会被环境中的消极因素往下拖，才有剩余的精力对朋友们喊“加油加油”！你目前的学习环境真是很理想了，尽量钻研吧。室外的低气压，不去管它。你是波兰的朋友，波兰的儿子，但赤手空拳，也不能在他们的建设中帮一手。唯一报答她的办法是好好学习，把波兰老师的本领，把波兰音乐界给你的鼓励与启发带回到祖国来，在中国播一些真正对波兰友好的种子。他们的知识分子彷徨，你可不必彷徨。伟大的毛主席远远的发出万丈光芒，照着你的前路，你得不辜负他老人家的领导才好。

我也和马先生、庞伯伯细细商量过，假如改往苏联学习，一般文化界的空气也许要健全些，对你有好处；但也有一些教条主义味儿，你不一定吃得消；日子长了，你也要叫苦。他们的音乐界，一般比较属于 cold［冷静］型，什么时候能找到一个老师对你能相忍相让，容许你充分自由发展的，很难有把握。马先生认为苏联的学派与教法与你不大相合，我也同意此点。最后，改往苏联，又得在语言文字方面重起炉灶，而你现在是经不起耽搁的。周扬先生听我说了杰老师的学问，说：“多学几年就多学几年吧。”（几个月前，夏部长有信给我，怕波兰动荡的环境，想让你早些回国。现在他看法又不同了。）你该记得，胜利以前的一年，我在上海集合十二三个朋友（内有宋伯伯、姜椿芳、两个裘伯伯等等），每两周聚会一次，由一个人作一个小小学术讲话；然后吃吃茶点，谈谈时局，交换消息。那个时期是我们最苦闷的时期，但我们并不消沉，而是纠集了一些朋友自己造一个健康的小天地，暂时躲一下。你现在的处境和我们那时大不相同，更无须情绪低落。我的性格的坚韧，还是值得你学习的。我的脆弱是在生活细节方面，可不在大问题上。希望你坚强，想想过去大师们的艰苦奋斗，想想克利斯朵夫那样的人物，想想莫扎特、贝多芬；挺起腰来，不随便受环境影响！别人家的垃圾，何必多看？更不必多烦心。作客应当多注意主人家的美的地方；你该像一只久饥的蜜蜂，尽量吮吸鲜花的甘露，酿成你自己的佳蜜。何况你既要学 piano［钢琴］，又要学理论，又要弄通文字，整天在艺术、学术的空气中，忙还忙不过来，怎会有时间多想邻人的家务事呢？

亲爱的孩子，听我的话吧，爸爸的一颗赤诚的心，忙着为周围的几个朋友打气，忙着管闲事，为社会主义事业尽一分极小的力，也忙着为本门的业务加工，但求自己能有寸进；当然更要为你这儿子作园丁与警卫的工作：这是我的责任，也是我的乐趣。多多休息，吃得好，睡得好，练琴时少发泄感情，（谁也不是铁打的！）生活有规律些，自然身体会强壮，精神会饱满，一切会乐观。万一有什么低潮来，想想你的爸爸举着他一双瘦长的手臂远远的在支撑你；更想想有这样坚强的党、政府与毛主席，时时刻刻作出许多伟大的事业，发出许多伟大的言论，无形中但是有效的在鼓励你前进！平衡身心，平衡理智与感情，节制肉欲，节制感情，节制思想，对像你这样的青年是有好处的。修养是整个的，全面的；不仅在于音乐，特别在于做人——不是狭义的做人，而是包括对世界，对政局的看法与态度。二十世纪的人，生在社会主义国家之内，更需要冷静的理智，唯有经过铁一般的理智控制的感情才是健康的，才能对艺术有真正的贡献。孩子，我千言万语也说不完，我相信你一切都懂，问题只在于实践！我腰酸背疼，两眼昏花，写不下去了。我祝福你，我爱你，希望你强，更强，永远做一个强者，有一颗慈悲的心的强者！

四月十八日聪信摘录（波38）

这回又迟迟不写信，主要一方面是由于音乐会多，一方面也因为许多新鲜的事物需要多想想。爸爸的三封信及材料，妈妈的信都收到了，真是叫人说不出的兴奋。那些材料我都看了又看，简直都背得了，给我的启发和教育真是无穷，解决了许多我以前没想通的问题，特别因为我在波兰接触到完全不同的环境。使馆的态度，我认为是有严重的教条主义的，使我不能心服，所以毛主席的讲话简直是对我的一个最有力的鼓励。我们的毛主席真是太伟大了，要不是他的英明远见，那波兰的事件不知要闹成什么悲剧呢！我前几个星期心绪不宁，主要因为有许多问题想不通；我究竟是个多多少少能独立思考的人，也多多少少有着理想和热情的人，在我发现许多事实和伟大的马克思主义的理想不符的时候，当然就会因此而感到痛苦。毛主席的话里许多都是我自己也在想的，只是不透彻，看了他的话，真像吃了什么灵芝仙草似的，痛快极了。我重新翻出毛选，一口气从头至尾读了一遍，觉得现在他的话固然有新的发展，但是那种最科学的分析事物的马列主义方法是一贯的。我觉得最主要的，就是要学这种真正的科学的思想方法。

我的苦闷很大一部分是由于使馆，以及留学生中间的根深蒂固的教条主义。譬如说，波兰的十月事件，直到今天，使馆和同学的看法，实质上还是否定的。在发生事情的第三天，使馆就召集了同学，说波兰是党内右倾分子得势，接近于资产阶级专政，把哥穆尔卡说成是机会主义者；一口否认苏联的错误，硬说波兰人民中间的不满是由政府中的右倾分子故意煽动起来的。虽然过后又纠正了这种说法，但实际上并没有改变他们对波兰政府的不友好态度。总而言之，他们坐在办公室里，就下结论，又教学生们戴上有色眼镜去看周围发生的事情；那种情报当然也就带上他们主观所愿望的那种颜色了。我们的党中央能够在这种错误情报之下，作出那么英明的措施；在很大程度上挽救了波兰的局势，太使人感动了。波兰十月事件后的情况，固然有一部分不良现象，也不该完全推在反对的人身上去，那是过去错误带来的必然的反应。

教条主义的严重，就在于完全把人的思想限制住了，我想这是说明人类还没有脱离宗教情绪的控制，人们还是懒得用脑子，盲从究竟是最容易的。中国人虽然从来不是一个宗教民族，但几千年的封建社会，究竟是教条八股的大本营，那些东西根深蒂固，现在常常摇身一变，戴着马克思主义的面具出现。要说帽子，恐怕也要数中国第一，我们各种“主义”帽子之多，在国外是不能想象的：把一切非原则的问题，都提到原则高度上来，美其名曰站稳立场，俨然是马克思主义的忠诚信徒，其实我觉得那只是一种旧教条的新翻版而已。我们现在的人与人之间的关系，我觉得也很不正常，比起欧洲人来，那我们许多同志的生活，是多么枯索啊！兴趣是多么狭隘啊！又是多么缺乏幽默感啊！爸爸的信及毛主席话中提到今日的干部，往往是开会、散会、打扑克，事实正是如此；例如使馆人员，除了打麻将和开会以外，我就没见到任何一位对其他东西感到兴趣的。

说起大国主义，我的感受最深切了。大国主义不一定表现在像苏联的那种方式上面。我们使馆同志对外的种种举动，都是非常谨慎的，也很谦虚（同学也一样），但这个只做了一面，而且有时往往过分；我们的大国主义是在骨子里的，那是几千年封建大帝国的自大。

同志们看外国的问题，处处以我们中国人的道德观念、趣味、习惯来断定是非，我认为这是不公平的。

这次毛主席的讲话，使馆始终不传达，后来知道我有了材料，又赶紧通知我无论如何不要对任何人说（指对自己的中国同学），说若是已经说了，那就算了，也没有关系。意思之中这是错的，但还不要紧。他们说要等国内有了指示，才能传达。可见他们是怕它如洪水猛兽，相反的，关于修正主义却已前前后后作了六次报告和讨论了，谈的问题却都和我们中国，中国人今天的情况没有多大联系。我要问一句：为什么在这件事上（毛主席报告）如此谨慎，而在波兰十月事件时又如此轻易下结论呢？

今天要和教条主义作斗争，真是艰苦得很，不过毛主席说得最透彻，看得最远。人是要有这种大智大勇，置生死利害于度外，为真理斗争到底的精神才有价值。毛主席也启发了我看问题要用历史的眼光，其实就是科学的眼光，马列主义所以为真理，正因为是科学。看了毛主席的话，虽然切身痛感斗争之不易，但勇气百倍，乐观得很。

有一个最感迫切的问题，是我们今天对年轻一辈的教育，从留学生中观察，感到教条主义的毒素在我们年轻人中间也深深的扎了根。我们的社会里常常是以规规矩矩，安分守己，实际上是盲从的青年为好青年的标准，其实这是多么武断与狭窄啊！马列主义变成了教条，那就是最顽固的宗教；因为受教条毒害的人，处处以自己对革命事业的忠诚而感到自豪，往往做了错事坏事，还坚信是积了功德。所以毛主席说要和风细雨，治病救人；硬整是只会加深教徒的宗教狂的。

最近曾去什切钦和卡托维茨两地举行演奏会，弹的是萧邦的《f小调第二钢琴协奏曲》，第二次的成绩甚佳。

在卡托维茨遇到苏联国家乐队指挥阿诺索夫，谈了很多。他是一个非常有学问，又非常谦虚的人，是李德伦的老师。提起李，他赞声不绝，说是他最爱的学生，说李的学习速度和天才是惊人的，说他是个真正的艺术家，是既有天赋又对艺术非常热衷的一个艺术家。他提起李时的表情，真是照波兰俗话所说“像太阳升起来似的”，我听了真又感动又高兴。他很希望能和我合作，希望在联欢节时去，他将为我举办交响音乐会和独奏会。

关于今年去联欢节事，我老师的意见，若能正式作为演奏家身份去举行个人演奏会或交响音乐会，他是很赞成的，而且鼓励的，但他不会同意我作为一个普通代表团员，在大杂烩里凑一个节目。他已把这意见告诉大使馆，但我怕使馆外行，希望爸爸把上面这些情况和文化部直接谈一谈。我是很希望去的，但当然像杰老师说的那种性质。联欢节的活动，我已参加了二次，再多参加也没有多大意义，而且我身体也受不了，也发挥不了真正的作用。能够正式举行音乐会，还是值得的。杰老师最近去法国遇到玛格丽特·朗等，都迫切希望我能去法国演出，只是不知如何与我国接头。这种情况也望爸爸向文化部反映。

最近梅纽因到华沙来演奏，轰动一时，但实际成绩不过尔尔，他的演奏很不平衡，有时极美，有时甚糟。音不准的时候很多，虽然不是不大准。但勃拉姆斯的《小提琴协奏曲》还是拉得很动人。

五月二十日聪信摘录（波 39）

毛主席的报告到今天尚未传达。我不能同意那种说法，说怕起副作用，不是毛主席说的“不要暖室里的花吗”？他们说是波兰情况复杂；但正因为如此，更需要学习真正客观的科学的思想方法；否则就是使馆到今天一直用的办法，片面的理解波兰的各种现象，结果造成中国学生和波兰同学之间的严重隔阂。中国同学是什么也看不惯，觉得真是“糟得很”。我的看法完全不同，波兰有许多糟得很的现象，但也有许多是因为我们的使馆教给同学的思想方法“糟得很”。其实使馆到今天，还是没有改变起初那种看法，只是因为中央的指示，不好不遵守，但肚子里满满的都是疑虑。同学们也这样。

中国跳过了资产阶级革命这一关，有许多好处，但缺点也很大。中国人的个性太不解放了，在波兰的外国留学生，以中国人为最老成，最规矩，可不是最有才能。朝鲜、蒙古、越南同学都比中国同学有生气得多，波文讲得很漂亮，因为他们能和波兰人打成一片。我们的同学虽然不出乱子，但死气沉沉，也没有什么对任何文化活动的兴趣，这真是我们年轻一代的危机！许多波兰人都称赞中国人好，但说和中国人没有三句话可谈。我们自己筑了多高多厚的墙啊！我说汉族非求得新生不可，我们的少数民族个性解放得多，要革掉几千年的封建还得好好下功夫才行。

去联欢节演出事，尚无消息，我倒想爽性不去。波兰七月初就放假，我还是想回国过暑假，有三个月的时间；一方面因为在波兰出去度假，也要花不少钱，杰老师大概又不在；一方面国内今年变化大，急于想看看，心里也有许多话，许多新的感受想说。

我最近心情很好，你们不要以为我信上话多了，有苦闷，我只是想得多，其实越是想得多，发现问题越多，我的积极性越高，我切身体会到，什么才叫“不是暖室里的花”。我想中国人不缺少聪明，不缺少毅力，不缺少耐心，就是缺少个性解放，特别是学艺术的，没有个性就没有艺术。

我近来又读诗。李白的气概真是个性解放的极顶，那大概也就是希腊神话中众神的那种气概吧！人类应该往这个理想追求。

五月二十五日＊—二十六日

亲爱的聪儿：好久没写信给你了，最近数月来，天天忙于看报，简直看不完。爸爸开会回家，还要做传达报告给我听，真兴奋。自上海市宣传会议整风开始，踊跃争鸣，久已搁笔的老作家，胸怀苦闷的专家学者，都纷纷写文章响应，在座谈会上大胆谈矛盾谈缺点，大多数都是从热爱党的观点出发，希望大力改进改善。尤其是以前被整的，更是扬眉吐气，精神百倍。但是除了北京、上海争鸣空前外，其他各省领导还不能真正领悟毛主席的精神，还不敢放，争鸣空气沉闷，连文物丰富的浙江杭州也死气沉沉，从报纸驻各地记者的报道上可以看出，一方面怕放了不可收拾，一方面怕鸣了将来挨整，顾虑重重，弄得束手束脚，毫无生气。这次争鸣，的确问题很多，从各方面揭发的事例，真气人也急人。领导的姑息党员，压制民主，评级评薪的不公平，作风专横，脱离群众等等相当严重，这都是与非党人士筑起高墙鸿沟的原因。现在要大家来拆墙填沟，因为不是一朝一夕来的，所以也只好慢慢来。可是无论哪个机关学校，过去官僚主义、宗派主义、教条主义（这叫三害，现在大叫“除三害”）越严重的，群众意见越多越尖锐，本来压在那里的，现在有机会放了，就有些不可收拾之势，甚至要闹大民主。对于一般假积极分子，逢迎吹拍，离间群众，使领导偏听偏信的，都加以攻击。爸爸写了一篇短文，大快人心。但是我们体会到过去“三反”、“思改”时已经犯了错误，损伤了不少好人，这次不能闹大民主，重蹈覆辙，我们要本着毛主席的精神，要和风细雨，治病救人，明辨是非，从团结——批评——团结的愿望出发，希望不要报复，而是善意的互相批评，改善关系，要同心一致的把社会主义事业搞好。当然困难很多，需要党内党外一起来克服的。

楼伯伯[①]请假一月余，到宁波余姚四明山一带体验生活，本月十三日回来就住在我们家，被我们硬留了十天，爸爸要他趁此机会写些文章，否则，藉此整风时期，马上回京，就要卷入整风运动，哪有功夫写东西，居然成绩不错，写出了三篇。因为白天爸爸开会，他就上三楼写作，到晚上再谈天。楼伯伯很高兴，住在我们家最随便而不拘束。

关于出版问题，爸爸写了七千多字的长文章，在宣传会议上发言。一致公认他的文章非常公平合理。北京上海的出版界文艺界都认为要彻底改变现有的制度，出版事业是文化事业，不能以一般企业看待。要把现在合并的出版社分散，结构缩小，精简人员，不能机关化、衙门化；新华书店一网包收的独家发行，改为多边发行，要改善"缺"与"滥"的现象。总之不能像过去那样一意孤行的作风，一定要征求专家及群众的意见。也许北京还要来个全国性的出版会议，商量如何进行改革。

前几天爸爸写了一封信给杰老师，告诉他，如果法国希望你去演奏的话，一定要经过法国方面的邀请，由双方的对外文协接头……因为中法还没恢复外交关系，只有经过这个组织，互相邀请，互相交流。如果驻波法国使馆人员要提起请你去法国的话，你就把这个组织的名称告诉他们。最好由法国音乐界团体或通过法中友好协会（据说巴黎有此组织）和中国对外文化协会联系。

---

① 楼适夷，傅雷挚友，时任人民文学出版社副社长。

妈妈 五月二十五日

我向全国作协提出，希望你去巴黎演出时，我能一同去，在法国住上一年半载，补补课，了解一下现代研究巴尔扎克等等的情况。因为科学院一再要我把“巴尔扎克”作为我的专题研究，而我对世界上在这方面的新发展早已隔膜，非出国细细摸底不可。但作协来信，说假如我想出国，也得法国方面向我国邀请……你不妨向杰老师提一提。我觉得和你同去有很多便利，对你有好处，对我也有帮助；因政府外汇紧，而你去演出有报酬，可以供给我的一部分用途。自然，我的意思是你去作短期勾留，而我则多留一些时候。

这一向开会多了，与外界接触多了，更感到社会一般人士也赶不上新形势。好些人发表的言论，提的意见，未能十分中肯、十分深入，因为他们对问题思索得不够。可见要把社会主义事业建设起来，不但是党内，党外人士也须好好的学习，多用脑子。我在北京写给你的信，说一切要慢慢来，什么整风运动，什么开展民主，都需要党内外一步一步的学习。现在大家有些急躁，其实是不对的。一切事情都不可能一蹴即成。官僚主义、宗派主义、主观主义、教条主义由来已久，要改也非一朝一夕之事。我们尽管揭发矛盾、提意见，可是心里不能急，要耐性等待，要常常督促，也要设身处地代政府想想。问题千千万万，必须分清缓急轻重，分批解决；有些是为客观条件所限，更不是一两年内所能改善。总之，我们不能忘了样样要从六亿人口出发，要从农业落后、工业落后、文化落后的具体形势出发；要求太高太急是没有用的。

你近来的学习进度如何？特别是理论课？望告知。

爸爸 五月二十六日

今年联欢节的事，除上月底去信周扬、夏衍外，还托两位朋友去京时提起，至今尚无回音。近来北京各部忙于整风，听群众意见，恐一时无暇是没有用的。

九月十七日 *

亲爱的聪：不接到你的信，心里总是不安。马先生他们是昨天下午到沪的，住锦江饭店，昨晚先通了电话，约好今晨九时去看他们。我们是准时去的，马先生马太太都好，关于你的事也谈了许多，觉得他们两人对你的爱护，比你自己的父母还强，他们把你当作自己的儿女，什么也不计较，你一定要拿行动来报答他们。他们对你的劝告，难能可贵的忠言，一定要牢记在心，而且要拿出实际行动来。(……) 他们还要去南昌，杭州，大概下月五六日在杭州，那么回北京一定要在十日左右了。你现在住在马家，小主人招待你，一定要像个样。他们虽然年纪小，可是很懂事，你要尊重他们，到什么地方去，都应该告诉他们，回去吃饭或不回去吃饭都要讲的清清楚楚。这一切非但是礼貌，而且是人情。(……)

我们叫你一到北京就跟夏部长通电话，阿敏信上没有提，我们真不放心，事情要分重要次要，你就单凭自己的主观，这是不应该的。文化部报到后，究竟派你在哪个团体里学习？与夏部长或周巍峙同志见了面没有？楼伯伯那里去过没有？我们天天等你的信，希望你将具体情况告诉我们。为了你，真是提心吊胆，一刻也不安宁。① 离家前，爸爸对你的忠言，要仔细多想想，你的主观太强，非把“大我”化为“小我”，甚至化为“小小我”不可。至于感情问题，我们也讲尽了，只要你有理智，坚强起来，要摆脱是没有问题的。你要做一个为人民所爱的艺术家，不要做给人唾弃的艺术家。把你的热情化到艺术中去，那才伟大呢！我们也知道你克制的能力最差，这是很大的缺点，都得由你自己去克服。你这一次参加整风学习，机会难得，要冷静观察，虚心学习，多一次锻炼，对你是有好处的。

九月二十五日下午 *

亲爱的聪：收到你二十二日夜写的信，很高兴你经过了一番锻炼后，得到深刻的教育，使你有机会痛改前非；他们向你提的意见，就是你在家时我们提的意见。可知大家对你的爱护是一致的。(……)

你现在思想方面，固然认识有所提高，但在感情方面是否也认识清楚了呢？（……）你初回家时，晚上在园子里爸爸对你讲的一番话，一番分析，你现在的头脑应该比较冷静，可以好好想一想，是否有所清醒呢！要是一个人的幸福建筑在人家的痛苦上，不是彻头彻尾的个人主义，也就是小资产阶级的意识么！（……）为了国家，为了广大人民，为了你自己的一生，为了你的艺术，是不是应该把事情看得远一些，为了将来的幸福而忍受一下眼前的苦闷呢！

---

① 傅聪于一九五七年九月上旬回家度假，与父母待了一周，即应召赴京参加文化部的整风反右运动，紧接李德伦和吴祖强之后，作了检查，并接受批判；下旬即开始准备十月二日于北京天桥剧场的独奏音乐会。十二日即赴苏联莫斯科和列宁格勒演出，约二十日左右返回波兰华沙音乐学院继续学习。

回想二十年前，我跟你爸爸的情形[1]，那时你五岁，弟弟二岁，我内心的斗争是剧烈的，为了怨恨，不能忍受，我可以一走了之；可是我再三考虑，觉得不是那么简单，我走了，孩子要吃苦，我不应该那么任性、自私，为了一个“我”而牺牲了你们的幸福。我终于委曲求全的忍受了下来。反过来想一想，要是你爸爸当时也只为了眼前的幸福而不顾一切，那么，今天还有你们吗？还有我们这个美满的家庭吗？那是不可想象的。所以幸福是拿或多或少的痛苦换来的。眼前的，短时期的幸福往往种下了将来的，长期的，甚至下一代痛苦的根，这是最值得深思的。常常要设身处地的为人家想，这也是化“大我”为“小我”的一例。我们做父母的，决不自私。对人家的婚姻，有美满的，有痛苦的，看也看得多了，因此对你敲敲警钟，无非出于爱子之心。

马先生夫妇太关心你了，差不多天天打电话来问有没有信。我们是二十三日请他们来的，因为二十二日那天马伯母不舒服而改期的。爸爸给他们看了些黄宾虹先生的画，马先生很高兴。马伯母告诉我，她接到小妹的第一信，说叫她放心，他们都好，不会欺负她的干儿子的。第二信说傅哥哥搬文化部去住了。

九月二十六日 *

聪：昨晚在林医生家吃饭，马伯母叫我告诉你，外婆太太是老脑筋，要尊敬老太太，有什么事跟她谈谈，出去回来都有打招呼，通知一声。马伯母真是太好了，完全把你当自己的孩子看待，什么都关心

---

① 系指当年傅雷钟情于成家和妹妹成家榴一事。

你。跟小弟小妹要好好相处，要多教教他们琴。马伯母很挂念你，说怎么你没有信给他们。我说："这一响他忙不过来，而且知道你们跑来跑去的，不知寄哪儿好。"不过我想你还是可以写封信给他们，由我们转。因为他们去南昌、杭州后，仍要回上海。他们的确挂念你！

阿敏每次来信，末了总要问吴伯伯好①，我们从来未关照过他。你却既未问候吴伯伯，也不提起马伯伯。以后要注意些。

十月一日 *

我和你爸爸的长信收到了后，对你感情方面有否帮助，希望你坦白告诉我们。

前天接到杰老师的明信片，他老人家非常关心你，问你在苏联演出后的情形，及在中国有否开音乐会，问你身体好不好。爸爸立刻写了回信去，告诉他你的近况，并告诉他你还要在莫斯科演出，约二十日左右回华沙。我们从此感到通一国外文多有用！从此也证明你的波兰文非弄通不可，爸爸不能永远做你的秘书，事实上也不可能做。因为许多问题，不论音乐方面、思想方面，都要你自己发挥才达意。要是你能写波兰文，那你早已会去信告诉老师，不会让他担心了。你现在弄得像boy（西崽）一样，英文会讲一点，波兰文会讲，俄文也可冒充一下，可是一种文字也不能写，这是个大大的缺陷，也是丢人的事。望你此次回华沙，文字一定要弄通，你说过，只要肯花功夫是不难的，那么就多花些时间在文字方面吧，你将来回国后，可以跟老师朋友通信讨教，得益不浅。出国了三年，文字不会写，真是说不过

---

① 当时吴一峰医生住在傅家。

去。望你努力。

十月七日 *

你这次住在马家，因为主人不在家，总有些不放心，有没有教小妹琴？音乐会后是否在家的时候多？最忌摸到深夜回家，你一定可以安排得妥当些，不要给人家为难。马伯伯马伯母还没来，也许他们回家时，你已要整装上路了。千万千万不要忘记到了莫斯科后写信给他们，并告知那边音乐会情形，他们是十分关心你的。到了华沙也要写信给他们，并且也应该提提小妹小弟，他们的孩子对你都很好的，让天真的弟妹高兴高兴。(……)

一个成了名的艺术家，处处要当心，无意中得罪了人，自己还不知道呢！我现在顺便告诉你，就是要你以后做人，好好提高警惕，待人千万和气，也不要乱批评人家，病从口入，祸从口出，这几句话要牢牢记住。因为不了解你的人，常常会误会你骄傲自大，无缘无故的招来了敌人。你这次经过了一番思想批判，受到了莫大的教育，以后千万要在行动上留意，要痛改前非，思想没有成熟的，不要先讲，谨慎小心是不会错的。爸爸给你的信，要常常看，他为你真是花尽心血，吃不下睡不着，那是常有的。不要懒惰，多写信来，你在这方面是够吝啬的；在你是不费多大力、多大时间，所谓没时间，推托而已。可是给我们的安慰是非笔墨所能写的。希望你走前给我们信，到了莫斯科也写信来，到了华沙更要常常来信，好了，不多谈了，愿你这次的教育对你有大的帮助！

十月二十五日＊

亲爱的聪：接莫斯科寄来的明信片，相当快，你十七日发的，我们二十一日就收到了。虽然寥寥数语，可是给我们的安慰是莫大的，总算一件心事放下了。《中国青年报》上还登了你的消息，另外寄上。想来去列宁格勒开音乐会的情况，你一定会告诉我们的，我们等着就是了。

（……）爸爸说，要你第一，注意以后说话，千万不要太主观，千万不要有说服人的态度，这是最犯忌的，因为就是你说的对，但是给人的印象只觉得你骄傲自大，目中无人，好像天下只有你看得清、看得准，理由都是你的。还有一个大毛病，就是好辩，不论大小，都要辩，这也是犯忌的。希望你先把这两个毛病，时加警惕，随时改掉。有了意见不要乱发表，要学得含蓄些。这些话都是他切身感到的，以后他自己也要在这方面努力改变。最近爸爸没有空，过后要写长信给你的。

（……）

阿敏来信知道钱部长①跟你谈了两小时，他只告诉我们说“周总理特别关照要同傅聪谈谈，他们已经摸过你的底，你是块大材，要你抱着超过世界水平的雄心，要你多接触群众，所以与别人不同，将来回国后要下去五年”。不知还谈些什么，望你详细告诉我们。谈了两小时，内容一定很多，望你不要怕烦，多多告诉我们。

不知你回华沙后，学校对你怎样？功课是否已开始？这一年为时不多，可是对你来讲，非常重要，是一个大关键，你一定要抓紧时

---

① 即当年的文化部副部长钱俊瑞。

间，不能像在家里那样的懒散，生活要有纪律，工作要有计划。杰老师那里，尽量多学。国家对你期望越大，你的责任越重。党是了解你的，爱护你的，要自重，好好努力，奋发用功，才能有所报于万一。还有波兰文，一定要搞好，你是有能力做好的。将来与老师通信，看波兰书籍，对你得益极大，千万不可推托没有时间，对人对己都说不过去，这一点傲性要有，不要给人笑话。

十一月五日聪信

亲爱的敏弟：首先让我对你道歉，隔了这么久才给你写信，我前不久是给你写了信的，可是我没有寄，因为我的心情非常坏，写的信尽出错，自己看了也讨厌。

（……）

国内的生活和国外的太不同了，假如要能在艺术上真有所成就，那是在国外的条件好得太多了，主要因为生活要丰富得多，人能够有自由幻想的天地，艺术家是不能缺少这一点的，不然就会干枯掉。我是还有许多问题想不通的，我现在也不愿去想，人生一共才几何，需要抓紧做一点真正的工作，才能问心无愧。我实在需要安心下来，要是老这样思想斗争下去，我可受不了，我的艺术更受不了。

（……）

我现在需要安静，我希望少一点人事的接触，这样好一点，我要安心工作。说老实话，我实在没有心思去解释什么，我没有什么可说的。

妈妈的信附上[①]，谢谢你，我没有什么意见。

也许我的信很奇怪，也许有一股狂妄的味道；可是我自己觉得问心无愧，我不过是希望孤独一点，我要到音乐中去，不然我就不能问心无愧。再谈了，祝你好，不要为我的信不高兴！

聪 一九五七年十一月五日

十二月二十三日 *

亲爱的聪：你回波后只来过一封信，心里老在挂念。不知你身体怎样？学习情况如何？心情安宁些了么？我常常梦见你，甚至梦见你又回来了。

马太太那里我曾去过一信，因为知道他们关怀你，把你近况告诉他们。

作协批判爸爸的会，一共开了十次，前后作了三次检讨，最后一次说是进步了，是否算是结束，还不知道。爸爸经过这次考验，总算有些收获，就是人家的意见太尖锐了或与事实不符，多少有些难受，神经也紧张，人也瘦了许多，常常失眠，掉了七磅。工作停顿，这对他最是痛苦，因为心不定。最近看了些马列主义的书，对他思想问题解决了许多。五个月来，爸爸痛苦，我也跟着不安，所以也瘦了四磅。爸爸说他过去老是看人家好的地方，对有实力的老朋友更是如此，活到五十岁了，才知道看人不是那么简单，老朋友为了自己的利害关系，会出卖朋友，提意见可以乱提，甚至造谣，还要反咬一口，如徐铸成，裘柱常都是，好在爸爸问心无愧，实事求是。可是从会上

---

① 参见母亲一九五七年十月二十五日信。

就看出了一个人的真正品质，使他以后做人要提高警惕。爸爸做人，一向心直口快，从来不知“提防”二字，而且大小事情一律认真对付，不怕暴露思想；这次的教训可太大太深了。我就更连带想起你，你跟爸爸的性格，有许多相同的地方，而且有过之，真令人不寒而栗。

想你在北京整风学习时也经历过一次，应该从中吸取教训，再加上爸爸的例子，你以后一定要审慎，要站稳立场，讲话不能乱讲，不能脱口而出，非思索过不可。看人看事，更不可太简单，常言道“祸从口出，病从口入”，千万牢记在心！你是极易冲动，很难控制的人，加上嫉妒你的人又多，所以一举一动要格外小心，我们最担心的就是这一点，望好自为之。

日子过得真快，阳历元旦就在眼前了，你多少有些应酬吧！波兰女钢琴家斯坦番斯卡来沪演出，情况相当热烈，我们因心绪不佳，没有去听，只在无线电里听。望将近况告知，切盼切盼！祝新年快乐！

十二月二十五日 *

亲爱的聪：前天发出一信，忘了一件重要的事。爸爸在这一年来，尤其在宣传会议前后及其间一段时间，所写给你的信，由你挑选一下，我想这是最真实的思想，写给儿子的信，总是实际的思想情况，不会有虚假的了。希望你立刻寄回来，我想可以交给领导看，这是更能帮助领导了解爸爸的好办法。领导虽然了解，但这就比较实际，可以看出具体情况了。①

---

① 母亲要把家信拿给领导看，以证明父亲受批判是冤枉的。

傅敏一九五六年考入外交学院，成为父母与傅聪在北京时的联络员

杰维茨基指导傅聪练琴

一九五八年

七通

1958

一月八日聪信

亲爱的爸爸妈妈：整整两个月没给你们写信了。心里其实常常挂念着，可是提不起笔来。我知道你们的心情也不好，我不愿再给你们添增烦恼。我心里一直没有能完全平静下来，究竟是为什么我自己也说不清，有的时候有一种万事皆空的感觉，沉重得很。最近有一个时期心情又特别坏，工作也不上劲，所以我就写不出信来。这几天安心了些，又开始好好上劲工作了。前天收到妈妈来的两封信，[①] 我心里更难过，我也说不出什么话来，我能说什么呢？

(……)

至于说到作曲家，我最近最喜欢的第一是巴赫，巴赫太伟大了，他是一片海洋，他也是无边无际的天空，他的力量是大自然的力量，是一个有灵魂的大自然，是一个活的上帝。巴赫使我的心平静。其实巴赫的虔诚没有一点悲观的成分，而是乐观的，充满了朝气，同时却又是那样成熟，那么有智慧。我每天早上起床，一定听一点巴赫的音乐，它好像能使我增加工作、生活的信心。

舒伯特，我仍然迷恋他，他是一个被遗忘了的世界，我最近弹的《a小调钢琴奏鸣曲》，即李赫特在上海弹过的，自己弹了才越来越觉得它的伟大、深刻和朴素。

我也开始认识了萧斯塔科维奇。真是了不起的作曲家，我这儿有他的第一、第五和第十等三个交响曲，小提琴协奏曲和三个四重奏（第三、第四和第五），我最喜欢他的四重奏。他是近代作曲家中仅有的真正的音乐家之一，他写的都是音乐，他不为新奇而新奇，一切

---

① 参见本书一九五七年十二月二十三日和二十五日两信。

都出自内心，而且在他的音乐里，能找到一种深刻的信仰，像在巴赫、贝多芬身上可以找到的那种。他的四重奏极有深度，同时他又有些与莫扎特相通之处，有的时候是那么天真妩媚。

除了音乐，我的精神上的养料就是诗了。还是那个李白，那个热情澎湃的李白，念他的诗，不能不被他的力量震撼；念他的诗，我会想到祖国，想到出生我的祖国。

我的信会使你们高兴吗？我希望是这样。爸爸心烦的时候，是不是听听音乐什么的，还是艺术能使人宽心。不多写了，祝你们高兴起来，身体好。

你们的孩子 聪　一九五八年一月八日

同时寄出一包信（爸爸来信），[①] 一包节目单。

二月二十八日聪信

亲爱的爸爸妈妈：我又好久没给你们写信了，当然心里常常是在挂念着的。今天收到你们的来信，很高兴，知道大家都平安，心里也就安了。

最近工作颇上劲，上星期在贝德戈什奇演奏了巴赫的《A大调钢琴协奏曲》和舒曼的《a小调钢琴协奏曲》，指挥是捷克人，叫津斯基，到中国去过，大概就是那一位五六年在我的音乐会以后指挥上海乐队的，他不是一个什么独特的指挥，可是个很扎实的音乐家，跟他合作得很好。

巴托克的《第三钢琴协奏曲》也早已练出了，不久大概将演出。

---

① 即母亲在一九五七年十二月二十五日信中交代的事。

萧斯塔科维奇的奏鸣曲也练出了。三月六日在学校里将有一次汇报演出，我将弹巴赫的《萨拉班德和帕蒂德》，这是一个变奏曲；萧斯塔科维奇的《钢琴奏鸣曲》；舒伯特的《 a小调钢琴奏鸣曲》；普罗科菲耶夫的《第五钢琴奏鸣曲》。

最近工作成绩都还不错。

我想要练斯特拉文斯基的《随想曲》，真是很妙的作品，可是很难，主要是记忆难。萧斯塔科维奇已经够我受的了。最近我算了一下，在我的保留曲目里已经有二十支协奏曲了。

比利时首都布鲁塞尔的爱乐团体写信给杰老师，邀请我明年三月去演出，杰老师及学校共同写了一封信给使馆，征求他们同意，一直没有回信。学校及杰老师当然是竭力主张我去的，后来杰老师又写了一封信去使馆，隔了几天，接使馆回音，说国内回复要比利时方面直接写信去音协。我不懂究竟为什么要兜这些圈子，难道文化部不能决定，倒要音协来决定吗？

杰老师为了我，希望我能出去演出，花了不少心血，他一片热心，同时当然也希望自己的学生能有机会为他争一分光，可是恐怕我们的领导很难体会他的这种心情吧！听说，曾有许多国家通过波兰的文化交流组织邀请我去演出，如伦敦、巴黎等。虽然波兰学校方面、音乐界方面都是主张我去演出的，但却无法解决。前几天遇见南斯拉夫全国演出协会的负责人，他说曾好几次向使馆提出邀请我去演出，但根本无回音。我想起在莫斯科曾遇见保加利亚文化部的一位处长，也说曾无数次向中国驻索菲亚大使馆提出邀请我去演出，但从无回音。这些事情都是令人难以理解的。我想置之不理，似乎并非我国外交上的传统！

阿诺索夫前星期去华沙演出，提到苏联的国家交响乐队今年五月将去华访问，他很希望我能去和他们合作演出。他们去中国的时间一定不短，我若是五月底或六月初赶回国，还来得及。

前几天高教部长杨秀峰来波兰，连着几天我们大家都忙着开会听报告，以后要上政治课了，会恐怕是要更多了。

部长找我单独谈了话，对我颇有指责，说我骄傲，脱离政治，说起我在苏联时曾为了广播发脾气。事实上，是我在那里录音后，讲好了要听一遍，选择一下，最后再决定；约好了几次，电台方面都失信，害得我跑了好几次，我便有些火，在回来的路上，在翻译同志面前表现得很气，结果中国同学就反映到上头去了。当然，这样我是不对的，另一方面，可见做人该如何小心。杨部长谈话时态度诚恳至极，使我不能不感动。后来我提起阿诺索夫的建议来，他倒表示颇为热心，说这是可以的。

其余就没什么可写的了，和声课进展尚快，练习很多，很需要花些时间，另外，我也去上了音乐文献的课，我上的是三年级的课，专讲现代音乐。

再谈了，祝你们健康、愉快。

儿 聪上　一九五八年二月二十八日

寄上节目单等。关于国内音乐界也下乡劳动的情形，望来信告知。我无法理解钢琴家去劳动以后怎么办？难道改行？

三月十七日晚[1]

亲爱的孩子：二月二十八日来信直花了十七天才到，真奇怪。来信谈及几点，兹分别就我的看法说明如下：

一、资本主义国家与我们尚未建立外交关系（便是英国与我们，虽互派代办，关系仍很微妙），向例双方文化艺术使节来往，都是由本国的民间团体出面相互邀请的。比国直接向波兰学校提出，在国际惯例上也是相当突兀的。因为你不是波兰人，而你去他国演出，究竟要由本国政府同意。去年春天法国有文化团体来沪，其中一位代表来看过我，我曾与他谈及你去法演出问题，应由他们以法中友协一类的名义，向我们对外文协或音协等提出。便是来看我的那位代表所隶属的来华文化团，也是由我们对外文协以民间团体名义请他们，而非由政府出面的。便是五六年冬法国前总理富尔来访问，也是应我国人民外交协会之邀。故文化部回示使馆的话，完全正确。你不妨向杰老师说明情况，最好由杰老师私人告诉比国，请他们以民间文艺团体名义，写信给中国对外文协或音协。

二、新民主主义国家的情形当然不同，他们是可以向当地我们的使馆提出的。倘提了几次无回音，你不妨向他们说："也许贵国的驻华使馆可以向我们外交部提出。"我觉得以你的地位这样答复人家，不至于犯什么错误。当然你也应同时说明，这是你个人的意思，究竟如何还得由他们自己考虑。这一段话你也不妨告诉杰老师，倘由杰老师方便时对保、南等国的音乐团体说明，比你自己说明更妥当。

---

① 傅聪二月二十八日信中流露的情绪令父亲担心，父亲只能亲笔写下此信帮助儿子，而不是由母亲代笔。

三、苏联乐队来华访问，约你合作一事，值得仔细考虑。第一，这一下跟着他们跑，要费很多时间；中央是否允许你从头至尾和他们到处演出，临时仍会有变化。倘若回来好几个月，而只有极少时间是和苏联乐队合作，那就得事先想想清楚。第二，你的乐理、和声、波兰文的学习还落后很多，急须赶上去，没有时间可浪费。第三，即使假期内老师出门，你在波兰练曲子恐怕仍比国内快一些，集中一些；而在你目前，最主要的是争取时间多学东西，因为不管你留波时间还有多少，原则上总是所剩有限了。第四，你今年究竟算学完不学完？学校方面的理论课来得及来不及考完？——（这些总不能半途而废吧?）—— 倘使五月中回国了，还要赶回波兰去应考，则对你准备考试有妨碍，对试前的学习也有妨碍。

基于以上理由，我觉得你需要郑重考虑。即使中央主动要你回来一次，你也得从全面学习及来回时间等等方面想周到，向中央说明才对。末了，以后你再不能自费航空来回；为国家着想，航空票开支也太大，而火车来回对你的学习时间又有妨碍。总而言之，希望你全面想问题，要分出你目前的任务何者主要、何者次要；不要单从一个角度看问题。

我也奇怪你和杨部长①谈话时，怎么没提到学习期限问题？你学习到了什么阶段，预料什么时候可以结束，理论课何时可以考完等等，你是否都向杨部长报告？是否今年回来？倘回来，学业是否能正式结束？不结束而回国，对祖国、对波兰，总交代不过去。倘来不及结束，则杨部长是否同意延长学习期限？—— 这些都是与你切身关系最重大的事，来信为何只字未提？我既不明了你的实际情况，便是

① 即当年的教育部长杨秀峰。

想向夏部长写信也无从写起。

孩子，千万记住，留学的日子无论如何是一天天的少下去了，要争取一切机会加紧学习。既然要加政治学习，平日要分去一部分时间，假期中更应利用时间钻研业务。每年回国一次，在体力、时间、金钱、学习各方面都太浪费。希望多考虑。

眼前国内形势一日千里，变化之快之大，非你意料所及；政治思想非要赶上前来不可，一落后，你将来就要吃亏的，尤其你在国外时间耽久的人，更要在思想上与国内形势密切联系。—— 音乐学生下乡情况，不知道。不过我觉得主要是训练培养与劳动人民的息息相关的思想感情，不在乎你能否挑多少斤泥。而且各人情况不同，政府安排也不同，你不必事先多空想。——上海乐队最近下厂下乡演出，照样 encore［加奏］。我们倘以为工农大众不欢迎西洋音乐，非但是主观，也是一种保守思想，说得重一些，也是脱离群众的思想。你别嫌我说话处处带政治性，这是为了你将来容易适应环境，为你在社会主义制度下过得心情愉快作准备。

我左说右说，要你加紧学波兰文，至少要能看书、写信；但你从未报告过具体进度，我很着急。这与国家派你出去的整个期望有关。当然学音乐的人不比学文学的；但若以后你不能用波兰文与老师同学通信，岂不同时使波兰朋友失望，且不说丢了国家的面子！

我身体仍未恢复，主要是神经衰弱。几个月来还是第一次写这样长的信呢。

在莫斯科录音一事，你应深深吸取教训。做人总要谦虚，成绩是大家促成的，不是你一个人的力量。思想上通了，说话态度自然少出毛病。杨部长对你的批评是极中肯的；你早一天醒悟（还要实际上改正），你的前途才早一天更有希望。

三月十七日晚

在国外遇到首长的机会，也许比国内多；谈话之前，应把自己要说的成熟考虑，有需求也要细细想过如何提才最合理——对国家对个人都合理。千万不能老是从“个人第一”出发，大忌大忌！你这次见到杨部长原是你解决学习问题的最好机会，不知你怎么提的，望告知！

四月十七日 *

这次马伯伯在苏联参加柴可夫斯基比赛的评判，回来后，马伯母打电话告诉阿敏，说马伯伯在苏联碰到波兰文化部副部长，谈起你，说你很好。可是碰到中国人（大概是使馆方面的），就说你骄傲得很。从这两方面言论看来，我们是可以理解的，因为波兰人只看你成绩的一面，而我们使馆的人员就不同，要从政治观点上看你了。(……）你在待人接物方面，处处流露出骄傲的态度，给人很不好的印象。以后千万要当心，对他们或任何人态度第一要谦虚真诚，有什么问题，不妨同他们诚诚恳恳的商量，不要怕跟他们接触。总之，给人的坏印象要靠自己争取，慢慢抓回来。马伯伯碰到钱部长，谈起你，钱部长非常爱你，也器重你。虽然领导上是了解你的，但是你浑身的缺点一定要你自动改，不要辜负党对你的爱护，好自为之。马伯伯他们还是很爱护你，到处关心你，一有机会总说你的好话；我们不是势利，马伯伯将来对你会起一定的作用，他说句话是会对你有帮助的，因为他赏识你，了解你，还多少对你有些偏爱。你回波半年多了，应当写封信给马家，一方面问候他们，同时把你学习情况谈谈，这是你理所当然，应该做的事。不要给人一个忘恩负义的印象。望你接受我这个意见，不要迟疑，马上就写。

（……）

亲爱的孩子，我的政治水平低，做人方面也有许多缺点，本来不足以做你们的榜样。我也知道啰啰嗦嗦写了一堆，也不足以说服你，但是不管怎样，都出于我的真心诚意，总希望下一代的要远远胜过我们。希望你平心静气的看信，并且要深思一番，也不要闹情绪，要高高兴兴的接受我的意见，我的忠告。我们常常看到报上，多多少少的领导，虚心接受群众的意见，而且对尖锐的批评，他们非但不闹情绪，反而鼓励大家，不要有顾虑，尽量提，自己还诚诚恳恳做检查，并改正。假使你真能接受我的意见，那么，希望你马家的信立刻写，再也不要拖拉，等你来信时说，马家的信已写了，那我该多高兴！

爸爸最近忙于誊稿、改稿，一连二十多天没有休息过，虽然头痛时发，神经衰弱得厉害，还是极力争取时间，一年半了，没有成绩出来，自己觉得说不过去。等他工作告一段落就会写信给你的。

（……）孩子，大家对你的要求是高的，所以一定要克服困难，打倒自己心里的敌人。希望你要从行动上有所改变！

八月二日＊

亲爱的聪：自从四月里接到你的信到现在，足足三个多月了，只字未见，真不知如何的惦念！天天想写信，也天天等你的信，你说叫我们放心，其实怎能放得下心。就是学习忙，工作忙，随便涂几笔，略告些近况，对我们来说于愿已足了，不知你身体如何？为什么几个月的不写信？对我们你是没有顾忌的，应该同忧同乐。阿敏来信，也说写了信给你，始终无回音。七月十九日，他有个波兰同学回国，托他带了些书给你，想你早已收到了吧！国内有时有谣言，说你回来了，我们莫名其妙，不管怎样，你要回来，你总会先写信通知我们的。千句并一句，我们只希望你的来信，多么令人思念的信！

(……)

爸爸虽然身体不好，常常失眠，你知道他向来是以工作为乐的，所以只要精神身体吃得消，一面努力学习马列主义，作为自我改造的初步，来提高自己的政治认识、理论基础；一面作些翻译的准备工作。不接到你的信，使他魂梦不安，常常说梦话，这一点是很痛苦的。爸爸这一年来似乎衰老了许多，白发更多了。我也较去年瘦了许多，常常要脸肿脚肿，都是心脏不健全的迹象。孩子，接到此信，赶快写信来，只有你的信，是我同你爸爸唯一的安慰！（……）阿敏今年不回来，忙得很，信倒常常来的。不多谈了，再见！

八月二十日聪信

亲爱的爸爸妈妈：我已经记不得最后一次是什么时候给你们写信的，反正很久很久了。我始终没有心情提笔，国内和国外迥然两个世界，要寻找共同的语言并非那么容易。对于我一个学音乐的人，心情的平静是太必要了，否则什么也干不成，所以我宁可暂时和国内那个世界隔得远些，至少争取把最后这几个月好好的利用。

今年六月底使馆找我谈话，说国内意见要我立刻回国（在那以前，一点也没有跟我提过回国的事），我说我没有意见，但希望使馆与波方商量。杰老师很伤心，他和校长给使馆写了信，希望让我至少考了毕业再回去，希望到明年二月。使馆又找我谈，我说我争取十一月以前考毕业，使馆才同意了。

最近就是练琴，我又参加达什尼比的音乐节，节目是萧邦的《平稳的行板和大波洛奈兹》，10支玛祖卡，4支叙事曲。节目很重，全是最近练的，连加奏的曲子都是新练的。现在马上要练贝多芬的奏鸣曲，要干的事多着呢，我想弹勃拉姆斯的《钢琴协奏曲》考毕业，不知是否来得及。

我就是练琴，忙得很，将来的事想得很少，顾不得那么多了。

我没有什么可写的了，希望你们别为我担心，马家我写过两封信去，并无回信，不知是没收到还是生我的气。

祝你们身体好，心情愉快。

儿 聪上　一九五八年八月二十日①

九月十八日 *

亲爱的聪：千望万望总算望到了你的信，虽然短短的，但已经给我们不少安慰了，事情也清楚了。我知道你现在正是最忙的时候，既要参加festival［音乐节］，又要准备考试。但愿你顺利通过。我想提醒你几件要紧的事，千万不要当作耳边风，静静的想想。（一）你不是有录音机么？乘在波之便，设法把波方替你录的全部录音录在你自

---

① 这是傅聪离波赴英前写给父母的最后一封信。在一九五七至一九五八年的“反右运动”中，傅雷受到长达一年的错误批判，为了避免引起傅聪的愤懑情绪，影响学业，父母在信中始终没有告知实情。其时傅聪已经听说了关于父亲的政治传言，该年十月，傅聪在波兰甚至听说父亲不仅划为“右派”，而且已被捕入狱。在此景况下，傅聪于一九五八年十二月下旬，为避免“老子揭发儿子，儿子揭发老子”的“父子双亡”后果，在波兰艺术家的协助下，无奈出走英国。

己的机器上，将来带回来，至少自己人可以听听。你千万不可糊涂，一定要争取，你有了这样好的条件，不把录音带回国是可惜的。此事现在开始就要着手办了，等到临时想到，就来不及了，你得好好安排一下。（二）在波兰穿旧的衣袜等等，不要随便扔了，回国后正需要旧衣旧鞋。（三）回国前千万不要买东西，国内各方面都在节约，大家以朴素为主。何况你东西多，反而累赘。（四）回国前若有余款，可留在使馆，或者根本送给使馆，不要看重个人利益，宁可节约些留给国家。以上四点，要你注意的，千万要做到。

（……）

不多谈了，有空写几行回来！

妈妈 九月十八日

阿敏九月三日下放到北京郊外一个山区，帮助农民搞公社以及扫除文盲等文教工作。他来信说，那边完全是山区，很苦的地方，过去受敌伪的苦很深。那边全是贫农，连富农也没有。思想比较保守，吃的是玉米饽饽，他很习惯，他说有的农民真是可爱，讲明道理，就会接受。他很能适应环境，这使我们很放心。那边交通不便，天天走几十里山路不希奇，但是风景幽美得很。他们同去十五人，分三组，约下放一个半月，到十月中就回学校上课。他非常关心你，我已把你的近况去信告知了。

母亲在寓所前阳台。一九五七年五月后，随着反右运动的深入开展，
父亲的信逐渐少了，主要由母亲代笔与傅聪写信联络

伦敦，傅聪凝视着一九五九年二月八日于欧洲首次登台演出之海报，喜悦心情中包含着无限忧伤与思念；关注着他艺术人生的父母却在万里之外，无法聆听他在海外的首演。傅聪赤手空拳，以自己高超琴艺，开始了在世界音乐舞台上的光辉征程。自此，家书也进入了新阶段

编后记

爸爸一生工作严谨，就是来往书信也整理的有条不紊。每次给哥哥的信都编号，记下发信日期，同时由妈妈抄录留底；哥哥的来信，也都编号，按内容分门别类，由妈妈整理成册。可惜在十年浩劫期间，爸爸书信所剩无几。今天，如果能把父亲和哥哥两人的通信一起编录，对照阅读，必定更有教益。

爸爸妈妈给我们写信，略有分工，妈妈侧重于生活琐事，爸爸侧重于启发教育。一九五四年到一九六六年爸爸给哥哥的中文信件共一百九十封，妈妈的信也有百余封。哥哥在外二十余年，几经搬迁，信件有所失散。这本家书集选自哥哥保存的一百二十五封中文信和我仅有的两封信。家书集虽然只收录了一封妈妈的信，但她永远值得怀念；妈妈是个默默无闻，却给爸爸做了大量工作的好助手。爸爸一生的业绩是同妈妈的辛劳分不开的。

今年九月三日是爸爸妈妈饮恨去世十五周年，为了纪念一生刚直不阿的爸爸和一生善良贤淑的妈妈，编录了这本家书集，寄托我们的哀思，并献给一切“又热烈又恬静，又深刻又朴素，又温柔又高傲，又微妙又率直”的人们。

傅　敏

一九八一年四月二十六日

《傅雷家书》初版刊行三十五载，其间时有新发现。根据父母生前信账，以邮寄日期计算，给傅聪的信函应有346通（中文信255通，英法文信91通），目前尚存307通（中文信230通，英法文信77通）；加上仅存的父母给傅敏信函3通，及父母最后的遗书，尚存家信311通。英法文信主要写给儿媳弥拉看的，大部分内容与中文信相重，故金圣华仅摘译24通。《傅雷家书全编》共收录家信255通，是目前最为完整的家信集。

在全编本的基础上，我又从一九五四至一九五八年父母家信中，精选出父亲信72通，母亲信34通，外加同期傅聪家信49通，以及不久前才发现的我写给聪哥的家信1通，共计156通，编成傅雷家人之间来往家信，更适合中学生阅读。

自从二〇〇四年中学语文课本收入“傅雷家书两则”后，各种侵权版本的所谓“中学生新课标”傅雷家书层出不穷，我对那些寻章摘句的拼凑以及五花八门的解读很不以为然，认为是“见树不见林”。其实，父母的家信不是为发表而创作，只是普通的家信，写在纸上的家常话。一九八一年我将这些家信辑集成书，公之于众，是为了纪念自己的父母，寄托我们的哀思。家书广泛传播的溢出效应，全面展示傅雷家风，再现我和聪哥成长的家教背景，其底色是东西方文化的融合，底线是“先做人”。我以为这才是家书的要旨，望读者朋友们通览全书，深自领悟。

今年是先父母逝世五十周年，重编家书学生读本以志纪念。

二〇一六年新春又记

译林名著精选

书名	单价	ISBN 号
钢铁是怎样炼成的	26.00 元	9787544762519
简·爱	32.00 元	9787544766937
傲慢与偏见	28.00 元	9787544766982
爱的教育	25.00 元	9787544761086
秘密花园	22.00 元	9787544766951
鲁滨孙飘流记	25.00 元	9787544766975
绿山墙的安妮	25.00 元	9787544766913
欧·亨利短篇小说选	28.00 元	9787544766944
呼啸山庄	25.00 元	9787544766968
格列佛游记	26.00 元	9787544761239
格林童话全集	32.00 元	9787544757096
培根随笔全集	22.00 元	9787544766920
飘（上下）	48.00 元	9787544761628
西顿野生动物故事集	23.00 元	9787544761079
寄小读者	23.00 元	9787544761642
边城	22.00 元	9787544767170
汤姆·索亚历险记	22.00 元	9787544761666
爱丽丝漫游奇境·镜中世界	21.00 元	9787544767149
安徒生童话精选	28.00 元	9787544757157
八十天环游地球	21.00 元	9787544761246
巴黎圣母院	28.00 元	9787544764452
百万英镑：马克·吐温中短篇小说集	25.00 元	9787544764421
背影：朱自清散文选	18.00 元	9787544761543
彼得·潘	26.00 元	9787544761550
茶花女	21.00 元	9787544764445
朝花夕拾	21.00 元	9787544761604
城南旧事	28.00 元	9787544767576
吹牛大王历险记	22.00 元	9787544767613
地心游记	24.00 元	9787544750912

繁星·春水	22.00 元	9787544767101
福尔摩斯探案	28.00 元	9787544767095
钢铁是怎样炼成的	29.00 元	9787544767118
海底两万里	29.00 元	9787544764469
红与黑	32.00 元	9787544768016
假如给我三天光明	18.00 元	9787544761819
昆虫记	25.00 元	9787544764483
老人与海：海明威中短篇小说精选	21.00 元	9787544768221
列那狐的故事	28.00 元	9787544764490
绿野仙踪	25.00 元	9787544761574
麦田里的守望者	36.00 元	9787544761109
名人传	29.00 元	9787544767811
木偶奇遇记	21.00 元	9787544767828
呐喊	21.00 元	9787544761611
哈姆雷特：莎士比亚戏剧选	26.00 元	9787544757089
圣经故事	32.00 元	9787544767071
欧也妮·葛朗台	21.00 元	9787544761208
童年	22.00 元	9787544767125
瓦尔登湖	26.00 元	9787544761567
希腊神话	29.00 元	9787544767088
小王子	21.00 元	9787544767132
羊脂球：莫泊桑中短篇小说选	28.00 元	9787544764476
伊索寓言全集	21.00 元	9787544761673
卓娅和舒拉的故事	22.00 元	9787544767156
最后一课	22.00 元	9787544761253
稻草人	22.00 元	9787544761581
一千零一夜	32.00 元	9787544767835
飞鸟集	25.00 元	9787544761062
人类群星闪耀时	21.00 元	9787544761093
少年维特的烦恼	22.00 元	9787544761222
柳林风声	25.00 元	9787544761215
安妮日记	28.00 元	9787544761659
傅雷家书	39.80 元	9787544771771